みんなが欲しかった！

公務員 判断推理の教科書&問題集

夏苅美貴子 著

はしがき

独学者でも楽しく読めて、しっかり解ける！
公務員試験の最重要科目がこれ１冊！

このシリーズは、学習経験のない受験生が、独学で、
公務員試験の合格を目指せるように編集された教科書＆問題集です。

- 科目の多い公務員試験だから、**１冊で知識のインプットと問題演習が両方できる**ようにしました！
- 最後まで楽しく続けられるように、フルカラーで**わかりやすく学べる**ようにしました！
- 初学者が理解しやすいように、**わかりやすい例題や図解を豊富に取り入れた解説**を心がけました！
- 効率よく合格を目指せるように、**過去の出題データから必要ない部分を大胆にカット**しました！
- それでも合格レベルには届くように、**必要な論点はきちんとカバー**しました！

時間がない、お金を掛けたくない、初学者にとってわかりやすい解説がほしい…
そんな受験生のことを第一に考え、徹底的に寄り添って作られたのがこのシリーズです。

「みんなが欲しかった！」シリーズは独学で公務員試験合格を目指す受験生の味方です。
ぜひ本書を利用して、楽しく、効率よく合格を勝ち取りましょう！

2024年３月
夏苅 美貴子

本書の特徴と使い方

❶ フルカラーで見やすく、わかりやすく、楽しく学習！

判断推理や数的推理は公務員試験の最重要科目といえますが、特に初学者が最初のうち苦手にしやすい科目でもあります。独学者の負担を少しでも減らすため、本書は全編フルカラーの誌面で図解を豊富に配置し、初学者の方が少しでも楽しく学習できるように配慮しました。

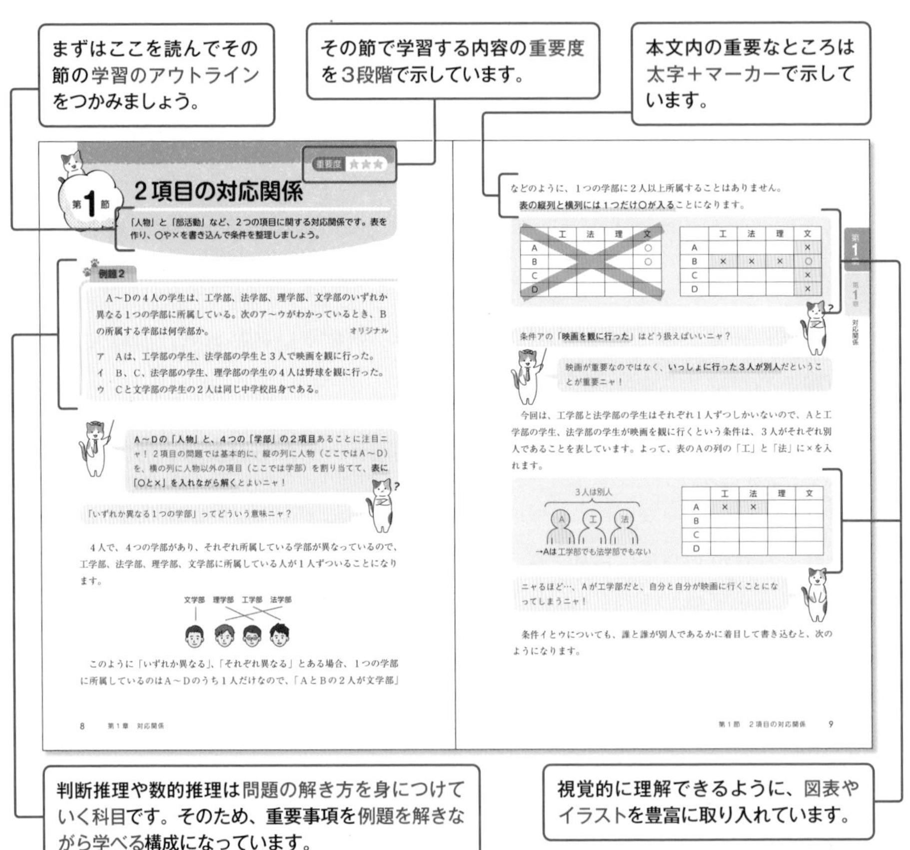

重要度 ★★★

第1節 2項目の対応関係

「人物」と「部活動」など、２つの項目に関する対応関係です。表を作り、○や×を書き込んで条件を整理しましょう。

例題２

A～Dの４人の学生は、工学部、法学部、理学部、文学部のいずれか異なる１つの学部に所属している。次のア～ウがわかっているとき、Bの所属する学部は何学部か。　オリジナル

ア　Aは、工学部の学生、法学部の学生と３人で映画を観に行った。
イ　B、C、法学部の学生、理学部の学生の４人は野球を観に行った。
ウ　Cと文学部の学生の２人は同じ中学校出身である。

A～Dの「人物」と、４つの「学部」の２項目あることに注目ニャ！２項目の問題では基本的に、縦の列に人物（ここではA～D）を、横の列に人物以外の項目（ここでは学部）を割り当てて、表に「○と×」を入れながら解くとよいニャ！

「いずれか異なる１つの学部」ってどういう意味ニャ？

４人で、４つの学部があり、それぞれ所属している学部が異なっているので、工学部、法学部、理学部、文学部に所属している人が１人ずついることになります。

文学部　理学部　工学部　法学部

このように「いずれか異なる」、「それぞれ異なる」とある場合、１つの学部に所属しているのはA～Dのうち１人だけなので、「AとBの２人が文学部」

8　第１章　対応関係

などのように、１つの学部に２人以上所属することはありません。
表の縦列と横列には１つだけ○が入ることになります。

	工	法	理	文
A				○
B				○
C				
D				

	工	法	理	文
A				×
B	×	×	×	○
C				×
D				×

条件アの「映画を観に行った」はどう扱えばいいニャ？

映画が重要なのではなく、いっしょに行った３人が別人だということが重要ニャ！

今回は、工学部と法学部の学生はそれぞれ１人ずつしかいないので、Aと工学部の学生、法学部の学生が映画を観に行くという条件は、３人がそれぞれ別人であることを表しています。よって、表のAの列の「工」と「法」に×を入れます。

３人は別人
A　工　法
→Aは工学部でも法学部でもない

	工	法	理	文
A	×	×		
B				
C				
D				

ニャるほど…、Aが工学部だと、自分と自分が映画に行くことになってしまうニャ！

条件イとウについても、誰と誰が別人であるかに着目して書き込むと、次のようになります。

第１節　２項目の対応関係　9

第1章 第1節 対応関係

❷ テーマの概要と解き方がわかる！ 例題と解説で理解度アップ！

判断推理や数的推理は、とにかく問題を解く・解き方を身体に覚えさせることが上達の近道です。本書の「教科書」パートでは新しいテーマを取り上げるとき必ず例題を出発点にしており、いっしょに解きながら解法パターンを身につけることができます。

いっしょに楽しくがんばるニャ！

よろしくお願いしますニャ！

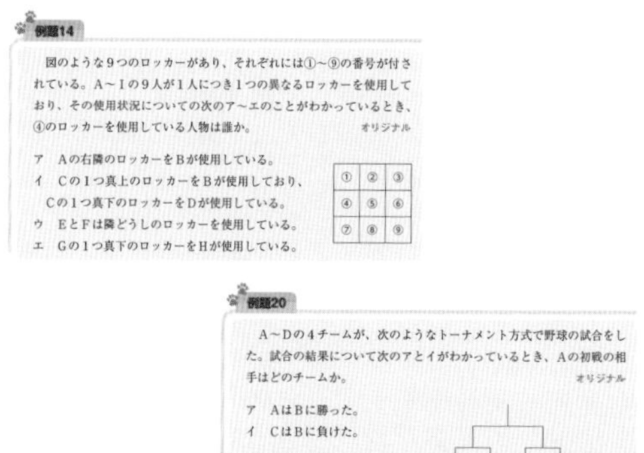

例題14

図のような9つのロッカーがあり、それぞれには①～⑨の番号が付されている。A～Iの9人が1人につき1つの異なるロッカーを使用しており、その使用状況についての次のア～エのことがわかっているとき、④のロッカーを使用している人物は誰か。　オリジナル

ア　Aの右隣のロッカーをBが使用している。
イ　Cの1つ真上のロッカーをBが使用しており、Cの1つ真下のロッカーをDが使用している。
ウ　EとFは隣どうしのロッカーを使用している。
エ　Gの1つ真下のロッカーをHが使用している。

①	②	③
④	⑤	⑥
⑦	⑧	⑨

例題20

A～Dの4チームが、次のようなトーナメント方式で野球の試合をした。試合の結果について次のアとイがわかっているとき、Aの初戦の相手はどのチームか。　オリジナル

ア　AはBに勝った。
イ　CはBに負けた。

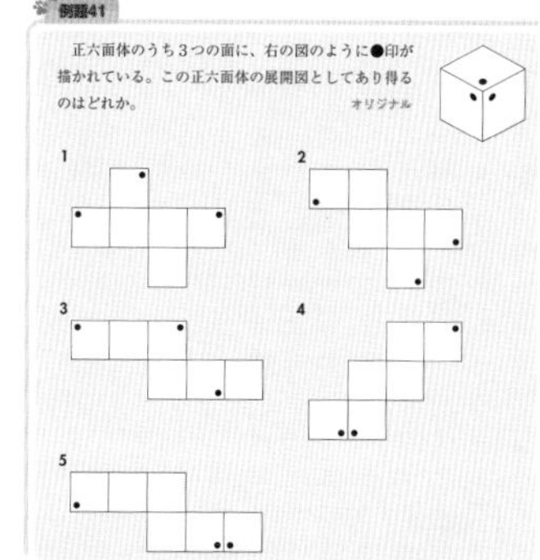

例題41

正六面体のうち3つの面に、右の図のように●印が描かれている。この正六面体の展開図としてあり得るのはどれか。　オリジナル

1　2　3　4　5

❸ あやふやなままにしない！ 前提知識もスッキリまとめ！

テーマによっては、公式や前提知識が求められるものがあります。本書では必要に応じて STUDY のコーナーを設け、公式や知識まとめを掲載しています。理解があやふやなときはここに戻って確認するようにしましょう。

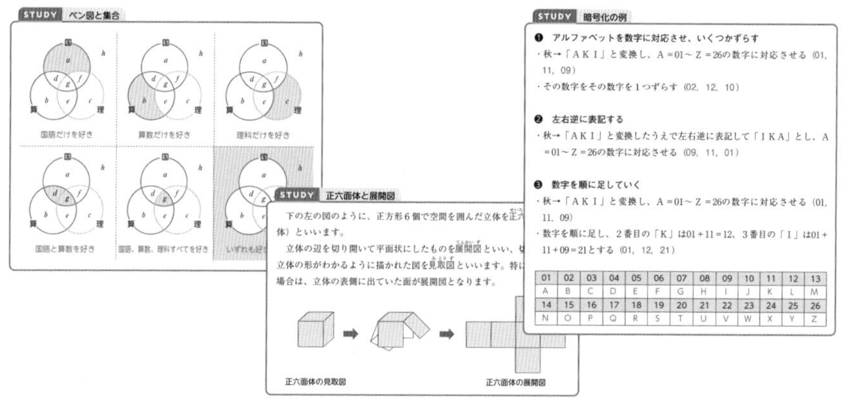

STUDY ベン図と集合

国語だけを好き　算数だけを好き　理科だけを好き
国語と算数を好き　国語、算数、理科すべてを好き　いずれも好…

STUDY 正六面体と展開図

下の左の図のように、正方形6個で空間を囲んだ立体を正六…体）といいます。

立体の辺を切り開いて平面状にしたものを展開図といい、切…立体の形がわかるように描かれた図を見取図といいます。特に…場合は、立体の表側に出ていた面が展開図となります。

正六面体の見取図　正六面体の展開図

STUDY 暗号化の例

❶ アルファベットを数字に対応させ、いくつかずらす
・秋→「AKI」と変換し、A＝01～Z＝26の数字に対応させる（01, 11, 09）
・その数字をその数字を1つずらす（02, 12, 10）

❷ 左右逆に表記する
・秋→「AKI」と変換したうえで左右逆に表記して「IKA」とし、A＝01～Z＝26の数字に対応させる（09, 11, 01）

❸ 数字を順に足していく
・秋→「AKI」と変換し、A＝01～Z＝26の数字に対応させる（01, 11, 09）
・数字を順に足し、2番目の「K」は01＋11＝12、3番目の「I」は01＋11＋09＝21とする（01, 12, 21）

01	02	03	04	05	06	07	08	09	10	11	12	13
A	B	C	D	E	F	G	H	I	J	K	L	M
14	15	16	17	18	19	20	21	22	23	24	25	26
N	O	P	Q	R	S	T	U	V	W	X	Y	Z

❹「教科書」と完全リンクした「問題集」で少しずつ演習を進められる！

学習の仕上げに、章ごとに設けられた過去問にチャレンジしましょう。長く学習を続けるには、「過去問が解けた！」という実感が絶対に必要です。「みんなが欲しかった！」では手ごたえを感じながら進めてもらえるよう、「教科書」と「問題集」を完全リンクさせ、「教科書」が少し進んだら、「問題集」で確認ができるような構成にしています。

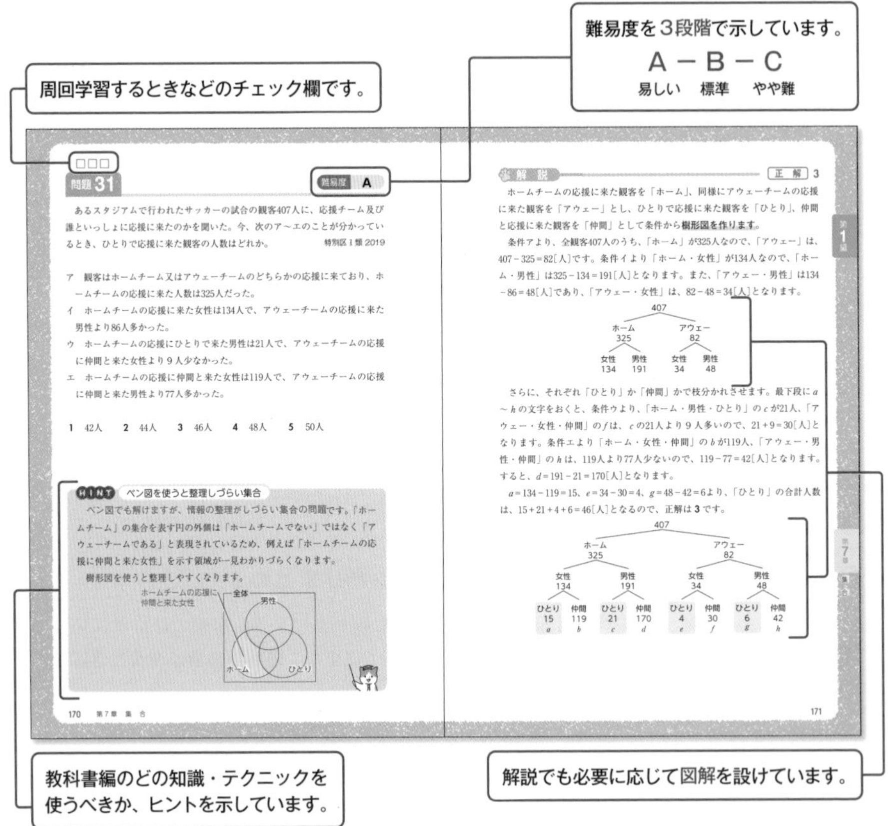

問題31　難易度 A

あるスタジアムで行われたサッカーの試合の観客407人に、応援チーム及び誰といっしょに応援に来たのかを聞いた。今、次のア～エのことが分かっているとき、ひとりで応援に来た観客の人数はどれか。　特別区Ⅰ類 2019

ア　観客はホームチーム又はアウェーチームのどちらかの応援に来ており、ホームチームの応援に来た人数は325人だった。
イ　ホームチームの応援に来た女性は134人で、アウェーチームの応援に来た男性より86人多かった。
ウ　ホームチームの応援にひとりで来た男性は21人で、アウェーチームの応援に仲間と来た女性より９人少なかった。
エ　ホームチームの応援に仲間と来た女性は119人で、アウェーチームの応援に仲間と来た男性より77人多かった。

1　42人　2　44人　3　46人　4　48人　5　50人

HINT　ベン図を使うと整理しづらい集合

ベン図でも解けますが、情報の整理がしづらい集合の問題です。「ホームチーム」の集合を表す円の外側は「ホームチームでない」ではなく「アウェーチームである」と表現されているため、例えば「ホームチームの応援に仲間と来た女性」を示す領域が一見わかりづらくなります。

樹形図を使うと整理しやすくなります。

解説　正解 3

ホームチームの応援に来た観客を「ホーム」、同様にアウェーチームの応援に来た観客を「アウェー」とし、ひとりで応援に来た観客を「ひとり」、仲間と応援に来た観客を「仲間」として条件から樹形図を作ります。

条件アより、全観客407人のうち、「ホーム」が325人なので、「アウェー」は、407－325＝82［人］です。条件イより「ホーム・女性」が134人なので、「ホーム・男性」は325－134＝191［人］となります。また、「アウェー・男性」は134－86＝48［人］であり、「アウェー・女性」は、82－48＝34［人］となります。

さらに、それぞれ「ひとり」か「仲間」かで枝分かれさせます。最下段に a～h の文字をおくと、条件ウより、「ホーム・男性・ひとり」の c が21人、「アウェー・女性・仲間」の f は、c の21人より９人多いので、21＋9＝30［人］となります。条件エより「ホーム・女性・仲間」の b が119人、「アウェー・男性・仲間」の h は、119人より77人少ないので、119－77＝42［人］となります。すると、d＝191－21＝170［人］となります。

a＝134－119＝15、e＝34－30＝4、g＝48－42＝6より、「ひとり」の合計人数は、15＋21＋4＋6＝46［人］となるので、正解は 3 です。

170　第7章　集合　　171

収録された問題は、「教科書」をじっくり読んでいれば必ず解けるようになるので、学習しながら自信を付けられます。

2周目以降は、「問題集」をひたすら解くのもよし、「教科書」の苦手なところだけ振り返りながら「問題集」に取り組むのもよし。本書をうまく活用して科目学習を進めましょう！

判断推理について

● 出題数について

主要な試験における「数的処理」の出題は次の表のとおりです。このうち、本書では「判断推理」と「空間把握」を扱っています。

	一般知能分野						一般知識分野															合計出題数	合計解答数
	文章理解		数的処理				人文科学					自然科学					社会科学				時事		
	現代文	英文	判断推理	数的推理	空間把握	資料解釈	世界史	日本史	地理	思想	文芸	数学	物理	化学	生物	地学	法律	政治	経済	社会			
国家一般職［大卒／行政］	6	5	6	5	2	3	1	1	1	1	-	-	1	1	1	-	1	1	1	-	3	40	40
国家専門職	6	5	5	6	2	3	1	1	1	1	-	-	1	1	-	1	1	-	1	1	3	40	40
裁判所職員［一般職／大卒］	5	5	7	6	3	1	1	1	1	1	-	-	1	1	1	1	1	3	1	-	-	40	40
東京都Ｉ類Ｂ［行政／一般方式］	4	4	2	7	4	3	1	1	1	-	1	-	1	1	1	1	2	-	1	-	5	40	40
特別区Ｉ類［事務］	5	4	6	5	4	4	1	1	1	1	-	-	2	2	2	2	1	2	1	-	4	48	40
地方上級［全国型］	3	5	5	8	3	1	2	2	2	-	-	1	1	2	2	1	3	1	3	1	4	50	50
地方上級［関東型］	3	5	4	5	2	1	3	3	3	-	-	1	1	2	2	1	3	1	4	1	5	50	40

教養試験（基礎能力試験）で課される科目の中でも**数的処理は全体的に出題数が多く、公務員試験全体における位置づけでも最重要科目**であるといえます。

※2024年度に実施される試験より、上記のうち国家一般職［大卒／行政］、国家専門職、裁判所職員［一般職／大卒］については試験制度の変更が発表されています。
国家一般職［大卒／行政］、国家専門職は数的処理全体で14問、合計出題数と合計解答数は30問となり、裁判所職員［一般職／大卒］は一般知能分野全体で24問、合計出題数と合計解答数は30問となります。

● 判断推理をマスターすると試験対策全体にメリットあり！

上記のように最重要科目である数的処理ですが、特に判断推理は**算数・数学に苦手意識のある文系学生にとって得点源にしやすい科目**です。得点できるようになると、教養試験（基礎能力試験）や公務員試験全体に余裕を持って取り組めるようになります。

とはいえ一方で、100％を目指す必要もありません。**苦手な分野を少しでも減らす**という考え方で取り組みましょう。

目次

第1編　判断推理

第1章　対応関係

第2章　数量推理

第3章　順位関係

第4章　位置関係

第5章　勝　敗

第6章　命　題

第7章　集　合

第8章　発　言

第9章　暗　号

第10章　操作手順

第2編 空間把握

第1章 展開図

第2章 サイコロと小立方体

第3章 図形の移動

序

判断推理の アウトライン

重要度 ★★★

判断推理のアウトライン

判断推理とは、どのような科目なのでしょうか？
学習を始める前に、簡単に概要をつかんでおきましょう。

判断推理ってどんな問題が出るニャ？

いろんな問題があり過ぎて、一言で表せないニャ！ パズルみたいな問題が多いニャ！

判断推理の問題ではいろいろな条件が与えられます。この**条件からわかることを整理しながら、確実なことを推理していく問題**が判断推理です。

整理ってどんなことするニャ？

例えばこんな図表を使って整理することがあるニャ！

対応関係の表

	映画	読書	登山	
A	×	○	○	2
B	×	○	×	1
C	○	×	○	2
	1	2	2	5

人物	A		C
学部	法学部	理学部	
サークル		野球	軽音

プレゼント交換の図

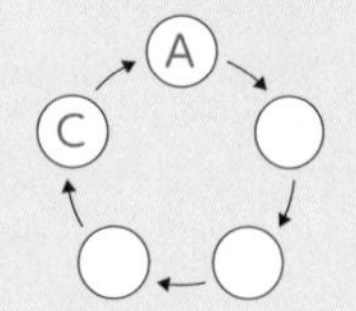

順位表

1位	2位	3位	4位	5位
A	D	B	E	C

ベン図

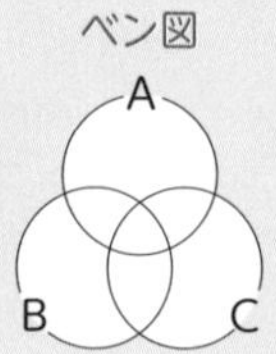

トーナメント表

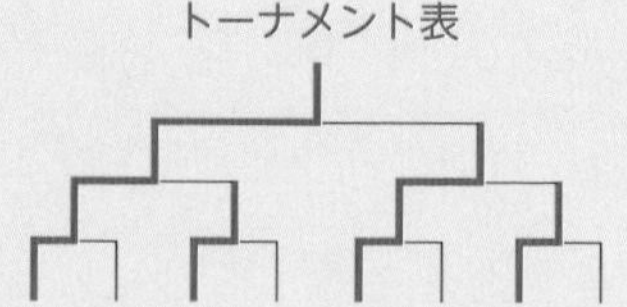

いろいろあり過ぎて、覚えられそうにないニャ…。

必要なときに１つずつ紹介するから心配ないニャ！
それに、必ず使わなきゃいけないわけじゃないニャ！

問題を解くうえでの情報整理をするためのツールはさまざまで、必ずそれを使わなければ解けないものでもありません。ただ、**問題とツールにはそれぞれ相性があり、「この問題は、こういう表を使って整理すると考えやすい」というようなポイントがあります**。

解き方は１つではありませんが、**パターンをたくさん知っておけば、それだけ問題が解きやすくなります**。少しずつ図表などのツールの使い方を身につけていきましょう。

学習に入る前に、押さえておきたいことが３つあるから、順番に見ていくニャ！

STUDY　判断推理の学習の前に

❶　場合分けとは
❷　「確実にいえる」の意味
❸　消去法で正解してもよい

例題１

A～Eの５人が100m走を行った。次のア、イのことがわかっているとき、確実にいえるのはどれか。ただし、同じ順位の者はいなかったものとする。

オリジナル

ア　Cは２位であり、Dは１位ではなかった。

イ　BはEの次の順位であった。

1　Aは１位だった。
2　Bは５位だった。
3　Dは４位だった。
4　Eは４位だった。
5　Eは５位だった。

いきなり問題ニャ！ 解き方わからないニャ！

説明のために例題を使ってるだけニャ！ いまは解けなくても問題ないニャ！

第１編第３章で扱う「順位関係」の例題です。ここでは５人の100m走での順位が話題になっており、これを整理するために順位を記入する表を使います。アの条件から、まずCが２位であったことがわかります。

1位	2位	3位	4位	5位
	C			

ここでまず見せたいのが**場合分け**ニャ！

イの条件を当てはめることを考えると、**❶Eが３位でBが４位の可能性と、❷Eが４位でBが５位の可能性の２パターン**があります。このままでは何も決められないので、ひとまず考えられる可能性をすべて試してみるのが**場合分け**です。ここでは、❶と❷の場合を両方試してみます。

1位	2位	3位	4位	5位
	C	E	B	

1位	2位	3位	4位	5位
	C		E	B

このように複数の場合に分けて考えを進めていった結果、**他の条件と矛盾が生じることがあれば、その場合はあり得なかったことになります**（不適）。

次に、アの条件の後半を当てはめるニャ！

Dは１位ではないので、❶の場合であればDは５位、残ったAが１位となります。同様に❷の場合であれば、Dは３位、残ったAが１位となります。

1位	2位	3位	4位	5位
A	C	E	B	D

1位	2位	3位	4位	5位
A	C	D	E	B

２つに分かれたけど、順位がすべて埋まったニャ！

次に見ておきたいのが問題文にある「**確実にいえる**」の意味ニャ！

この例題では途中で❶❷の２パターンに場合分けをしましたが、最後まで矛盾が生じることなく順位も２パターン成立しました。ここで選択肢を見ると、**3**や**5**が誤りであることは明白ですが、残りの３つについては注意が必要です。

2と**4**は**❷の場合には正しく、❶の場合には誤り**です。一方、**1**は**❶❷の両方の場合において正しい内容**です。

「確実にいえる」には、**すべての場合で成立する**ことが必要ニャ！

複数の場合が成立するときには、一部のパターンでのみ正しいものは「確実にいえる」ことにはなりませんので気をつけましょう。

最後に消去法についてニャ！

公務員試験は基本的に５つの選択肢の中から正しいものを１つ選ぶ形式です。正解に至るためには、「１つの選択肢が正しいとわかる」か、「４つの選択肢が誤りとわかる」かのいずれかの方法があります。

消去法とは、**４つの選択肢を誤りとすることで残った１つの正解にたどり着く方法**です。

場合分けで図表がいくつも分かれてしまうときや時間がかかりそうな場合、消去法は特に有効です。

空間把握の問題にも消去法が有効なものが多いニャ！

これらの共通事項を押さえたうえで、本格的な学習を始めましょう。

正　解　**1**

第1章

対応関係

重要度 ★★★

2項目の対応関係

「人物」と「部活動」など、2つの項目に関する対応関係です。表を作り、○や×を書き込んで条件を整理しましょう。

A～Dの4人の学生は、工学部、法学部、理学部、文学部のいずれか異なる1つの学部に所属している。次のア～ウがわかっているとき、Bの所属する学部は何学部か。

オリジナル

ア　Aは、工学部の学生、法学部の学生と3人で映画を観に行った。
イ　B、C、法学部の学生、理学部の学生の4人は野球を観に行った。
ウ　Cと文学部の学生の2人は同じ中学校出身である。

A～Dの「人物」と、4つの「学部」の2項目あることに注目ニャ！ 2項目の問題では基本的に、縦の列に人物（ここではA～D）を、横の列に人物以外の項目（ここでは学部）を割り当てて、**表に「○と×」を入れながら解く**とよいニャ！

「いずれか異なる1つの学部」ってどういう意味ニャ？

4人で、4つの学部があり、それぞれ所属している学部が異なっているので、工学部、法学部、理学部、文学部に所属している人が1人ずついることになります。

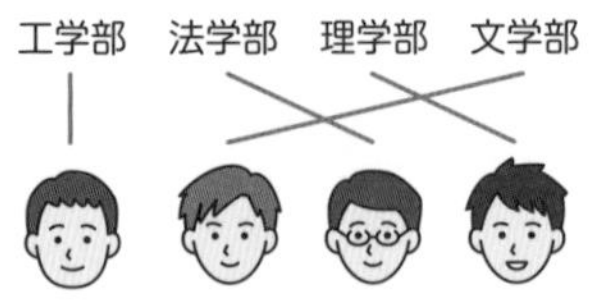

このように「いずれか異なる」、「それぞれ異なる」とある場合、1つの学部に所属しているのはA～Dのうち1人だけなので、「AとBの2人が文学部」

などのように、1つの学部に2人以上所属することはありません。

表の縦列と横列には1つだけ○が入ることになります。

	工	法	理	文
A				○
B				○
C				
D				

	工	法	理	文
A				×
B	×	×	×	○
C				×
D				×

条件アの「**映画を観に行った**」はどう扱えばいいニャ？

映画が重要なのではなく、**いっしょに行った3人が別人**だということが重要ニャ！

今回は、工学部と法学部の学生はそれぞれ1人ずつしかいないので、Aと工学部の学生、法学部の学生が映画を観に行くという条件は、3人がそれぞれ別人であることを表しています。よって、表のAの列の「工」と「法」に×を入れます。

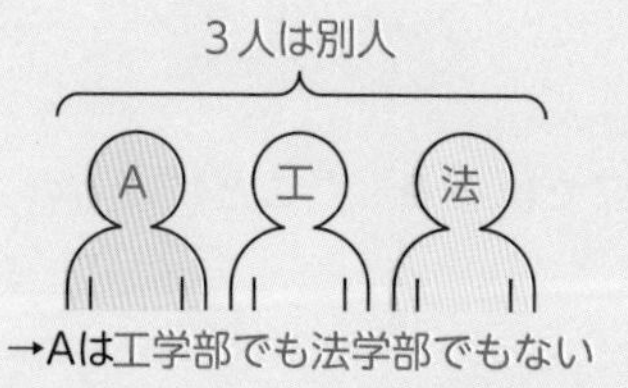

	工	法	理	文
A	×	×		
B				
C				
D				

ニャるほど…、Aが工学部だと、自分と自分が映画に行くことになってしまうニャ！

条件イとウについても、誰と誰が別人であるかに着目して書き込むと、次のようになります。

	工	法	理	文
A	×	×		
B		×	×	
C		×	×	×
D				

これで条件は全部使ってしまったニャ…。ここからどうしたらいいニャ？

法学部は、A～Cの３人が×になりましたが、**誰か１人が必ず法学部に所属しているので、残ったDが法学部**に決まります（**表1**）。

また、Cは、法学部、理学部、文学部が×になりましたが、Cは**必ず１つの学部に所属しているので、Cは残った工学部**に決まります（**表2**）。

表1	工	法	理	文
A	×	×		
B		×	×	
C		×	×	×
D				

○に決まる

表2	工	法	理	文
A	×	×		
B		×	×	
C		×	×	×
D				

○に決まる

Dが法学部に決まれば、Dはその他の学部ではなかったことになるので、Dの法学部以外の学部に×を入れます（**表3**）。

表3	工	法	理	文
A	×	×		
B		×	×	
C	○	×	×	×
D	×	○	×	×

同様に、Cが工学部に決まれば、C以外の人物は工学部ではないので、×を入れます（**表4**）。

表4	工	法	理	文
A	×	×		
B	×	×	×	
C	○	×	×	×
D	×	○	×	×

このように、「人物」と「人物以外の項目」が**1対1で対応**している場合、**表に○が1つ入れば、縦と横の列の残りのマスにはすべて×が入る**ニャ！

さらに、同様に表を埋めると、Bは文学部に決まり、Aは理学部に決まります（**表5**）。

表5	工	法	理	文
A	×	×	○	×
B	×	×	×	○
C	○	×	×	×
D	×	○	×	×

正 解　文学部

第1編
第1章
対応関係

例題3

A～Dの４人は、釣り、水泳、英会話、映画のうちそれぞれ２つを趣味としている。次のア～ウのことがわかっているとき、Cの趣味はどれか。

オリジナル

ア　釣りと英会話を趣味とする人は２人、水泳を趣味とする人は３人いる。

イ　Aは水泳か英会話のいずれか１つを趣味とし、映画を趣味としていない。

ウ　Bは水泳を趣味としておらず、Dは映画を趣味としている。

1　釣り・水泳　　**2**　釣り・英会話　　**3**　釣り・映画
4　水泳・英会話　　**5**　英会話・映画

今回もA～Dの「人物」と、４つの「趣味」の２項目があるニャ。前回と違うのは、１人に**複数の趣味**があるところニャ！

先ほどの例題と同じく、縦の列に人物（A～D）、横の列に人物以外の項目（趣味）を割り当てます。また、今回は**数値の合計欄を作っておきます**。

A～Dの４人が２つずつ趣味を持っているので、**趣味の合計は8**です。次に、釣りと英会話は２人、水泳は３人の趣味なので、8−2−2−3=1より、映画を趣味にしているのは１人とわかります（**表1**）。

表1	釣り	水泳	英会話	映画	合計
A					2
B					2
C					2
D					2
合計	2	3	2	1	8

総数がわかる場合は、表の右下の欄に書いておくニャ！

ここに、条件イとウからわかることを書き加えると次のようになります（**表2**）。

表2	釣り	水泳	英会話	映画	合計
A				×	2
B		×			2
C					2
D				○	2
合計	2	3	2	1	8

この後、まず、どこから考えればいいニャ？

合計の数値に注目するといいニャ！

すでにわかっていることと表の合計欄から確定できることを探します。このとき、**合計の数値が大きいところや小さいところから考える**とよいでしょう。

すると、水泳を趣味とする３人はA、C、Dに決まり、映画を趣味とする１人はDに決まります（**表3**）。

表3	釣り	水泳	英会話	映画	合計
A		○		×	2
B		×		×	2
C		○		×	2
D		○		○	2
合計	2	3	2	1	8

次は、横の列の数値を見てみるニャ！

Dの２つの趣味は水泳と映画に決まったので、**残りの釣りと英会話のマスには×が入ります**。また、Bの趣味でないものが２つ決まっているので、**残りの釣りと英会話のマスには○が入ります**。

条件イより、Aは水泳か英会話のいずれか１つが趣味ですが、水泳を趣味としていることがわかったので**英会話には×が入り**、Aの趣味は釣りと水泳に決まります（**表4**）。

表4	釣り	水泳	英会話	映画	合計
A	○	○	×	×	2
B	○	×	○	×	2
C		○		×	2
D	×	○	×	○	2
合計	2	3	2	1	8

次は縦の列ニャ！　こうやって**交互に見ていく**ニャ！

釣りを趣味とする2人はAとBに決まったので、**残りのCのマスには×が入ります**。さらに、**英会話を趣味とするもう1人の人物はCに決まります**（**表5**）。

これで表が完成し、Cの趣味は水泳と英会話なので、正解は**4**です。

表5	釣り	水泳	英会話	映画	合計
A	○	○	×	×	2
B	○	×	○	×	2
C	×	○	○	×	2
D	×	○	×	○	2
合計	2	3	2	1	8

正　解　**4**

例題4

A～Cの３人に、福岡県、長崎県、熊本県、鹿児島県の４県のうち、訪れたことがある県を尋ねたところ、福岡県を１人、長崎県と熊本県をそれぞれ２人が訪れていた。次のア～エのことがわかっているとき、確実にいえるのはどれか。

オリジナル

ア　A～Cは４県のうちそれぞれ２県ずつ訪れた。
イ　４県のうち、AとBが共通して訪れた県はなかった。
ウ　Aは福岡県を訪れた。
エ　４県のうち、AとCが共通して訪れた県が１県だけあった。

1　Aは長崎県を訪れた。
2　Aは熊本県を訪れた。
3　Bは長崎県を訪れた。
4　Bは鹿児島県を訪れた。
5　Cは鹿児島県を訪れた。

この例題では、「**共通して訪れた県はなかった**」に注目するニャ！

まず、これまでと同じく表を作り、数値の合計欄も設けておきます。

条件ウより、福岡県を訪れた１人はAに決まるので、BとCは福岡県を訪れていないことになります（**表1**）。

表1	福	長	熊	鹿	合計
A	○				2
B	×				2
C	×				2
合計	1	2	2	1	6

総数の６から、鹿児島を訪れた人数も計算しておくニャ！

ここで、**4つの県すべてに関わる条件**を考えてみるニャ！

条件イによれば、「4県のうち、AとBが共通して訪れた県はなかった」ので、どの県の列においても**AとBの両方に○が入ることはありません**。

AとBに○を入れるのはNG

A	○			
B	○			

どちらかに○、両方とも×はOK

A	○	×	×	
B	×	○	×	

例題では、AもBも2つの県を訪れているので、AとBの○の数の合計は4個です。AとBの○の数の合計が4個、訪れた県が合計4県、AとBが共通して訪れた県はないという条件より、○と×の入り方は例えば次のようになります。

4種類

	福	長	熊	鹿	合計
A	○	○	×	×	2
B	×	×	○	○	2

合計4個の○が入る

これはただの例で、実際には、福岡県を訪れたのがAなのかBなのか、この段階ではわかっていません。

ここで重要なのは、**AとB2人のどちらかに必ず1個の○が入る**ということです（**表2**）。

これで、Cの○と×が見えてこないかニャ？

表2	福	長	熊	鹿	合計
A	○	どちらかに○が1個	どちらかに○が1個	どちらかに○が1個	2
B	×				2
C	×				2
合計	1	2	2	1	6

あ、わかったニャ！

鹿児島県のＡ～Ｃの○の合計は１個なので、Ｃの横列に○を入れると○の数が１個を超えてしまい、Ｃは鹿児島県を訪れていないことがわかります。

逆に、長崎県や熊本県には２個の○が必要なので、Ｃの横列に○を入れないとＡ～Ｃの○の数の合計が２個になりません。

これで、Ｃの訪れた県が長崎県と熊本県だとわかります（**表3**）。

表3	福	長	熊	鹿	合計
A	○	どちらかに○が１個	どちらかに○が１個	どちらかに○が１個	2
B	×				2
C	×	○	○	×	2
合計	1	2	2	1	6

また、条件エより、ＡとＣが共通して訪れた県が１県だけあったので、**Ａは長崎県か熊本県のどちらか１県だけ訪れた**ことになります（**表4**）。

表4	福	長	熊	鹿	合計
A	○				2
B	×				2
C	×	○	○	×	2
合計	1	2	2	1	6

Aが訪れたのが長崎県か熊本県かわからないニャ…。

そういうときは**場合分け**をしてみるニャ！
Aが長崎県を訪れた表と、熊本県を訪れた表を作るニャ！

場合分けⅰ　Aが長崎県を訪れた場合

Aが訪れた２県が福岡県と長崎県の２県に決まり、熊本県と鹿児島県は訪れていないことになります。

BはAと○と×が逆になるように書き入れます（**表5**）。

表5	福	長	熊	鹿	合計
A	○	○	×	×	2
B	×	×	○	○	2
C	×	○	○	×	2
合計	1	2	2	1	6

場合分けⅱ　Aが熊本県を訪れた場合

同様に書き入れると、以下のようになります（**表6**）。

表6	福	長	熊	鹿	合計
A	○	×	○	×	2
B	×	○	×	○	2
C	×	○	○	×	2
合計	1	2	2	1	6

表が２つできてしまったら、どうしたらいいニャ？

２つ表が完成したら、**２つの表に共通する選択肢を選ぶ**ニャ！

一方の表では正しく、もう一方の表では正しくないことを記述している選択肢は誤りです。

表5と**表6**の**両方で、Bが鹿児島県を訪れている**ので、正解は**4**です。

正解　**4**

3項目以上の対応関係

「人物」、「学部」、「サークル」など、3項目以上が出てくる対応関係の問題では、表の作り方を少し工夫します。

例題5

A～Dの4人は、文学部、経済学部、法学部、理学部のうち、それぞれ異なる1学部の学生であり、野球部、テニス部、サッカー部、ギター部のうち、それぞれ異なる1サークルに所属している。

次のア～ウのことがわかっているとき、確実にいえるのはどれか。

オリジナル

ア　テニス部に所属しているBは、文学部での学生ではない。
イ　経済学部の学生は、サッカー部に所属している。
ウ　法学部に所属しているDは、ギター部に所属していない。

1　Aはサッカー部に所属している。
2　Cは文学部に所属している。
3　Cはギター部に所属している。
4　Dはギター部に所属している。
5　文学部の学生は、ギター部に所属している。

3項目以上を整理するときは、○×表とは別の表が便利ニャ！

3項目以上ある場合は、表に○や×を書き込むのではなく、**「テニス部」、「A」、「法学部」などの情報を表に直接書き入れる**と考えやすいです。

A～Dの4人いるので❶～❹の横4列、人物、学部、サークルの3項目あるので縦3列の表を作ります。4人は「それぞれ異なる1学部の学生」であり、

「それぞれ異なる１サークルに所属している」とあるため、**４つの学部とサークルが１つずつ表に入る**ことになります。

	❶	❷	❸	❹
人物				
学部				
サークル				

まず、条件アから読み取れる、「Bがテニス部であり、文学部でない」という情報を表に書き入れるニャ。

❶〜❹のどの列に書き入れてもいいですが、ひとまず❶に入れておきましょう（**表１**）。

表１	❶	❷	❸	❹
人物	B			
学部	×文			
サークル	テニス			

Aから順でなくていいのかニャ？

表に入れるのはAからでなくても構わないニャ。同じように条件もアから順に使う必要はないニャ。

次に、条件イの「経済学部の学生はサッカー部」という情報を表に入れます。❶には「テニス」がすでに入っており、サークルがサッカーとテニスの２つにならないように、新たに❷の列に書き入れます。このように、**すでに書き込まれた列に条件が入らないのを確認してから、新しい列に書き入れる**ようにします。

条件ウの「Dが法学部でありギター部でない」という情報も、人物や学部が重なってしまうため❶と❷に当てはめられないのを確認してから、新たに❸の列に書き入れます（**表２**）。

表2	❶	❷	❸	❹
人物	B		D	
学部	×文	経済	法	
サークル	テニス	サッカー	×ギター	

文学部は❶か❹のいずれかに入りますが、❶は文学部ではないので❹に決まり、残った❶は理学部になります。

同様に、ギター部は❸か❹のいずれかに入りますが、❸はギター部ではないので❹に決まり、残った❸は野球部になります（**表3**）。

表3	❶	❷	❸	❹
人	B		D	
学部	理	経済	法	文
サークル	テニス	サッカー	野球	ギター

表を埋められるのはここまでだニャ…。

ＡとＣが❷か❹のどちらなのか決まっていないため、Ａがサッカー部なのかギター部なのか確定しません。よって、**1**の**「Ａはサッカー部に所属している」は確実にはいえない**ので誤りとなります。同様に、**2**と**3**も、Ｃが文学部なのか、Ｃがギター部なのかは確定せず、確実にはいえないため誤りとなります。Ｄは野球部なので、**4**は誤りとなります。**文学部の学生がギター部に所属しているのは確実**なので、**5**が正解となります。

正解 **5**

例題6

A～Dの４人は、文学部、経済学部、法学部、理学部のうち、それぞれ異なる１学部の学生であり、野球部、テニス部、サッカー部、ギター部のうち、それぞれ異なる１サークルに所属しており、居酒屋、喫茶店、ガソリンスタンド、スーパーマーケットのうち、それぞれ異なる１か所でアルバイトをしている。

次のア～オのことがわかっているとき、理学部の学生のアルバイト先はどこか。

オリジナル

ア　Bは、野球部に所属している。
イ　文学部の学生は、居酒屋でアルバイトをしている。
ウ　経済学部のCは、ギター部には所属していない。
エ　法学部の学生は、サッカー部に所属している。
オ　ギター部に所属している学生は、喫茶店でアルバイトをしている。

今度は項目が４つに増えたニャ…。

一見複雑そうでも、３項目のときと解き方は同じニャ！

A～Dの４人いるので❶～❹の４列、人物、学部、サークル、アルバイトの４項目あるので４段の表を作りましょう。まず、条件アの「Bが野球部である」という情報を❶の列に入れます（**表１**）。

表1	❶	❷	❸	❹
人物	B			
学部				
サークル	野球			
アルバイト				

じゃあ次、条件イはどうかニャ？

このとき必ず、すでに書き込まれた❶の列に「文学部の学生のアルバイト先が居酒屋である」という情報が当てはめられないことを確認します。

どうしてわざわざ❶に入らないことを確認するニャ？ すぐに❷に入れてしまえばいいと思うニャ…。

	❶	❷	❸	❹
人物	B			
学部		文		
サークル	野球			
アルバイト		居酒屋		

「Bが、文学部で野球部に所属し、居酒屋でアルバイトをしている」可能性があるからだニャ！

	❶	❷	❸	❹
人物	B			
学部	文			
サークル	野球			
アルバイト	居酒屋			

条件イは、❶に入る可能性があるので**いったん保留**します。次に、条件ウの「Cが経済学部であり、ギター部でない」という情報を当てはめます。❶にはBが入っていて当てはめられないので、新たに❷の列に当てはめます（**表2**）。

表2	❶	❷	❸	❹
人物	B	C		
学部		経済		
サークル	野球	×ギター		
アルバイト				

第1編 第1章 対応関係

条件エの「法学部の学生がサッカー部である」という情報は、学部やサークルが重なるため❶と❷に当てはめられないので、新たに❸の列に当てはめます（**表3**）。

表3	❶	❷	❸	❹
人物	B	C		
学部		経済	法	
サークル	野球	×ギター	サッカー	
アルバイト				

今回は、「それぞれ異なる1サークル」なので、表の❶～❹には野球部、テニス部、サッカー部、ギター部が1つずつ入ります。

ギター部は残った❷と❹のうち❷には入らないので**❹に決まります**。条件オの「ギター部の学生のアルバイト先が喫茶店」という情報より❹に喫茶店が入り、残ったテニス部は❷に入ります（**表4**）。

表4	❶	❷	❸	❹
人	B	C		
学部		経済	法	
サークル	野球	テニス	サッカー	ギター
アルバイト				喫茶店

ここで、後回しにしていた条件イの「文学部の学生のアルバイト先が居酒屋である」という情報が**❶にしか当てはまらなくなりました**。残った理学部が❹に入り、これ以上わかることはありません（**表5**）。

表5より、理学部の学生は、喫茶店でアルバイトをしていることになります。

表5	❶	❷	❸	❹
人	B	C		
学部	文	経済	法	理
サークル	野球	テニス	サッカー	ギター
アルバイト	居酒屋			喫茶店

正　解　**喫茶店**

重要度 ★★★

第3節 その他の対応関係

プレゼントを贈る、メールや手紙を送る、電話をかける、など、受け渡しが発生するタイプの問題の対応関係を考えます。

例題7

A～Eの5人が参加するクリスマスパーティーが開かれ、各自1つずつプレゼントを持ち寄り、交換することにした。

5人の間でのプレゼントのやり取りについて、次のア～エのことがわかっている。ただし、5人が渡したプレゼントと受け取ったプレゼントはそれぞれ1個ずつであり、プレゼントを渡した相手からプレゼントを受け取った人はいなかった。このとき、Eがプレゼントを渡した相手は誰か。

オリジナル

ア　Aは、BとCのどちらかからプレゼントを受け取った。
イ　Cは、Dからプレゼントを受け取らなかった。
ウ　Dは、AからもBからもプレゼントを受け取らなかった。
エ　Eは、AからもCからもプレゼントを受け取らなかった。

プレゼントを交換する問題では、**受け渡しを矢印で表す**と考えやすいニャ！

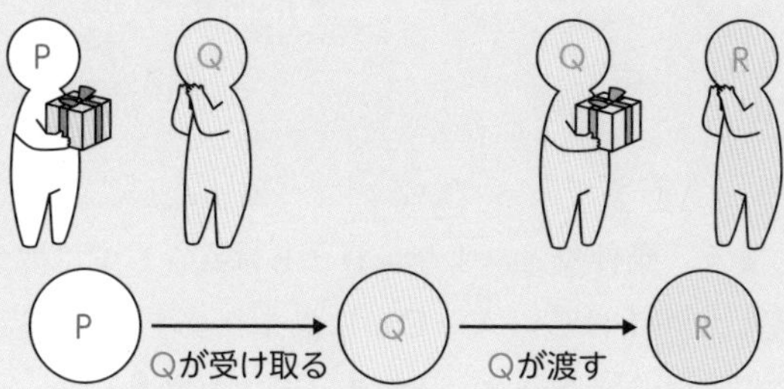

「**プレゼントを渡した相手からプレゼントを受け取った人はいなかった**」ってどういう意味ニャ？

例えば、**図1**では、Aは自分がプレゼントを渡したBからプレゼントを受け取っています。このような2人の受け渡しがなかったことを示しています。

5人のプレゼント交換でこの条件がある場合、**5人が輪になってプレゼントを別の人に渡していく**、**図2**のような形に決まります。

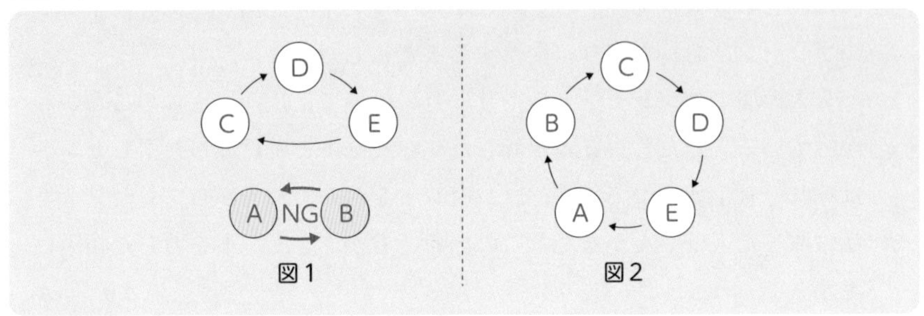

図1　図2

図の形が決まったら、条件アの「BとCのどちらか」のように、**肯定的な二択の条件**に着目して場合分けしてみるニャ！

ここでは、Aが**Bから受け取った図と、Cから受け取った図の2つ**を描いてみましょう。

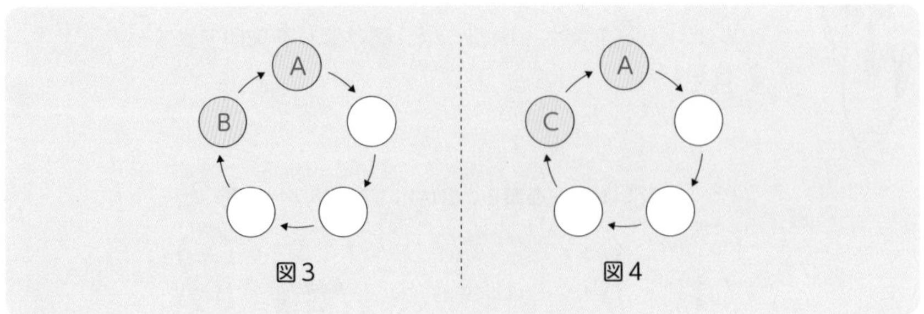

図3　図4

図3では、「B→A」まで入っているので、残ったC、D、Eの3人を書き出しておきましょう。条件ウとエより、DとEはAから受け取れないので、消去法よりAが渡した相手はC（A→C）に決まります（**図5**）。同様に、**図4**ではAが渡した相手はB（A→B）に決まります（**図6**）。

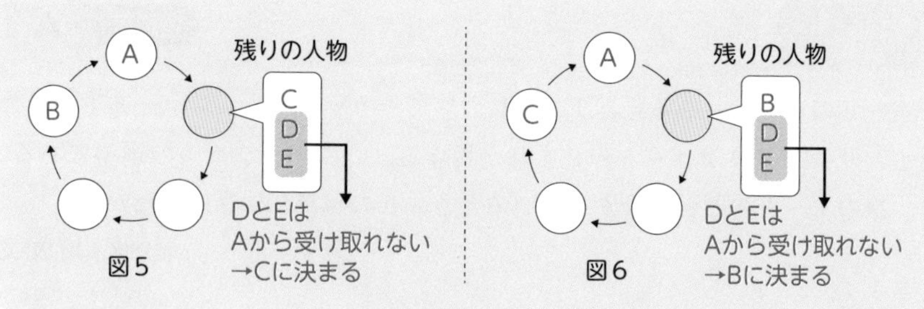

図5でまだ決まっていない人物はDとEですが、条件エよりEはCから受け取れないので、Cが渡した相手はD（C→D）に決まります。残ったEを当てはめると、「D→E→B」とつながります（**図7**）。

同様に、**図6**も残りDとEですが、条件ウよりDはBから受け取れないので、Bが渡した相手はE（B→E）に決まります。残ったDを当てはめると、「D→C」となりますが、条件イより、CがDから受け取れないため不適、つまり**他の条件と矛盾があるため、この場合はあり得ない**とわかります（**図8**）。

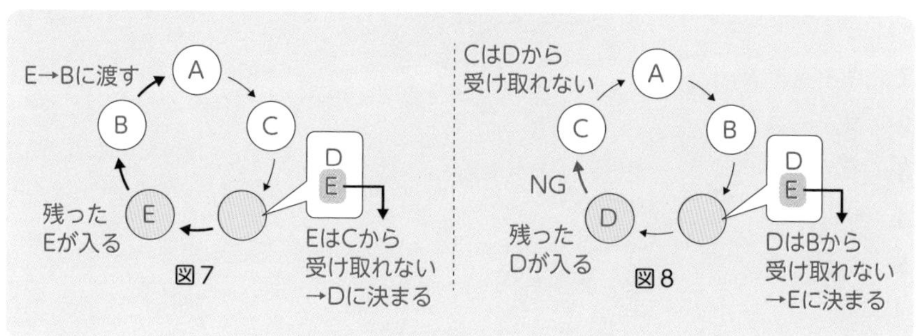

図7と**図8**の2つの図のうち、**図8**は条件をすべて満たせなかったから、**図7を見てEがプレゼントを渡した相手を確認**するニャ！

図7より、Eがプレゼントを渡した相手はBに決まります。

正解 B

□□□

問題 1

難易度 A

A～Eの５人は、ある野球チームにおいてキャッチャー、ファースト、セカンド、サード又はショートのいずれか異なる一つのポジションの選手である。今、次のア～キのことが分かっているとき、Eのポジションはどれか。

特別区Ⅰ類 2008

ア　AとDは、いずれもキャッチャーではない。
イ　ファーストは、Bと同じ高校の出身である。
ウ　Bは、キャッチャーと同じ町に住んでいる。
エ　セカンドは、Cとよく食事をする。
オ　BとDは、サードとショートとの４人で時々ゴルフをする。
カ　キャッチャーは、昨日Eと口論になった。
キ　Aは、ショートのいとこである。

1　キャッチャー
2　ファースト
3　セカンド
4　サード
5　ショート

HINT　「いずれか異なる一つのポジション」

❶　１つのマスに○が入ったら、縦と横の列に×を入れる
❷　列の残り１マス以外すべて×が入ったら、残りの１マスは○に決まる

❶

	キ	ファ	セ	サ	ショ
A			×		
B	×	×	○	×	×
C			×		
D			×		
E			×		

❷

	キ	ファ	セ	サ	ショ
A	×				
B	×				
C					
D	×				
E	×				

○になる

解　説　　　正　解　5

人物が５人、ポジションも５つあり、「**いずれか異なる一つのポジション**」なので１対１で対応する問題です。人物とポジションで対応表を作ると、**縦もしくは横１列に１つずつ○が入る**ことになります。

例えば、条件アの「ＡとＤは、いずれもキャッチャーではない」からは、「**AやDがキャッチャーの人とは別人である**」ということを読み取れます。

同様に、条件イより「Ｂ≠ファースト」、ウより「Ｂ≠キャッチャー」、エより「Ｃ≠セカンド」、オより「Ｂ≠サードとショート」、「Ｄ≠サードとショート」、カより「Ｅ≠キャッチャー」、キより「Ａ≠ショート」となるので、表に×を入れます（**表1**）。

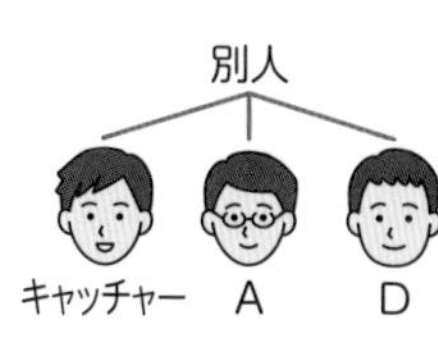

キャッチャーの縦の列、Ｂの横の列は５マス中４マスが×になったので、**残った1マスは○に決まります**（**表2**）。

表1	キ	ファ	セ	サ	ショ
A	×				×
B	×	×		×	×
C			×		
D	×			×	×
E	×				

表2	キ	ファ	セ	サ	ショ
A	×				×
B	×	×	○	×	×
C	○		×		
D	×			×	×
E	×				

○が入ったマスの縦と横の列はすべて×になり（**表3**）、以下、「縦と横の５マス中４マスに×が入れば残りの１マスは○になる」、「○が入ったマスの縦と横の列はすべて×になる」を繰り返すと、Ｅがショートに決まります（**表4**）。よって、正解は**5**です。

表3	キ	ファ	セ	サ	ショ
A	×		×		×
B	×	×	○	×	×
C	○	×	×	×	×
D	×		×	×	×
E	×		×		

表4	キ	ファ	セ	サ	ショ
A	×	×	×	○	×
B	×	×	○	×	×
C	○	×	×	×	×
D	×	○	×	×	×
E	×	×	×	×	○

問題 2

難易度 A

A～Eの５人はそれぞれ、野球、サッカー、ラグビー、テニス、卓球、バスケットボールの６種目の中から３種目を選んで球技大会に出場する。次のア～ウのことがわかっているとき、確実にいえることとして、最も妥当なのはどれか。

東京消防庁Ⅰ類 2020

ア　野球とテニスにはそれぞれ４人、サッカーには３人、卓球には２人、ラグビーとバスケットボールにはそれぞれ１人が出場する。
イ　AとBには同一の出場種目がない。
ウ　Cは、卓球には出場しない。

1　Aは、野球に出場する。
2　AとDは、卓球に出場する。
3　Bは、ラグビーに出場する。
4　Cは、サッカーに出場する。
5　Eは、テニスには出場しない。

HINT　「AとBには同一の出場種目がない」

「AとBには同一の出場種目がない」という条件に注目してみましょう。まず、AとB両方に○を入れることができません。また、今回は、６種目、AとBが３種目ずつ出場して○の合計が６つなので、AとB合わせて６つの○が入ることになります。

解説　　　正解 4

ＡとＢが共通して出場した種目がなく、全６種目、ＡとＢの選んだ合計の種目が６つであることより、**各種目ともＡとＢのうちどちらか１人が選んだ**ことになります。よって次のように、ＡとＢをまとめて１個の○を入れておきます。さらに条件からわかることを書き入れます（**表1**）。

表1	野	サ	ラ	テ	卓	バ	合計
A	○	○	○	○	○	○	3
B							3
C					×		3
D							3
E							3
合計	4	3	1	4	2	1	15

野球、テニスの列に入る○の数は合計４、ラグビー、バスケットボールの列に入る○の数は合計１なので、次のように決まります（**表2**）。

表2	野	サ	ラ	テ	卓	バ	合計
A	○	○	○	○	○	○	3
B							3
C	○		×	○	×	×	3
D	○		×	○		×	3
E	○		×	○		×	3
合計	4	3	1	4	2	1	15

すべての条件を当てはめたところで選択肢を確認すると、Ｃが出場した種目は野球、サッカー、テニスの３種目に決まります（**表3**）。

よって、正解は**4**です。

表3	野	サ	ラ	テ	卓	バ	合計
A	○	○	○	○	○	○	3
B							3
C	○	○	×	○	×	×	3
D	○		×	○		×	3
E	○		×	○		×	3
合計	4	3	1	4	2	1	15

□□□

問題 3

難易度 A

A～Eの5人は、それぞれ異なる1学部（文学部、法学部、経済学部、工学部、医学部）の学生であり、それぞれ異なる1サークル（サッカー、テニス、美術、合唱、将棋）に所属している。次のことが分かっているとき、確実にいえるのはどれか。

国家専門職 2008

○　医学部の学生は合唱サークルに所属している。
○　Aはテニスサークルにも美術サークルにも所属していない。
○　Cは文学部の学生であり、美術サークルには所属していない。
○　サッカーサークルに所属しているのは、工学部の学生である。
○　経済学部の学生であるBは、将棋サークルに所属している。

1　Aは合唱サークルに所属している。
2　Dはサッカーサークルに所属している。
3　Eは医学部の学生である。
4　文学部の学生はテニスサークルに所属していない。
5　法学部の学生は美術サークルに所属している。

HINT　3項目以上あるタイプの対応関係

人物、学部、サークルというように項目が3つ以上ある場合、表に直接「医学部」、「テニス」などと書き入れると早く解くことができます。

条件を書き入れるときには、できるだけ「○○は××である」など、肯定的な要素が多い条件から入れるとよいでしょう。「○○は××ではない」という否定的な要素が多い条件は後回しにします。

また、必ずしも、Aから順に入れる必要はありません。

解説　　　　　正解 5

人物、学部、サークルと３項目以上あるので、３項目と５人で３×５の表を作ります。

このとき、５つ目の条件「経済学部の学生であるＢは、将棋サークルに所属している」のように、**情報量が多い条件から書き入れる**とよく、これを❶に書き入れます。すると１つ目の条件「医学部の学生は合唱サークル」は❶に入らないので、新たに❷の列に入れます。３つ目の条件「Ｃは文学部であり、美術サークルでない」は学部が重なるため❶や❷の列に入らないのを確認してから、新たに❸の列に書き入れます。Ｃが美術部でないことをメモしておきます。

４つ目の条件「工学部の学生はサッカーサークル」も同様に確認してから新たに❹の列に書き入れます（**表１**）。２つ目の条件「Ａはテニスサークルでも美術サークルでもない」のような、**否定的な情報しかない条件は後回し**にしておきます。

表1	❶	❷	❸	❹	❺
人物	B		C		
学部	経済	医	文	工	
サークル	将棋	合唱	×美術	サッカー	

❺には残った法学部が入ります。次に、❶〜❺に異なる５つのサークルを１つずつ当てはめます。

残った美術サークルとテニスサークルが❸と❺に入りますが、❸には美術サークルが入らないので❺が美術サークル、❸がテニスサークルと決まります（**表２**）。

すべての条件を当てはめたところで選択肢を確認すると、法学部の学生が美術サークルに所属しているので、正解は**5**です。

表2	❶	❷	❸	❹	❺
人物	B		C		
学部	経済	医	文	工	法
サークル	将棋	合唱	テニス	サッカー	美術

□□□

問題 4

難易度 **B**

A、B、Cの３人が、三毛猫、トラ猫、黒猫、白猫、ぶち猫の５匹の猫を飼っている。次のことが分かっているとき、確実にいえるのはどれか。

ただし、２人以上で同じ猫を飼わないものとする。　国家専門職 2018

○　それぞれの猫の好物は、マグロ、チーズ、またたび、かつお節、海苔のいずれか一つであり、好物が同じ猫はいない。

○　Aは、三毛猫ともう１匹の猫を飼っており、三毛猫でない方の猫の好物はチーズである。

○　Bは、猫を１匹飼っている。

○　Cが飼っている猫の中には、海苔が好物の猫がいる。

○　トラ猫、黒猫、白猫の飼い主はそれぞれ異なる。

○　白猫の好物は、かつお節である。

○　トラ猫の好物は、チーズでも海苔でもない。

1　Bは、白猫を飼っている。

2　Cは、トラ猫とぶち猫の２匹の猫を飼っている。

3　Cは、海苔が好物のぶち猫を飼っている。

4　三毛猫の好物は、マグロである。

5　黒猫の好物は、チーズではない。

HINT　トラ猫、黒猫、白猫の飼い主はそれぞれ異なる

５つ目の条件は３人の飼っている猫に関わる、情報量の多い条件です。トラ猫、黒猫、白猫は、A、B、Cがそれぞれ１匹ずつ飼っていますが、直接「誰が、どの猫を飼っている」というヒントがないので、「この人はこの猫を飼うことができない」というように決定していくとよいでしょう。

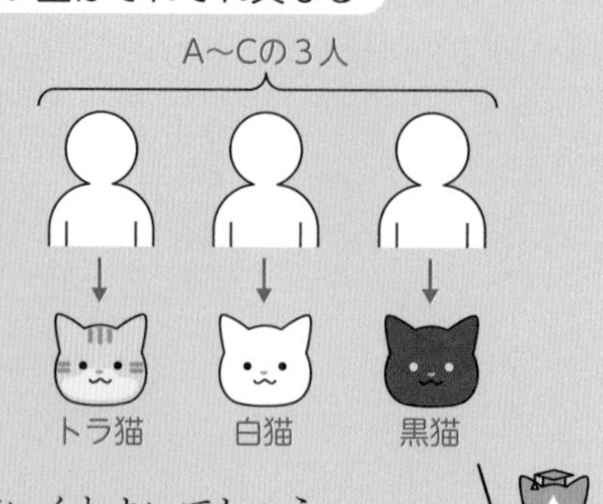

解　説　　　　正　解 3

人物、猫の種類、好物の３項目あるので、３項目の表を作ります。３人で５匹の猫を飼っており、Aが２匹、Bが１匹なので、Cは２匹とわかります。Aの飼っている猫を❶と❷、Bの飼っている猫を❸、Cの飼っている猫を❹と❺としておきます。

２つ目の条件より、Aの飼っている猫は、１匹目が三毛猫で、２匹目は好物がチーズの猫です。また、４つ目の条件より、Cの１匹目の猫の好物は海苔です。

５つ目の条件「**トラ猫、黒猫、白猫の飼い主はそれぞれ異なる**」ことから、トラ猫、黒猫、白猫に関する条件をまとめていきます。７つ目の条件「トラ猫の好物は、チーズでも海苔でもない」より、❷と❹はトラ猫ではありません。また、６つ目の条件「白猫の好物は、かつお節である」より、❷と❹の好物と反するため、❷と❹は白猫でもありません（**表１**）。

表1	❶	❷	❸	❹	❺
人物	A	A	B	C	C
猫	三毛	×トラ ×白		×トラ ×白	
好物		チーズ		海苔	

Aは、トラ猫、黒猫、白猫のうちいずれか１匹を飼っていますが、**トラ猫と白猫は飼っていないので、残った黒猫を飼っている**ことが決まります。

白猫とトラ猫のうち、一方を飼っているのがBで、もう一方がCとなります。よって、❸が「白猫・かつお節」で❺が「トラ猫」と（**表２**）、❸が「トラ猫」で❺が「白猫・かつお節」（**表３**）の２通り考えられ、いずれも残ったぶち猫が❹に入ります。**表２**、**表３**ともすべての条件を満たしており、ともにCは海苔が好物のぶち猫を飼っているので、正解は**3**です。

表2	❶	❷	❸	❹	❺
人物	A	A	B	C	C
猫	三毛	黒	白	ぶち	トラ
好物		チーズ	かつお	海苔	

表3	❶	❷	❸	❹	❺
人物	A	A	B	C	C
猫	三毛	黒	トラ	ぶち	白
好物		チーズ		海苔	かつお

□□□

問題 5

難易度 **B**

幼なじみのＡ～Ｆの６人は、地元にある三つの高校のいずれか一つに通っている。この６人の文系又は理系の選択（文理選択）、部活動、カバンの色については、表のとおりである。

	文理選択	部活動	カバンの色
A	理系	書道	黒
B	理系	書道	赤
C	文系	サッカー	白
D	理系	サッカー	黒
E	理系	吹奏楽	赤
F	文系	サッカー	黒

いま、この６人について次のことが分かっているとき、確実にいえるのはどれか。

国家専門職 2013

○　どの高校にも、理系選択者が少なくとも１人は通っている。
○　サッカー部の者と書道部の者の両方が通っている高校はない。
○　同じ色のカバンを持つ者が２人以上通っている高校はない。

1　ＣとＤは同じ高校に通っている。
2　ＣとＦは同じ高校に通っている。
3　ＥとＦは別々の高校に通っている。
4　１人しか通っていない高校がある。
5　理系選択者が２人通っている高校には、文系選択者は通っていない。

HINT　３つの高校と、３人の黒いカバン

３つの高校があり、黒いカバンを持っている３人が同じ高校に通えないので、そこから考えるといいでしょう。

解説　　　　正解 5

3つ目の条件より、**同じ色のカバンを持つ者は同じ高校に通えない**ため、黒いカバンを持っているA、D、Fの3人は、異なる3つの高校に通っていることになります。ここで、A、D、Fが通っている3つの高校をそれぞれ高校❶、高校❷、高校❸とします。

書道部のBは、2つ目の条件よりサッカー部のいる高校❷と高校❸には通えないため、高校❶に決まります。

B
理系
書道
赤

高校❶	高校❷	高校❸
A	D	F
理系	理系	文系
書道	サッカー	サッカー
黒	黒	黒

Bは高校❷と高校❸には通えない

1つ目の条件より、**どの高校にも、理系選択者が少なくとも1人は通っています**。高校❸には理系の生徒がいないので、理系で唯一残っているEが高校❸に決まります。

残ったCは、サッカー部であるため書道部がいる高校❶には通えないので、高校❷か❸のどちらかに通っていることになります。

高校❶はAとBの2人に決定し、理系選択者が2人通っている高校❶には文系選択者の者が通っていないので、正解は**5**です。

C
文系
サッカー
白

高校❶		高校❷	高校❸	
A	B	D	F	E
理系	理系	理系	文系	理系
書道	書道	サッカー	サッカー	吹奏楽
黒	赤	黒	黒	赤

Cは高校❶に通えない

□□□

問題 6

難易度 A

A～Eの５人の携帯電話の通話のやり取りについて、次のア～カのことが分かっているとき、確実にいえるのはどれか。　特別区Ⅰ類 2013

ア　Aは、CとDのどちらかから電話を受けた。
イ　Bは、AからもDからも電話を受けなかった。
ウ　Cは、Bから電話を受けなかった。
エ　Eは、AからもCからも電話を受けなかった。
オ　５人がかけた電話と受けた電話は、それぞれ１回ずつであった。
カ　電話をかけた相手から、電話を受けた人はいなかった。

1　Aは、Dに電話をかけた。
2　Bは、Eに電話をかけた。
3　Cは、Aに電話をかけた。
4　Dは、Cに電話をかけた。
5　Eは、Bに電話をかけた。

HINT　Aは、CとDのどちらかから電話を受けた

Aが電話を受けたのはCとDのいずれかからなので、下図の２通りに場合分けするところから始めてみましょう。

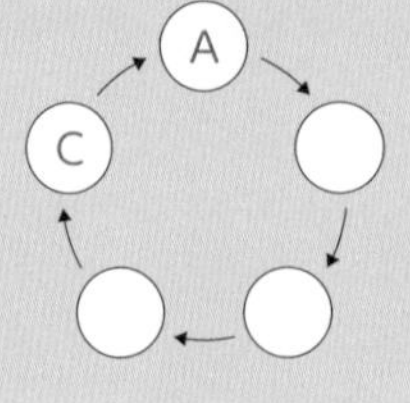

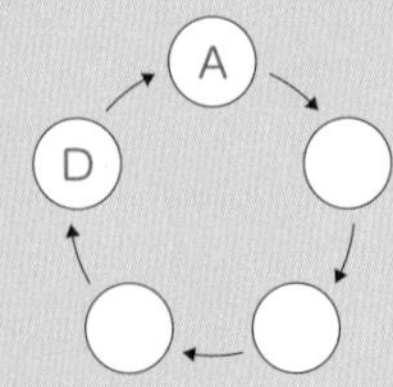

解　説　　　　**正　解** 2

条件アより、「AがCから受けた」と、「AがDから受けた」の２通りを考えます。

場合分けⅰ AがCから電話を受けた場合

❶には、残ったB、D、Eのいずれかが入りますが、条件イとエより、**BとEはAから電話を受けなかった**ので、残ったDが❶となります（**図1**）。

条件イよりBはDから電話を受けず、条件ウよりCはBから電話を受けなかったので、Bは❷にも❸にも当てはまらず**不適**となります。

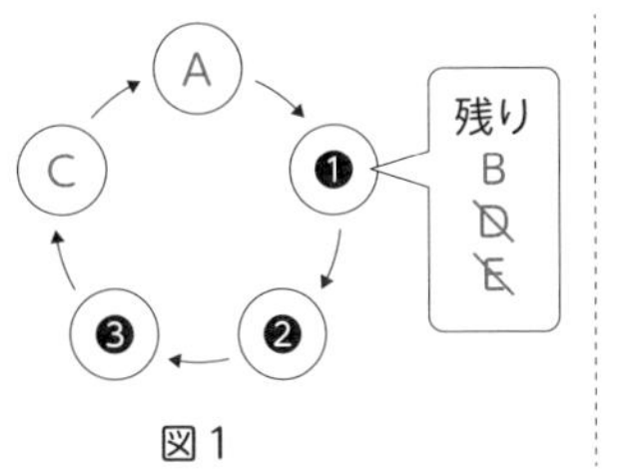

図1

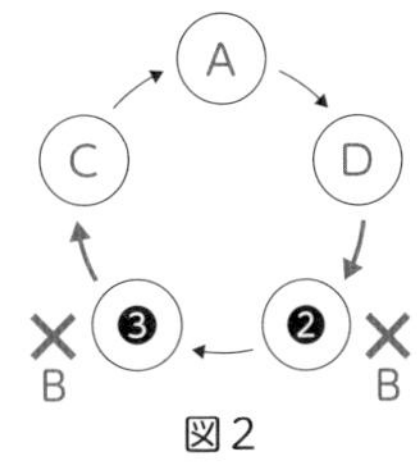

図2

場合分けⅱ AがDから電話を受けた場合

❶には、残ったB、C、Eのいずれかが入りますが、条件イとエより、**BとEはAから電話を受けなかった**ので、残ったCが❶となります（**図3**）。

❷には残ったBかEが入りますが、条件エより、**EはCから電話を受けなかった**ので、❷はBとなります（**図4**）。残った❸はEとなり、すべての条件を満たします（**図5**）。**図5**より、BはEに電話をかけているので、正解は**2**です。

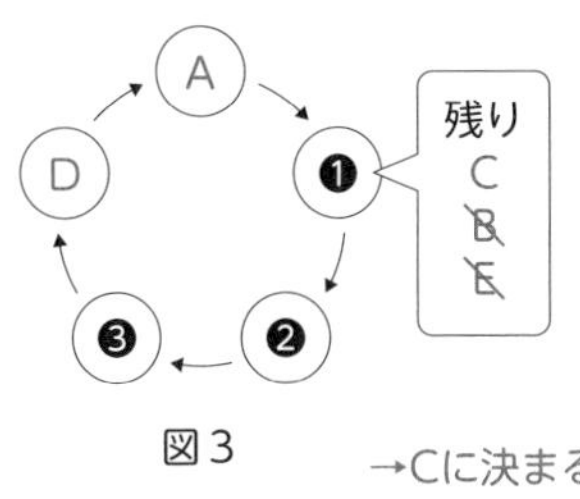

図3　→Cに決まる

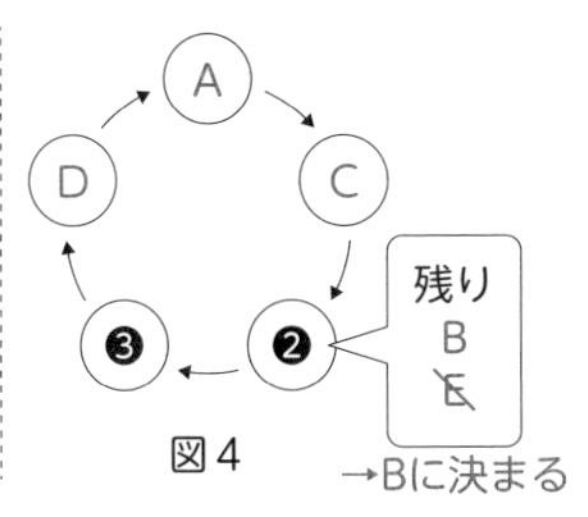

図4　→Bに決まる

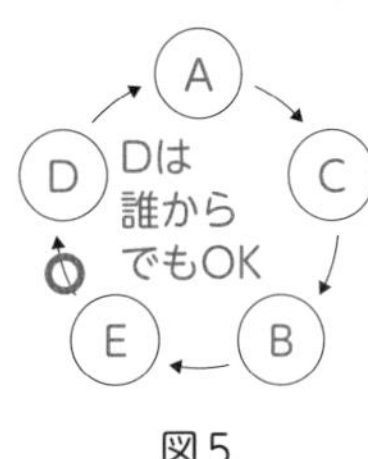

図5

第1編

判断推理

第2章

数量推理

重要度 ★★★

第1節 数量推理の基本

数量をどう扱うかがポイントです。表に直接数値を書き込む、偶数や奇数など数の性質に注目するなどのテクニックを学びましょう。

例題8

A～Cがそれぞれ赤い花、青い花、白い花を何本か買った。次のことがわかっているとき、確実にいえるのはどれか。 オリジナル

ア　Aは4本、Bは3本、Cは5本の花を買った。
イ　3人が買った花の合計は、赤い花が4本、青い花が3本、白い花が5本であった。
ウ　AとBが買った白い花の本数は等しかった。
エ　Cが買った青い花と白い花の本数は等しかった。
オ　Aが買った赤い花の本数は1本であった。

1　Aは2種類の色の花だけを買った。
2　Bは2種類の色の花だけを買った。
3　Cは2種類の色の花だけを買った。
4　Bが買った青い花の本数は2本であった。
5　Cが買った赤い花の本数は2本であった。

人物が3人出てきて、花も3種類あって、しかも数も考える…複雑だニャ…。

今回は縦に人物、横に花の色を並べた表を作り、マスに「花の本数」を書き込んでいくと整理しやすいニャ！
数がわからないけど同じ数であることがわかっているマスには、このように**同じ文字を入れておく**ニャ！

	赤	青	白	
A	1		x	4
B			x	3
C		y	y	5
	4	3	5	12

わかってることは全部書き込んだニャ！ このあとはどうするニャ？

文字をおいたところに注目するニャ！

今回は、白い花の列が$x+x+y=5$になっているので、ここから考えていきましょう。

xに３以上の数を入れると白い花の合計である５を超えてしまうので、xは１か２となります。

まず$x=1$のとき、白い花の合計は５なので、Ｃが買った白い花の本数（y）が３になります。すると、同じ文字には同じ数が入りますから、Ｃが買った青い花と白い花の合計が$3+3=6$となり、**Ｃが買った花の合計５を超えてしまうので不適**となります（**表１**）。

次に$x=2$のとき、白い花の合計は５なので、Ｃが買った白い花の本数（y）が１になります。すると、先ほどと同じくＣが買った青い花の数も１になります（**表２**）。

表1	赤	青	白	合計
A	1		1	4
B			1	3
C		3	3	⑤
合計	4	3	5	12

条件アに矛盾するため不適

表2	赤	青	白	合計
A	1		2	4
B			2	3
C		1	1	5
合計	4	3	5	12

表2からさらに、Aが買った青い花を4−1−2=1［本］、Bが買った青い花を3−1−1=1［本］と、縦の列と横の列の合計を手がかりに数値を入れていくと次のようになります（**表3**）。Bは青い花と白い花の2種類だけを買ったことがわかり、正解は**2**です。

表3	赤	青	白	合計
A	1	1	2	4
B	0	1	2	3
C	3	1	1	5
合計	4	3	5	12

正解 **2**

重要度 ★★★

第2節 数の組合せ

大きい数や小さい数に注目したり、偶数や奇数、倍数などを活用しながら解いていきます。

例題 9

A～Dの4人の年齢について次のア～ウのことがわかっているとき、Aの年齢として正しいのはどれか。ただし、年上から順にA、B、C、Dの順であったものとする。　オリジナル

ア　AとBの2人の年齢の和は33である。
イ　BとCの2人の年齢の和は20である。
ウ　CとDの2人の年齢の積は45である。

1　15歳　**2**　17歳　**3**　19歳　**4**　21歳　**5**　22歳

まず、条件を整理してみるニャ！

A～Dの年齢をそれぞれ a～d［歳］として、式を立ててみます。

ア　$a+b=33$　……①
イ　$b+c=20$　……②
ウ　$c\times d=45$　……③

ここからどうやって考えればいいニャ？

③の式だけかけ算になっているので、これに当てはまる c と d の組合せを挙げてみましょう。Cのほうが年齢が高いので、$c>d$ となる点にも注意します。

確かに、かけ算して45になる組合せはそんなにないニャ！

考えられる組合せは次の３通りしかありません。

	d		c		b		a
場合分けⅰ	1	<	45	<		<	
場合分けⅱ	3	<	15	<		<	
場合分けⅲ	5	<	9	<		<	

②の式を変形すると$b=20-c$となるので、それぞれの場合でbの値を求められます。

場合分けⅰではBの年齢が負の数になるので不適、場合分けⅱではBがCより年下になるので不適となります。よって、場合分けⅲの組合せに決まります。

	d		c		b		a
場合分けⅰ	1	<	45	<	−25	<	
場合分けⅱ	3	<	15	<	5	<	
場合分けⅲ	5	<	9	<	11	<	

①の$a+b=33$より、場合分けⅲのAの年齢が$33-11=22$[歳]となるので、正解は**5**です。

	d		c		b		a
場合分けⅲ	5	<	9	<	11	<	22

この例題は、**偶数と奇数**に着目して解くこともできるニャ！

STUDY **偶数と奇数**

2つの整数を足すとき、偶数どうし、奇数どうしを足すと偶数になり、偶数と奇数を足すと奇数になります。

2つの整数をかけるとき、答えが奇数になるのは奇数×奇数のときのみです。

足し算	偶数＋偶数＝偶数 奇数＋奇数＝偶数 偶数＋奇数＝奇数
かけ算	偶数×偶数＝偶数 偶数×奇数＝偶数 奇数×奇数＝奇数

ここでもう一度、①～③に着目してみましょう。

ア　$a+b=33$（奇数）……①

イ　$b+c=20$（偶数）……②

ウ　$c\times d=45$（奇数）……③

③の式は、かけ算の答えが奇数だから、cとdはともに奇数だとわかります。

②の$b+c$が偶数なので、偶数どうしか奇数どうしの足し算になりますが、cが奇数なので、bも奇数となります。

①の$a+b$が奇数なので、奇数と偶数を足したことになります。bが奇数なので、aは偶数に決まり、Aの年齢は偶数だとわかります。

わかったニャ！ 選択肢に偶数が1つしかないニャ!

偶数と奇数の性質を利用すると早く解ける問題もあるから、覚えておくといいニャ！

正　解　5

□□□

問題7

難易度 **B**

A～Cの３人が花屋で買ったチューリップの色と数について、次のア～カのことが分かっているとき、確実にいえるのはどれか。　特別区Ｉ類 2006

ア　３人が買ったチューリップの合計数は、赤色が６本、白色が３本、黄色が５本であった。

イ　ＡとＢがそれぞれ買ったチューリップの数は、同数であった。

ウ　ＡとＣがそれぞれ買った黄色のチューリップの数は、同数であった。

エ　Ｂが買った白色と黄色のチューリップの数は、同数であった。

オ　Ｃが買ったチューリップの数は、３人の中で最も少なかった。

カ　３人のうち２人は赤色、白色、黄色の３種類のチューリップを買い、他の１人は２種類の色のチューリップだけを買った。

1　Ａが買った赤色のチューリップの数は、１本であった。

2　Ａが買った白色のチューリップの数は、１本であった。

3　Ｂが買った赤色のチューリップの数は、１本であった。

4　Ｃが買った赤色のチューリップの数は、１本であった。

5　Ｃが買った白色のチューリップの数は、１本であった。

HINT　３人のうち２人は３種類、他の１人は２種類だけ

２種類買う：赤、白、黄のうち、いずれか１つだけ「０」が入る

３種類買う：赤、白、黄のすべてに「０」以外の数が入る

解　説

正　解 1

縦に人物、横に花の色を並べた9マス（3×3）の表を作り、合計欄も設けておきます。このとき条件カより、9マスのうち**1マスだけ「0」が入る**ことがわかります。条件イ～エで示される**同じ数のマスには同じ文字をおきます**。また、Cの買ったチューリップの数を z［本］とします（**表1**）。

まず、「黄」の列から検討していきます。x が3以上だと、「黄」の合計である5を超えてしまいますので、$x=1$ か $x=2$ で場合分けをします。

表1	赤	白	黄	計
A			x	w
B		y	y	w
C			x	z
計	6	3	5	14

場合分けⓘ $x=1$のとき

「黄」の合計が5なので、Bの列に入る「黄」が3になります。Bは「白」と「黄」が同じ本数なので、Bの列に入る「白」も3になります。ところが「白」の合計は3なので、AとCの列に入る「黄」が0となり、**9マスのうち2マスに「0」が入ることから不適**となります（**表2**）。

表2	赤	白	黄	計
A		0	1	w
B		3	3	w
C		0	1	z
計	6	3	5	14

場合分けⓘⓘ $x=2$のとき

「黄」の合計が5なので、Bの列に入る「黄」が1になります。Bは「白」と「黄」が同じ本数なので、Bの列に入る「白」も1になります（**表3**）。

表3	赤	白	黄	計
A			2	w
B		1	1	w
C			2	z
計	6	3	5	14

ここで、合計の縦の列に着目します。条件オより $w>z$ となるように、$w+w+z=14$ の式の w と z に数値を当てはめると、$7+7+0=14$、$6+6+2=14$、$5+5+4=14$ の３通り考えられます。

ただし、条件カを考慮して、**２人が３種類、１人が２種類のチューリップを買う組合せ**は $5+5+4=14$ のみです。よって $w=5$、$z=4$ に決まり、Bの列に入る「赤」は $5-1-1=3$ となります（**表４**）。

表4	赤	白	黄	計
A			2	5
B	3	1	1	5
C			2	4
計	6	3	5	14

次に、「白」の列の合計が３となるように、AとCの列に数値を書き入れると、**表５**～**表７**の３通り考えられます。さらに、AとCの合計から残りのマスの数値も書き入れます。

表５は「０」のマスがなく、**表７**は２マスに「０」が入っているので、ともに条件カを満たさず不適となり、**表６**のみ条件を満たします。

表６を見ると、Aの列の「赤」が１なので、正解は**１**です。

表5	赤	白	黄	計
A	2	1	2	5
B	3	1	1	5
C	1	1	2	4
計	6	3	5	14

表6	赤	白	黄	計
A	1	2	2	5
B	3	1	1	5
C	2	0	2	4
計	6	3	5	14

表7	赤	白	黄	計
A	3	0	2	5
B	3	1	1	5
C	0	2	2	4
計	6	3	5	14

□□□

問題 8

難易度 B

A～Eの５人が海釣りに行き、ＢとＣが４匹、Ａが３匹、ＤとＥが２匹の魚を釣った。今、次のア～カのことが分かっているとき、確実にいえるのはどれか。

特別区Ⅲ類 2011

ア　５人が釣った魚の合計は、タイ５匹、イサキ４匹、アジ４匹、サバ２匹であった。
イ　１人で同じ種類の魚を３匹以上釣った人がいる。
ウ　タイとアジは３人が釣り、イサキは２人が釣った。
エ　サバは釣ったが、アジを釣らなかったのはＡとＣだった。
オ　Ｂはタイとアジしか釣っていない。
カ　Ｅは１種類だけ釣った。

1　Ａは、タイを釣った。
2　Ａは、イサキを釣った。
3　Ｃは、タイを釣らなかった。
4　Ｄは、タイを釣らなかった。
5　Ｄは、イサキを釣った。

解　説　　　正　解　2

条件エとオより、AとCの列の「アジ」に「0」、Bの列の「タイ」と「アジ」以外に「0」を入れます。

条件アより「サバ」の合計は2匹で、条件エよりAとCはサバを釣ったので、**AとCが1匹ずつサバを釣った**ことになります。

条件ウとエより、アジを釣ったは3人はAとC以外のB、D、Eとわかります。さらに条件カよりEが釣った魚は1種類だけなので、**Eが釣った合計2匹の魚はアジ**に決まります。アジの合計は4匹なので、**残り2匹はBとDが1匹ずつ釣った**ことになります。

Bの釣った魚の合計は4匹なので、条件オを考えるとアジを1匹、**タイを3匹**釣ったことになります（**表1**）。

表1	タ	イ	ア	サ	合計
A			0	1	3
B	3	0	1	0	4
C			0	1	4
D			1	0	2
E	0	0	2	0	2
合計	5	4	4	2	15
	3人	2人	3人		
			B、D、E	A、C	

Dの釣った合計2匹のうち、アジを1匹釣ったところまでわかっています。2匹目がイサキか（**表2**）、タイか（**表3**）で場合分けをします。

表2	タ	イ	ア	サ	合計
A			0	1	3
B	3	0	1	0	4
C			0	1	4
D	0	1	1	0	2
E	0	0	2	0	2
合計	5	4	4	2	15
	3人	2人	3人		

表3	タ	イ	ア	サ	合計
A			0	1	3
B	3	0	1	0	4
C			0	1	4
D	1	0	1	0	2
E	0	0	2	0	2
合計	5	4	4	2	15
	3人	2人	3人		

場合分けⓘ Dがアジとイサキを釣った場合

条件ウよりイサキを釣ったのは２人なので、それが「ＡとＤ」か、「ＣとＤ」かでさらに場合分けをします。イサキは合計４匹なので、**表4**、**表5**のようになります。

表4では、Ａの釣った魚の合計が**3を超えるので不適**となります。**表5**では、ＡとＣがタイを釣った数を入れると、タイを釣ったのがＡとＢの２人となってしまい、タイを釣った人数が３人であるとする**条件ウに反するため、こちらも不適**です。

表4	タ	イ	ア	サ	合計
A		3	0	1	3
B	3	0	1	0	4
C		0	0	1	4
D	0	1	1	0	2
E	0	0	2	0	2
合計	5	4	4	2	15
	3人	2人	3人		
		A、D			

表5	タ	イ	ア	サ	合計
A	2	0	0	1	3
B	3	0	1	0	4
C	0	3	0	1	4
D	0	1	1	0	2
E	0	0	2	0	2
合計	5	4	4	2	15
	3人	2人	3人		
		C、D			

場合分けⓘⓘ Dがアジとタイを釣った場合

合計５匹釣れたタイのうち、Ｂが３匹、Ｄが１匹釣っています。残り１匹を釣ったのがＡかＣかで場合分けして、ＡとＣの釣ったイサキの数を入れます。すると**表6**、**表7**のようになり、**いずれもすべての条件を満たします**。

表6、**表7**の**どちらにおいても、Aがイサキを釣っている**ので、正解は**2**です。

表6	タ	イ	ア	サ	合計
A	1	1	0	1	3
B	3	0	1	0	4
C	0	3	0	1	4
D	1	0	1	0	2
E	0	0	2	0	2
合計	5	4	4	2	15
	3人	2人	3人		
	A、B、D				

表7	タ	イ	ア	サ	合計
A	0	2	0	1	3
B	3	0	1	0	4
C	1	2	0	1	4
D	1	0	1	0	2
E	0	0	2	0	2
合計	5	4	4	2	15
	3人	2人	3人		
	B、C、D				

□□□

問題 9

難易度 B

硬貨の入ったA～Eの５つの箱があり、そのうちの１つの箱には７枚の硬貨が入っており、他の箱にはそれぞれ数枚の硬貨が入っている。今、次のア～エのことが分かっているとき、確実にいえるのはどれか。　特別区Ⅰ類 2014

ア　Aの箱に入っている硬貨とCの箱に入っている硬貨の枚数の和は、Eに入っている硬貨の枚数の２倍である。

イ　Aの箱に入っている硬貨とDの箱に入っている硬貨の枚数の和は、18枚である。

ウ　Bの箱に入っている硬貨は、Dの箱に入っている硬貨の枚数の半分である。

エ　Cの箱に入っている硬貨とEの箱に入っている硬貨の枚数の差は、２枚である。

1　AとBの箱に入っている硬貨の合計は、10枚である。

2　BとCの箱に入っている硬貨の合計は、15枚である。

3　CとDの箱に入っている硬貨の合計は、20枚である。

4　DとEの箱に入っている硬貨の合計は、22枚である。

5　EとAの箱に入っている硬貨の合計は、11枚である。

解説　　　　正解 2

A～Eの箱に入っている硬貨の枚数を a～e とし、各条件からわかることをまとめます。

条件ア：$a+c=2e$　……①

条件イ：$a+d=18$　……②

条件ウ：$b=\dfrac{d}{2}$ より、$2b=d$　……③

条件エ：$c>e$ の場合 $c-e=2$　……④

$e>c$ の場合 $e-c=2$　……⑤

③より、d は**bの２倍なので偶数**とわかります。d が偶数なので、②の $a+d=18$ より、**aも偶数**とわかります。さらに、①の $a+c=2e$ より、a と $2e$ が偶数なので、**cも偶数**になります。④の $c-e=2$ より、c と２が偶数なので、**eも偶数**になります。⑤の場合でも同様です。

b 以外すべて偶数とわかったので、**奇数である７枚の硬貨が入っている箱はB**に決まります。

A	B	C	D	E
偶数	７枚	偶数	偶数	偶数

$b=7$ を③に代入すると $d=14$ となり、$d=14$ を②に代入すると $a=4$ となります。$a=4$ を①に代入して整理すると、$2e-c=4$ となります。

これと④もしくは⑤と合わせて c や e の値を求めます。

場合分けⓘ　$c-e=2$ のとき

④より、$c=2+e$ を $2e-c=4$ に代入すると $2e-(2+e)=4$ より $e=6$ となり、$e=6$ を④に代入すると、$c=8$ となります。

場合分けⓘⓘ　$e-c=2$ のとき

⑤より、$e=c+2$ を $2e-c=4$ に代入すると $2(c+2)-c=4$ より $c=0$ となり、**箱にそれぞれ数枚の硬貨が入っていることに反し不適**です。

よって、$a=4$、$b=7$、$c=8$、$d=14$、$e=6$ となり、正解は **2** です。

第1編

判断推理

第3章

順位関係

重要度 ★★★

第1節 順位の基本

順位関係の基本となる問題を通じて、条件の整理や、表への当てはめ方などの手順を押さえましょう。

例題10

A～Eの５人がマラソンをした結果について、次のア～エのことがわかっている。同着がない場合、確実にいえるのはどれか。　　オリジナル

ア　BはCの後にゴールした。
イ　AはBの次にゴールした。
ウ　DはEの後にゴールした。
エ　Cは１位ではなかった。

1　CはEの次にゴールした。
2　Aは最後にゴールした。
3　Bは３位だった。
4　Cは２位だった。
5　BはEの後にゴールした。

まずは、条件を整理する方法を押さえるニャ！

STUDY 順位の前後を表す条件の整理Ⅰ

AはBの次にゴールした … [BA]

B A

連続している

BはCの後にゴールした … [C➡B]

連続しているとは限らない

このように、「次に」とあれば連続していますが、**「後に」、「前に」、「先に」は、連続しているとは限らない**ので注意してください。

問題文で与えられた条件を扱いやすくするために、何らかの形でメモ書きしていきます。自分さえわかればどのような表記でもよいですが、本書では、［BA］という表記は連続していること、［C➡B］という表記は連続しているとは限らないことを表すことにします。

STUDY 順位の前後を表す条件の整理Ⅱ

この例題にはありませんが、「PとQの間に２人がゴールした」といった条件もあります。この場合、PとQのどちらが先なのかわからないので、２通り想定しておく必要があります。○にはいずれかの人物が当てはまります。

[P○○Q] もしくは

PとQのどちらが先なのかはわからない

条件をメモに落とし込んだら、**まとめられるものをまとめる**ニャ！

条件には、まとめられるものとまとめられないものがあるニャ？

基本的に、間に何人いるかわかっていない条件と合わせるときには、メモ書きした条件の**右端と左端に同じ記号があれば**1つにまとめることができます。

例）［P➡Q］と［Q➡R］ まとめる ［P➡Q➡R］
［ST］と［T➡U］ ［ST➡U］

同じ記号が右端どうしや左端どうしの場合は、まとめられません。

例）［P➡Q］と［R➡Q］ ×まとめられない

P ➡ Q
R ➡ Q
まとめられない
PとRのどちらが先かわからない

ニャるほど！ じゃあ人数がわかっていたらいつでもまとめられるニャ？

個別に条件を確認するニャ！ 例えば下のように、2つともPが左端にあっても、1つにまとめられることがあるニャ！

例）［P○○Q］と［PR］ まとめる ［PR○Q］

条件ア：C➡B
条件イ：BA
条件ウ：E➡D

C ➡ B　BA まとめる C ➡ BA

条件アの［C➡B］と、条件イの［BA］を合わせると、［C➡BA］となります。横列に順位を1位から5位まで並べた順位表を作り、条件をまとめたものをこれに当てはめていきます。

このとき、できるだけ［C➡BA］のまとまりを**左に詰め、１つずつずらす**とよいでしょう。今回は条件エよりC≠１位なのでC＝２位から始め、連続している［BA］のまとまりを１つずつ右にずらしていきます。［BA］がこれ以上右にずらせなくなったら、次はCを１つ右にずらして３位におき、［BA］を当てはめます（**表１**）。

余った２マスに、［E➡D］となるように当てはめると、A～Eの順位は❶～❸の３通り考えられます（**表２**）。

表1	1位	2位	3位	4位	5位
❶		C	B	A	
❷		C		B	A
❸			C	B	A

表2	1位	2位	3位	4位	5位
❶	E	C	B	A	D
❷	E	C	D	B	A
❸	E	D	C	B	A

表２の❶～❸はどれもすべての条件を満たしているので、**表２の❶～❸**のすべてに当てはまる選択肢が、「確実にいえる」正解の選択肢となります。

❶～❸のすべてにおいて、BはEの後にゴールしているので、正解は**5**です。

正解 **5**

重要度 ★★★

複数項目の順位

「人物」と「組」など、複数の項目が関わる順位の問題を扱います。
順位表の作り方を工夫しましょう。

A～Dの４人が赤組、青組、黄組、白組のそれぞれ異なる色のチームに入っている。この４人で100m走をした結果について、次のアとイのことがわかった。同着がない場合、Aが属するのは何組か。　オリジナル

ア　Bの次に青組の人が、青組の人の次に赤組の人がゴールした。
イ　Aの次に白組の人が、白組の人の次にCがゴールした。

人物のほかに組の色も出てきて複雑だニャ…。

そんなときは順位表の作り方を工夫するといいニャ！

条件を整理したり順位表を作ったりする際、この場合なら「人物」と「組の色」の**２段にしておく**と扱いやすくなります。

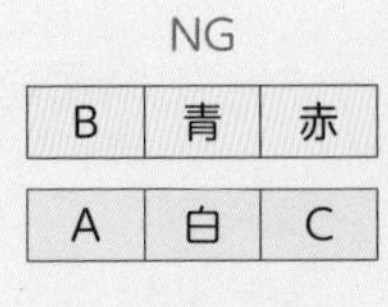
NG

B	青	赤

A	白	C

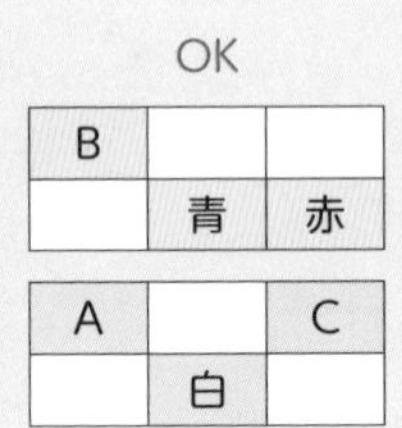
OK

B		
	青	赤

A		C
	白	

まず、２段にした順位表に

B		
	青	赤

を当てはめることを考えると、次の２通りの当てはめ方があることがわかります（**表１・表２**）。

表1	1位	2位	3位	4位
人物	B			
組の色		青	赤	

表2	1位	2位	3位	4位
人物		B		
組の色			青	赤

ところが、ここにさらに

A		C
	白	

を当てはめようとすると、**表1**には当てはめられず、**表2**のみ当てはまります（**表3**）。

残った人物の４位がD、組の１位が黄組となり、人物と組の色の順位が１通りに確定します（**表4**）。**表4**より、Aは黄組です。

表3	1位	2位	3位	4位
人物	A	B	C	
組の色		白	青	赤

表4	1位	2位	3位	4位
人物	A	B	C	D
組の色	黄	白	青	赤

正　解　**黄組**

重要度 

第3節 順位の変動

レースの途中とゴール地点、昨年の順位と今年の順位など、順位の変動を考慮するタイプの問題です。

例題12

A～Dの４人が一定の距離を往復するマラソンをしたところ、折り返し地点とゴール地点の順位について次のア～エのことがわかっている。同着がない場合、Dは何位でゴールしたか。　オリジナル

ア　Bは１位でゴールした。
イ　Aは折り返し地点から２つ順位を下げてゴールした。
ウ　Cは折り返し地点から１つ順位を上げてゴールした。
エ　Dは折り返し地点とゴール地点で順位が変わらなかった。

順位についての情報が２種類あるニャ…。

こういうときは、メモ書きや順位表を**折り返し地点とゴール地点で２段にしておく**ニャ！

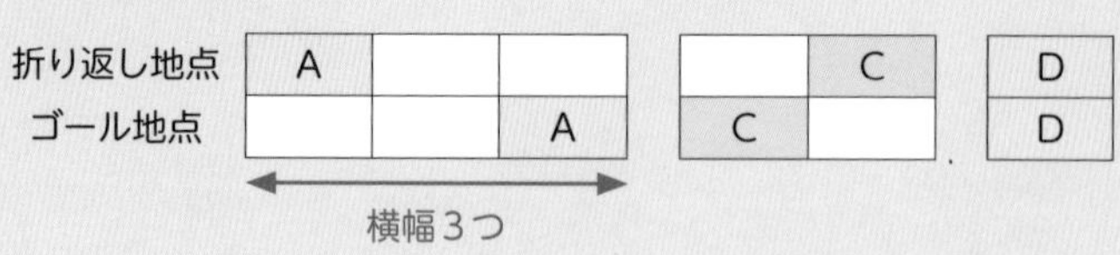

横幅が最も長いAについての条件は、順位表への当てはめ方が次の２通りしかありません（**表１・表２**）。このように、なるべく**場合分けの少ない条件**から順位表に当てはめていきます。

表1	1位	2位	3位	4位
折り返し地点	A			
ゴール地点	B		A	

表2	1位	2位	3位	4位
折り返し地点		A		
ゴール地点	B			A

Dの当てはめ方が**表1**だと2通りあるニャ…。もう場合分けしたくないニャ…。

場合分けしなくて済むように、他の条件を考えるニャ！

表1と**表2**それぞれにおいて、当てはめ方が**1通りしかない条件**を探します。

場合分け① **表1の場合**

表1へのCの条件の当てはめ方は1通りしかありません（**表3**）。Cを当てはめるとDの当てはめ方も1通りになります。さらに、折り返し地点の2位に、残ったBを当てはめます（**表4**）。

表3	1位	2位	3位	4位
折り返し地点	A		C	
ゴール地点	B	C	A	

表4	1位	2位	3位	4位
折り返し地点	A	B	C	D
ゴール地点	B	C	A	D

場合分け② **表2の場合**

表2へのDの条件の当てはめ方は1通りしかありません（**表5**）。しかし、Dを当てはめた後Cの条件が当てはまらず**不適**となります。

表5	1位	2位	3位	4位
折り返し地点		A	D	
ゴール地点	B		D	A

表4のみすべての条件を満たすので順位が確定し、Dは4位でゴールしたことがわかります。

正　解　**4位**

数量の順位関係

年齢、身長、個数など、数量の大小に関する順位関係の問題です。
数直線を使って条件を整理する方法を身につけましょう。

Ａ～Ｅの５人は、それぞれ異なる年齢である。Ａ～Ｅの年齢について以下のア～エのことがわかっているとき、ＡとＢは何歳差か。

オリジナル

ア　最年長のＣと最年少のＤの年齢差は10歳である。
イ　ＢとＣは７歳差である。
ウ　ＢとＥは４歳差である。
エ　ＡとＥは３歳差である。

順位だけでなく数量の差が条件に出てくるときは、数直線を使ってみるニャ！

まず、最年長のＣと最年少のＤが10歳差となるように数直線で表し、ＣとＤの間の目盛に他の３人を当てはめていきます。このとき、Ａ～Ｅが「**それぞれ異なる年齢**」であることに注意しましょう。

条件イ「ＢとＣは７歳差」について、ＢをＣより７歳年上にすると、最年長のＣより年上になってしまいます。よって、ＢはＣより７歳年下になります（**図１**）。

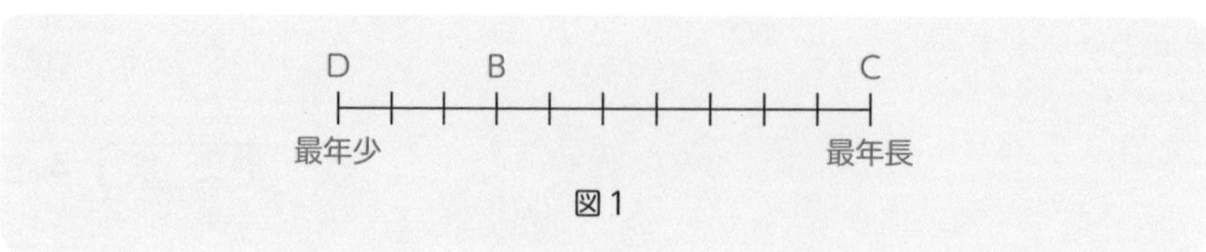

図1

条件ウ「ＢとＥは４歳差」について、ＥをＢの４歳年下にすると、最年少の

Dより年下になってしまいます。よって、EはBより４歳年上になります（**図2**）。

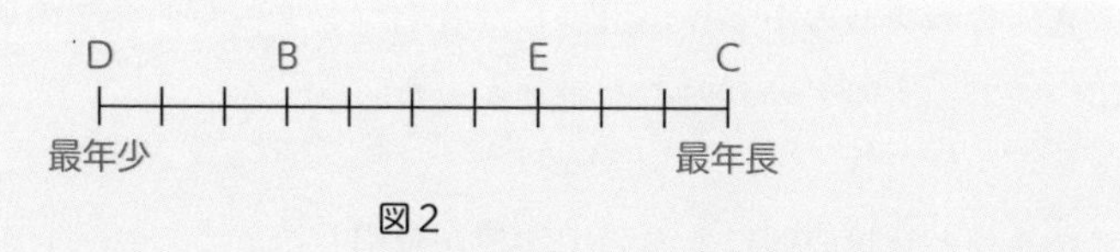

図2

条件エ「AとEは３歳差」は、Eが年上なのか年下なのかわからないニャ…。

そういうときは、年上の場合と年下の場合に分けて**両方の数直線を作ってみる**ニャ！

場合分けⓘ AがEの３歳年上の場合

AとCが同じ年齢となってしまい、**「それぞれ異なる年齢である」ことに反する**ため不適です（**図3**）。

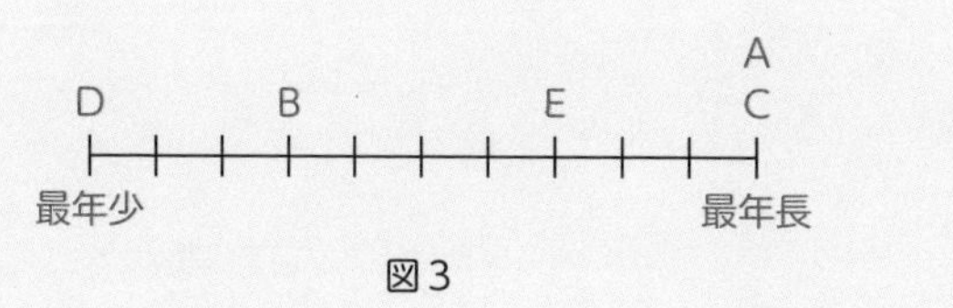

図3

場合分けⓘⓘ AがEの３歳年下の場合

図4のように、すべての条件を満たして、A～Eの年齢の関係が確定します。

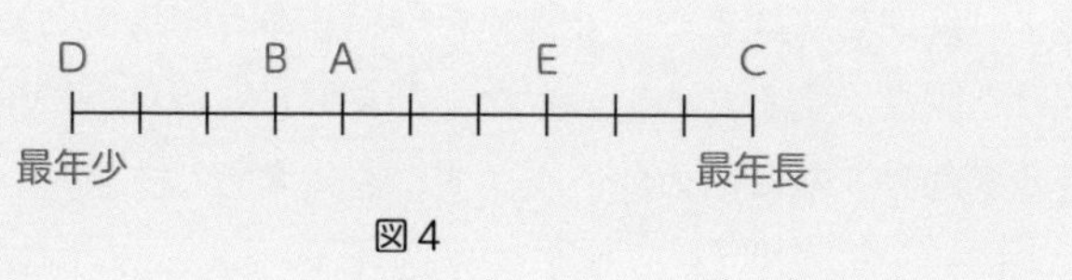

図4

図4より、AとBは１歳差となります。

正　解　**1歳差**

□□□

問題 10

難易度 A

A～Gの７つの中学校が出場した合唱コンクールの合唱の順番及び審査結果について、次のア～カのことが分かった。

ア　A校とD校の間に４つの中学校が合唱した。
イ　B校はE校の１つ前に合唱した。
ウ　C校とF校の間に２つの中学校が合唱した。
エ　D校はC校の次に合唱した。
オ　E校とG校の間に３つの中学校が合唱した。
カ　５番目に合唱した中学校が最優秀賞を受賞した。

以上から判断して、最優秀賞を受賞した中学校として、正しいのはどれか。

東京都Ⅰ類 2013

1　B校
2　C校
3　E校
4　F校
5　G校

HINT 順位関係

まず、条件を整理するメモ書きを作り、ある程度まとめます。次に、場合分けを少なくするため、大きなまとまりから順位表に当てはめていきます（基本的に左端に詰めて、１つずつ右にずらします）。

1	2	3	4	5	6	7
A	○	○	○	○	D	
	A	○	○	○	○	D

大きなまとまりのほうが
場合分けが少ない

解 説　　正 解 3

条件ア～オをメモ書きで整理すると以下のようになります。

ア　A○○○○D　/　D○○○○A　　　イ　BE
ウ　C○○F　/　F○○C　　　エ　CD
オ　E○○○G　/　G○○○E

条件アとエをまとめて「A○○○CD」と「CD○○○○A」にしておきます。このまとまりが最も大きいので、これから順位表に当てはめると**場合分けが少なくなります**。

「A○○○CD」を表の左端に詰めて当てはめます。次に、1つ右にずらします。さらに、「CD○○○○A」も表に当てはめると、❶～❸の3通り考えられます（**表1**）。

順位表にCが入っているので、次に**Cを含む条件ウ**を考えます。**表1**の❶～❸に「C○○F」か「F○○C」を当てはめると**表2**のようになります。

表1	1	2	3	4	5	6	7
❶	A				C	D	
❷		A				C	D
❸	C	D					A

表2	1	2	3	4	5	6	7
❶	A	F			C	D	
❷		A	F			C	D
❸	C	D		F			A

2マス連続で空いているところがそれぞれ1か所しかないので、そこに条件イの「BE」を当てはめます（**表3**）。

順位表にEが入ったので、**Eを含む条件オ**を考えます。**表3**の❶～❸に「E○○○G」か「G○○○E」を当てはめると、❷のみ当てはまります（**表4**）。

表4の❷より、5番目に合唱した最優秀校はE校なので、正解は3です。

表3	1	2	3	4	5	6	7
❶	A	F	B	E	C	D	
❷		A	F	B	E	C	D
❸	C	D		F	B	E	A

表4	1	2	3	4	5	6	7
❶	A	F	B	E	C	D	
❷	G	A	F	B	E	C	D
❸	C	D		F	B	E	A

□□□

問題 11

難易度 B

ある動物病院で、受付に向かってＡ～Ｅの５人が縦一列に並んでいた。５人は赤、青、黒、白、茶のいずれかの色の服を着て、犬、猫、ウサギ、ハムスター、カメのいずれかの動物を連れていた。５人の並び順、服の色、連れていた動物について、Ａ～Ｅがそれぞれ次のように発言しているとき、確実にいえることとして最も妥当なのはどれか。

なお、同じ色の服を着ていた者、同じ動物を連れていた者はいずれもいなかったものとし、受付にはＡ～Ｅのみが並んでいたものとする。 国家一般職 2022

Ａ　私のすぐ前に並んでいた人は犬を、すぐ後ろに並んでいた人は猫を連れていた。

Ｂ　私は一番前に並んでいた。私のすぐ後ろに並んでいた人は白い服を着ていた。

Ｃ　一番後ろに並んでいた人は赤い服を着ていた。私は黒い服を着ていた。

Ｄ　私のすぐ前に並んでいた人は青い服を着ていた。私はカメを連れていた。

Ｅ　私は一番後ろではなかった。

1　Ａはハムスターを連れており、すぐ後ろにはＣが並んでいた。

2　Ｂは青い服を着ており、犬を連れていた。

3　Ｃは前から三番目に並んでおり、猫を連れていた。

4　Ｄのすぐ前にはＥが並んでおり、Ｅはウサギを連れていた。

5　Ｅは茶色の服を着ており、Ｅの２人前にはＡが並んでいた。

HINT 3項目の順位

3項目ある場合、条件と順位表を３段にして考えます。

	1	2	3	4	5
人物					
色					
動物					

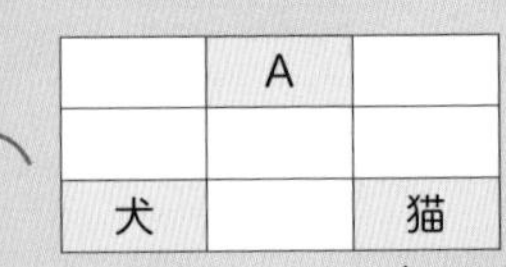

	A	
犬		猫

解　説　　　　正　解　3

人物、色、動物の３項目に関わる順位関係なので、A、C、Dの発言について**３段で条件を整理**すると、以下のようになります（**図１～図３**）。また、BとCの発言より、１番目のB、２番目の白い服を着た人、５番目の赤い服を着た人に関する条件を順位表に書き入れます。

ここで、５番目の人物について考えます。Aは後ろに猫を連れた人がおり、Cは黒い服を着ているので５番目になれません。また、BとEの発言よりBとEも５番目ではありません。よって、**残ったDが５番目**となります。Dが５番目になるように順位表に**図３**を当てはめます（**表１**）。

図1

人物		A	
色			
動物	犬		猫

図2

C
黒

図3

	D
青	
	カメ

表1	1	2	3	4	5
人物	B				D
色		白		青	赤
動物					カメ

表１への**図１**の当てはめ方が２通り考えられるので、場合分けをします。

場合分けⓘ　Aが２番目の場合

図１をAが２番目になるように当てはめます（**表２**）。**図２**の黒い服を着たCは３番目に決まり、残ったEが４番目、茶色が１番目に決まります。動物について、２番目と４番目がウサギかハムスターか確定しません（**表３**）。

表2	1	2	3	4	5
人物	B	A			D
色		白		青	赤
動物	犬		猫		カメ

表3	1	2	3	4	5
人物	B	A	C	E	D
色	茶	白	黒	青	赤
動物	犬		猫		カメ

場合分けⓘⓘ　Aが３番目の場合

図１をAが３番目になるように当てはめると、**図２**を当てはめることができなくなり、不適となります（**表４**）。

表4	1	2	3	4	5
人物	B		A		D
色		白		青	赤
動物		犬		猫	カメ

表３のみ条件を満たすので、正解は**３**です。

□□□

問題 12

難易度 B

ある地域の運動会で、赤、白、青、黄、桃の五つの異なる組にそれぞれ所属しているA～Eの5人が、借り物競走に出場した。5人は同時にスタートし、途中の地点で、借り物を指示する5枚のカードから1枚ずつ選び、指示された物を借りてきてゴールに向かった。借り物を指示するカードには、「軍手」「たすき」「なわとび」「マイク」「帽子」の5種類が1枚ずつあった。5人が次のように述べているとき、確実にいえるのはどれか。なお、同時にゴールした者はいなかった。

国家一般職 2016

A 「私がゴールしたときにまだゴールしていなかったのは、白組と桃組の走者の2人だった。」
B 「私の2人前にゴールしたのは赤組の走者で、軍手を借りていた。」
C 「私の直後にゴールした走者は、たすきを借りていた。」
D 「私の直前にゴールしたのは黄組の走者で、帽子を借りていた。」
E 「指示されたなわとびを探すうちに、2人以上の走者が先にゴールしたが、私がゴールしたのは最後ではなかった。」

1 Aは帽子を借りた。 **2** Bはたすきを借りた。 **3** Cは軍手を借りた。
4 Dは青組だった。 **5** Eは桃組だった。

HINT 前後の人数がわかっている条件に着目

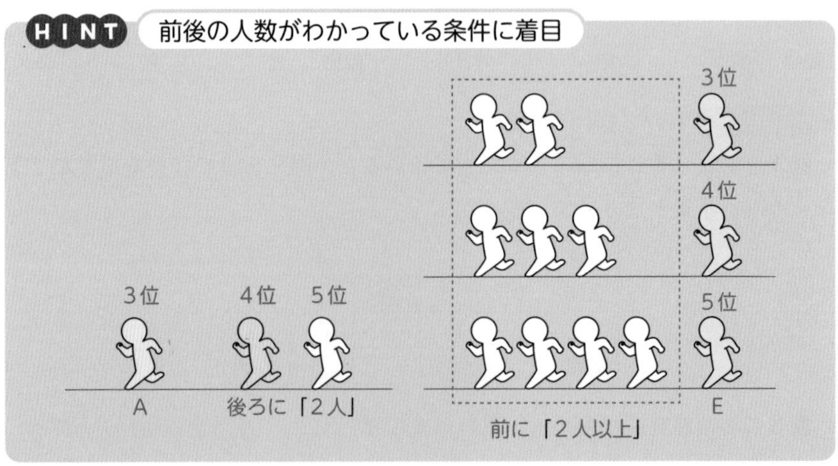

解　説　　　　　　正　解　4

まず、前後の人数がわかっている条件から、順位を確定させていきます。

Aの発言より**Aは3位**となります。Eの発言にある「2人以上の走者が先にゴールした」よりEは3位、4位、5位のいずれかですが、3位はAに確定しており、Eは最後ではなかったので、**Eは残った4位**に決まります。

また、B～Eの発言を記号化すると以下のようになります（**図1～図4**）。

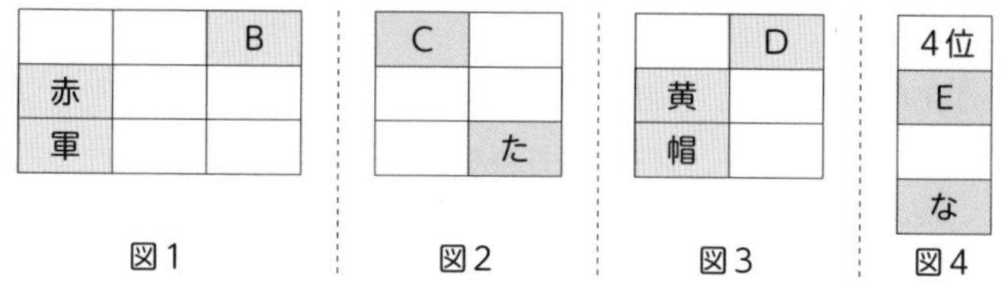

図1　図2　図3　図4

まず、順位が確定しているAとEを順位表に当てはめます。Aの後ろに「白」と「桃」が入りますが、「白」と「桃」の順は決まらないので「白／桃」と表記しておきます。次に、**当てはめ方が1通り**しかない**図1**を順位表に当てはめます（**表1**）。

さらに、**図2**と**図3**を当てはめると、残ったマスに「青」とマイクが入り、順位が決まります（**表2**）。**表2**よりDが青組となるので、正解は**4**です。

ただし、「白」と「桃」の順位は確定しません。

表1	1位	2位	3位	4位	5位
人物			A	E	B
組			赤	白／桃	
借り物			軍	な	

表2	1位	2位	3位	4位	5位
人物	C	D	A	E	B
組	黄	青	赤	白／桃	
借り物	帽	た	軍	な	マ

第1編　第3章　順位関係

□□□

問題 13

難易度 **B**

A～Eの五つの部からなる営業所で、7～9月の各部の売上高について調べ、売上高の多い順に1位から5位まで順位をつけたところ、次のことが分かった。

ア　A部とB部の順位は、8月と9月のいずれも前月に比べて一つずつ上がった。
イ　B部の9月の順位は、C部の7月の順位と同じであった。
ウ　D部の8月の順位は、D部の7月の順位より二つ下がった。
エ　D部の順位は、E部の順位より常に上であった。
オ　E部の順位は、5位が2回あった。

以上から判断して、C部の9月の順位として、確実にいえるのはどれか。ただし、各月とも同じ順位の部はなかった。

東京都Ⅰ類 2018

1　1位
2　2位
3　3位
4　4位
5　5位

解説　　　　正解 5

条件からわかる順位関係をまとめると以下のようになります（**図1**～**図3**）。

7月			A
8月		A	
9月	A		

図1

7月	C		B
8月		B	
9月	B		

図2

7月	D		
8月			D

図3

次に条件ウのＤ部の順位の変動を考えますが、併せて条件エを考慮すると、常にＤ部よりも下の順位にＥ部がいるため、**D部は最下位の5位にはなれません**。よって、Ｄ部の７月から８月にかけての順位変動は「１位→３位」か「２位→４位」のいずれかとなるので、**場合分け**をして考えます。

場合分けⓘ D部が7月から8月にかけて「1位→3位」

図2の入れ方は１通りしかありませんが、ここに**図1**を当てはめることができないため**不適**となります（**表1**）。

表1	1位	2位	3位	4位	5位
7月	D		C		B
8月			D	B	
9月			B		

場合分けⓘⓘ D部が7月から8月にかけて「2位→4位」

図2の入れ方は１通りしかありません（**表2**）。ここにさらに**図1**を当てはめます（**表3**）。

表2	1位	2位	3位	4位	5位
7月	C	D	B		
8月		B		D	
9月	B				

表3	1位	2位	3位	4位	5位
7月	C	D	B	A	
8月		B	A	D	
9月	B	A			

条件エより、E部の順位がD部の順位より下になるよう当てはめると、7月と8月の両方でE部が5位になります。8月の1位は、残ったC部となります(**表4**)。

これでE部は7月と8月の2回5位になったので、条件オより、**9月のE部は5位ではありません**。

9月のE部を「5位以外でD部より下の順位」にするには、D部が3位でE部が4位とするしかなく、残ったC部が5位に決まります(**表5**)。

表5より、正解は**5**です。

表4	1位	2位	3位	4位	5位
7月	C	D	B	A	E
8月	C	B	A	D	E
9月	B	A			

表5	1位	2位	3位	4位	5位
7月	C	D	B	A	E
8月	C	B	A	D	E
9月	B	A	D	E	C

□□□

問題14

難易度 B

A、B、C、D、E、F、Gの７人に年齢について聞くと次のように答えた。

A 「私はEより７歳年下です」
B 「私は最年少ではありません。Fは私より９歳年上です」
C 「私はEと５歳違いで、Dより年上です」
D 「私はBと４歳違います」
E 「私はFと５歳違います」
F 「私はGと２歳違います」

また、Gは年長から順に数えて３番目で、35歳である。このとき、この７人のうち最年少の者の年齢は次のうちどれか。ただし、同年齢の者はいないとする。

裁判所 2019

1 15歳
2 16歳
3 18歳
4 20歳
5 24歳

HINT Eと５歳違いが２人いる

「CとEが５歳違い」、「EとFが５歳違い」、「同年齢の者はいない」を考え、Eと「５歳違い」の人物が２人いることより、２人の年齢が重ならないように数直線上に配置します。

同年齢はNG

解　説　　正　解　4

発言に多く登場するEやFに注目するとよいでしょう。このうちEについてはCの発言より**CとEが5歳差違い**だとわかり、Eの発言より**EとFも5歳違い**だとわかります。この2つの条件と、**同年齢の人がいない**ことより、CとFの年齢が重ならないようにすると、C、E、Fの3人の関係は、以下の2通りに限られます（**図1**・**図2**）。

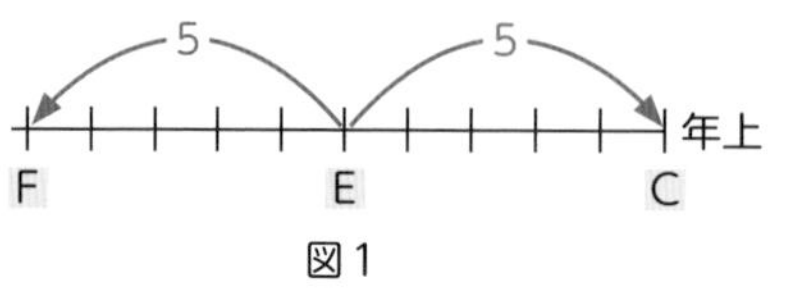

図1

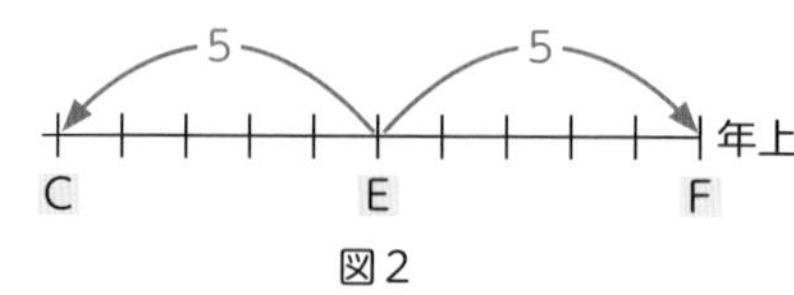

図2

場合分け① 図1の場合

Aの発言より**AがEより7歳年下**であること、Bの発言より**BがFより9歳年下**であることがわかるので、これらを書き入れます（**図3**）。

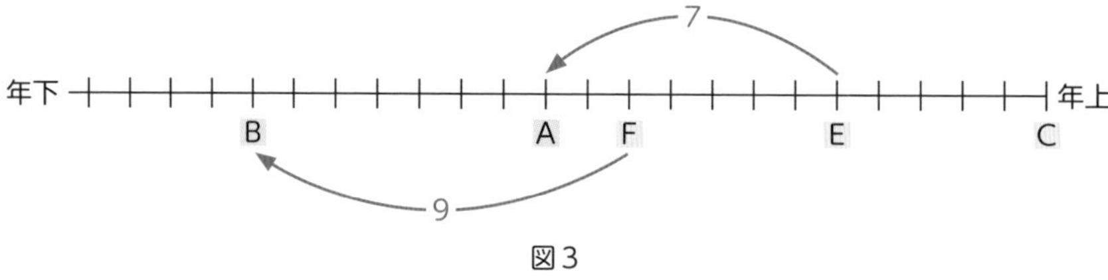

図3

残りはDとGですが、条件よりGは年長から3番目であり、Bの発言よりBは最年少ではないので、**図3**と合わせて考えると最年少はDに決まります。さらに、Dの発言より**DがBと4歳差**であり、Dが最年少であることを考慮してDを書き入れ、Fの発言より**GがFと2歳差**で、GとAが重ならないようにGを書き入れます（**図4**）。

Gが35歳で、最年少のDはGより15目盛下なので、Dの年齢は、35－15＝20［歳］となります。この時点で正解は**4**です。

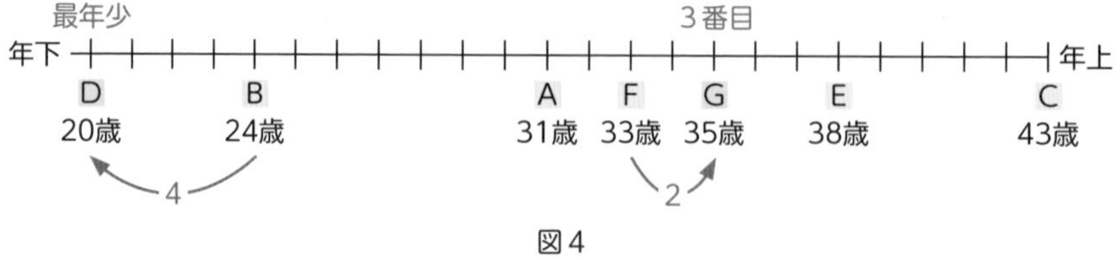

図4

場合分けⅱ 図2の場合

Aの発言より**AがEより7歳年下**であること、Bの発言より**BがFより9歳年下**であることがわかるので、これらを書き入れます（**図5**）。

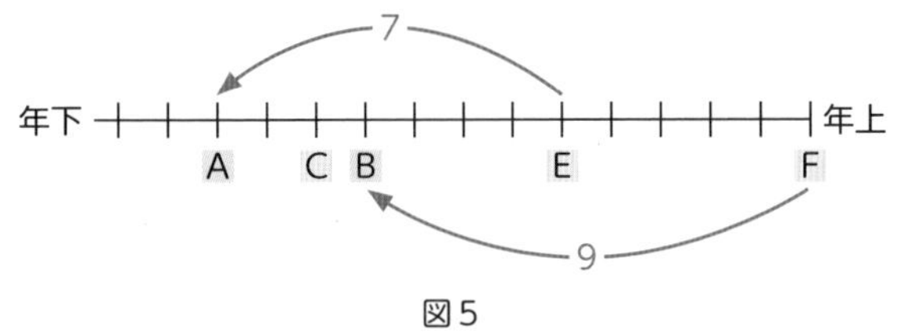

図5

残りはDとGですが、Cの発言より**DがCより年下**であること、Dの発言より**DがBと4歳差**であることを考慮してDを書き入れると、Gが「**年長から順に数えて3番目**」、かつFの発言より「**Fと2歳差**になるように書き入れることができず、**不適**となります（**図6**）。

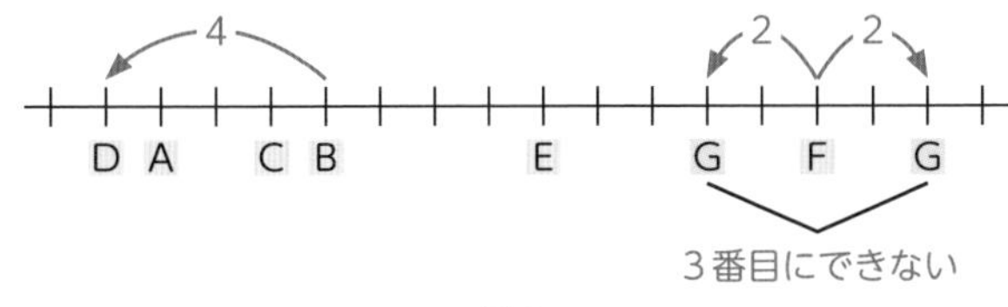

図6

□□□

問題 15

難易度 C

ある住宅展示場の販売員Ａ～Ｅの５人の昨年の販売棟数について調べたところ、次のア～エのことが分かった。

ア　Ａ～Ｅの５人の販売棟数は、それぞれ異なっており、その合計は60棟であった。
イ　Ｂの販売棟数は、Ａの販売棟数より２棟多く、Ｅの販売棟数より６棟多かった。
ウ　Ｃの販売棟数は、ＢとＤの販売棟数の計から、Ｅの販売棟数を引いた棟数より１棟少なかった。
エ　Ｄの販売棟数は、Ａ～Ｅの５人のうち３番目に多かった。

以上から判断して、Ａ～Ｅの５人のうち昨年の販売棟数が最も多かった販売員の販売棟数として、正しいのはどれか。

東京都Ⅰ類 2012

1　15棟
2　16棟
3　17棟
4　18棟
5　19棟

解説　　正解 3

A～Eの販売棟数をそれぞれa～eとすると、条件イより、$b=a+2=e+6$なので、整理すると$a=e+4$、$b=e+6$となります（**図1**）。

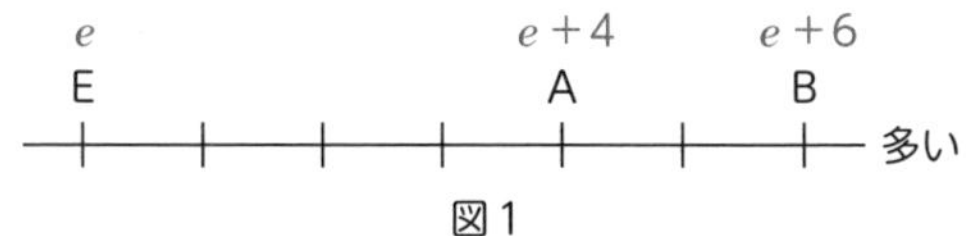

図1

条件ウより、$c=b+d-e-1$となり、これに$b=e+6$を代入すると、$c=d+5$となります。Cの販売棟数はDの販売棟数よりも５棟多いので、数直線は**図2**のようになります。

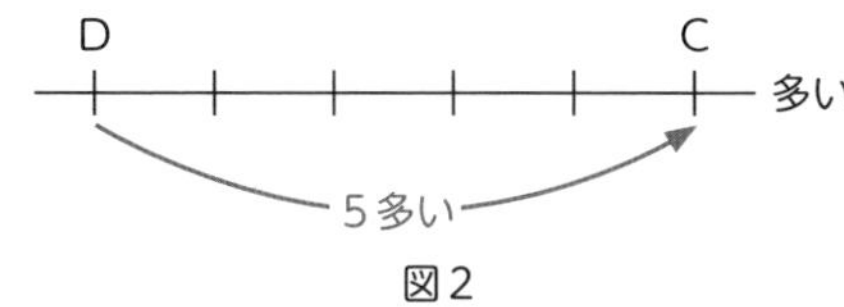

図2

Dの販売棟数は３番目に多いので、数直線上で**Dより右に位置する人物が２人いる**ことになります。その２人のうち、**図2**より１人はCで、もう１人は**図1**で最も右に位置するBと考えられます。よって、DよりもCとBの２人が右に位置するように、DをBとAの間に入れます（**図3**）。

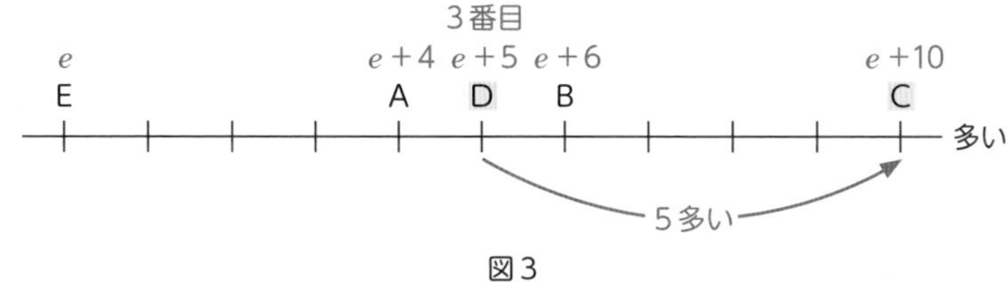

図3

合計が60棟であることから、$(e+4)+(e+6)+(e+10)+(e+5)+e=60$となり、これを解くと$e=7$となります。

最も多いCの販売棟数は$e+10$であり、$7+10=17$[棟]となるので、正解は**3**です。

第1編

判断推理

第4章

位置関係

重要度 ★★★

マンションン・ロッカーでの位置

上下・左右などの位置関係に関する条件からわかることを推理していく問題です。基本的な手順を身につけましょう。

例題14

図のような９つのロッカーがあり、それぞれには①～⑨の番号が付されている。A～Iの９人が１人につき１つの異なるロッカーを使用しており、その使用状況についての次のア～エのことがわかっているとき、④のロッカーを使用している人物は誰か。　オリジナル

ア　Aの右隣のロッカーをBが使用している。

イ　Cの１つ真上のロッカーをBが使用しており、Cの１つ真下のロッカーをDが使用している。

ウ　EとFは隣どうしのロッカーを使用している。

エ　Gの１つ真下のロッカーをHが使用している。

①	②	③
④	⑤	⑥
⑦	⑧	⑨

今度は位置についての問題ニャ！

基本的な流れは順位のときと同じニャ！

まず、**条件からわかることをメモ書きで整理**し、**まとめられるものは１つにしておきます**。

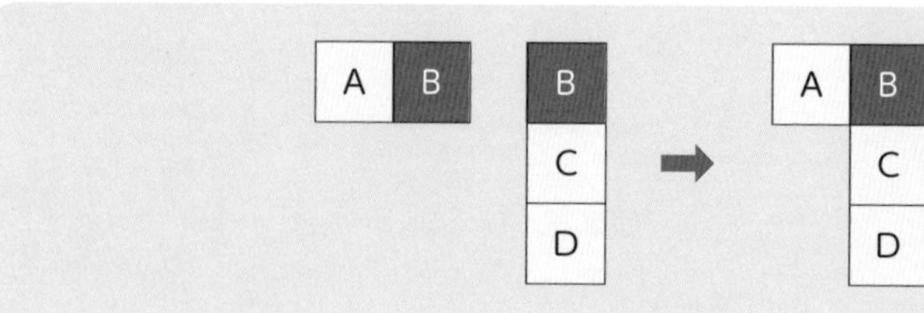

この例題にはありませんが、空き部屋や空きロッカーがある場合に、どのように表すかも決めておきましょう（例：「Aの両隣が空き部屋」 | × | A | × |）。

「EとFは隣どうし」しか情報がないから、**どちらが右か左かわからない**ニャ…。

いったん、ロッカー２つ分で、「E／F」とまとめておくといいニャ！

条件を**図1**～**図3**のようにまとめたもののうち、最もロッカー数が多い**図1**のまとまりから先に当てはめると、場合分けが少なくなります。

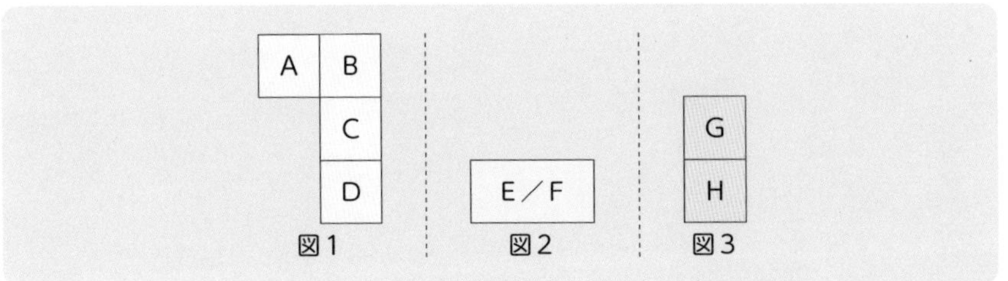

図1　図2　図3

図1のまとまりをロッカーに当てはめると、**図4**と**図5**の２通り考えられます。ただし、**図4**は**図2を当てはめることができないので不適**となります。

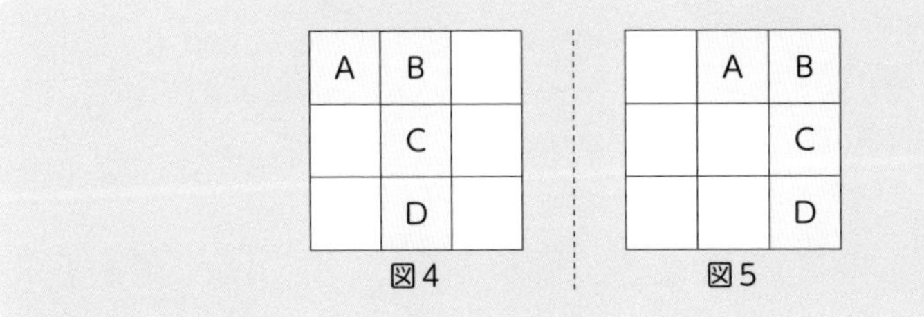

図4　図5

図5には、**図2**について２通り、**図3**について３通りの当てはめ方があります。場合分けが少なくなるようにまず**図2**を当てはめると、**図6**と**図7**の２通り考えられます。

このうち、**図6**は**図3を当てはめることができないので不適**です。**図7**に**図3**を当てはめ、残った中央の⑤にⅠを当てはめます（**図8**）。

このとき、EとFの位置は確定しませんが、**④のロッカーはHが使用してい**

ることになります。

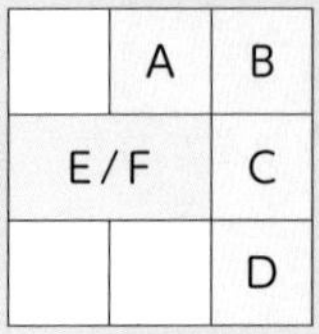

	A	B
E/F		C
		D

図6

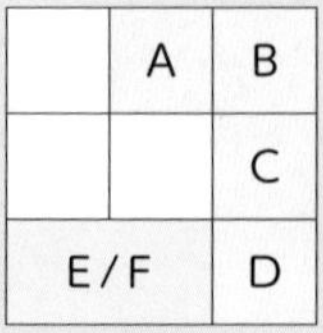

	A	B
		C
E/F		D

図7

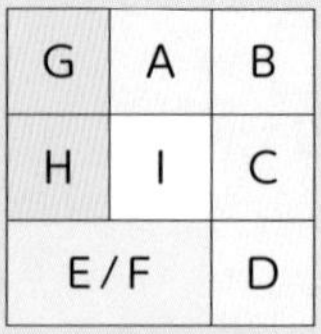

G	A	B
H	I	C
E/F		D

図8

正　解　H

重要度 ★★★

第2節 円卓・長テーブルでの位置

円卓や長テーブルの問題では、左右の向きや向かい合った席の扱いに注意しましょう。

第1編

例題15

　A～Fの６人が、等間隔で円いテーブルの中心を向いて座っている。座席について次のア、イがわかっているとき、Fの真正面に座っているのは誰か。

オリジナル

ア　Aの右隣にB、Aの真正面にCが座っている。
イ　Dの真正面にEが座っている。

今度は円いテーブルの座席の問題ニャ！

このタイプの問題では、**左右がどの向きか**に注意ニャ！

第4章 位置関係

　全員がテーブルの中心を向いて座る場合、**円卓や長テーブルでは奥の席の左右が逆**になります。

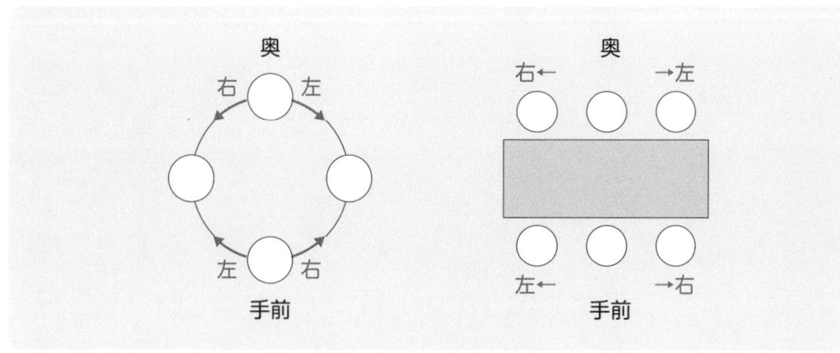

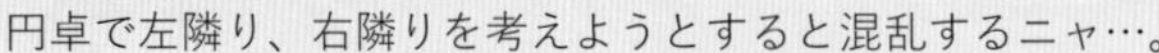

「**時間回り方向が左隣り**」と覚えておくといいニャ！
今回のような円卓の問題は、最初に「**条件に多く登場する人物**をどこかの席に座らせて**固定させる**」と考えやすいニャ！

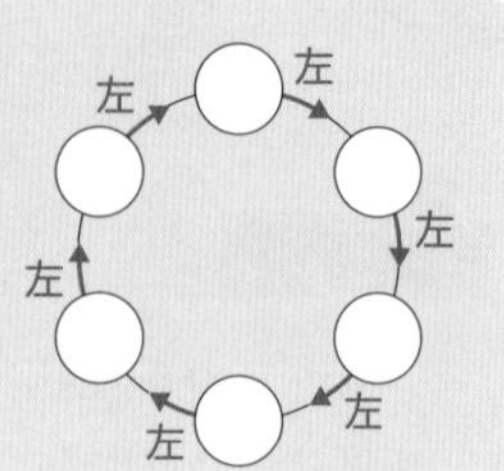

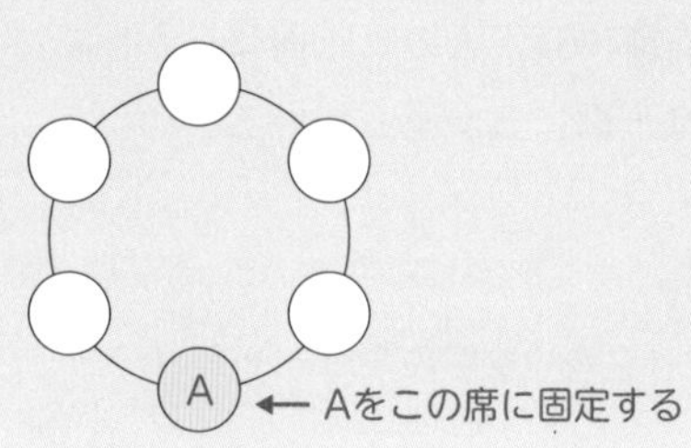

条件アより、「Aの右隣にB」、「Aの真正面にC」を当てはめます。

すると、条件イにあるDとEが真正面で向かい合って座れる席は**図1**の色が付いた席のみです。

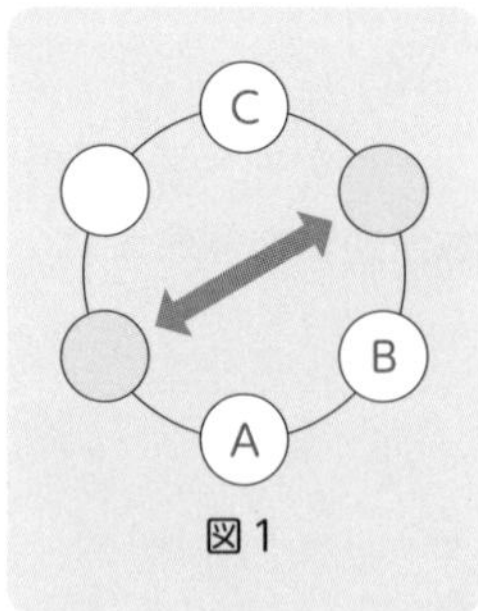

図1

どちらにD、どちらにEを座らせたらいいニャ？

この時点では不明だから決められないニャ！

図2のように2つ図を描いて場合分けをするか、**図3**のように1つにまとめてしまいましょう。

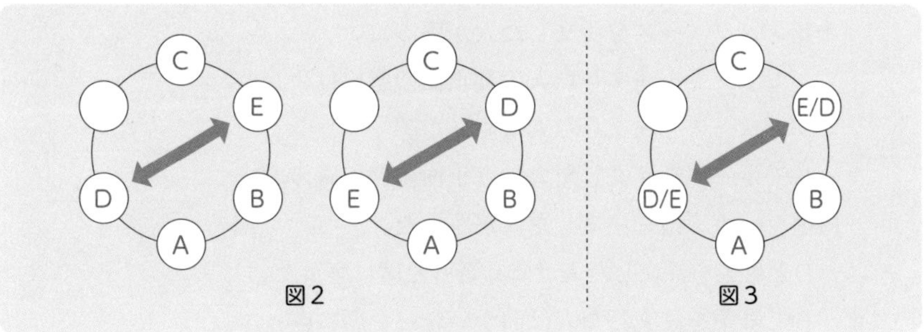

図2　図3

残った席にFが座り、Fの真正面がBに決まります（**図4**）。

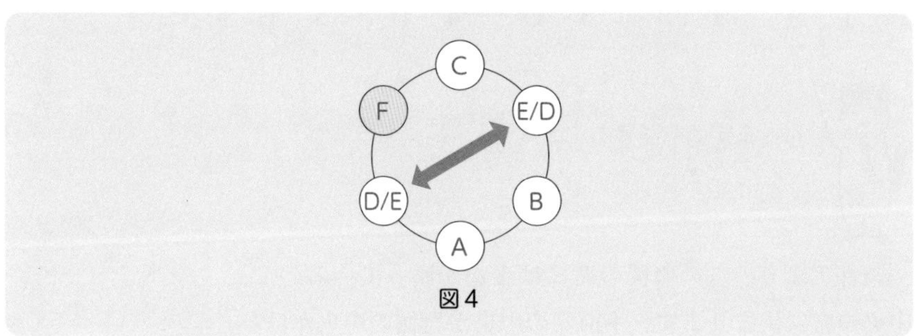

図4

正　解　B

例題16

A～Fの６人が下の図のような長方形のテーブルの席に３人ずつ向き合って座っている。６人はそれぞれコーヒー、紅茶、緑茶、オレンジジュース、ウーロン茶、レモネードのうち、異なる１つの飲み物を注文している。ア～オのことがわかっているとき、緑茶を注文した人物として正しいのはどれか。

オリジナル

ア　Aの両隣の席には、コーヒーを注文した人と、オレンジジュースを注文した人が座った。
イ　レモネードを注文した人の真正面の席にはオレンジジュースを注文した人が座った。
ウ　レモネードを注文した人の真正面の席の隣の席にはウーロン茶を注文した人が座った。
エ　Dと紅茶を注文した人は隣り合った席に座った。
オ　Bと紅茶を注文した人は向かい合った席に座った。

1　A　　**2**　B　　**3**　C　　**4**　D　　**5**　E

まずは条件アに注目ニャ！

条件アより、Aの両隣の席には誰かが座っているので、中央の席に決まります。手前側の中央か奥側の中央かはわかりませんが、仮にAを手前の中央の席に固定するとよいでしょう。

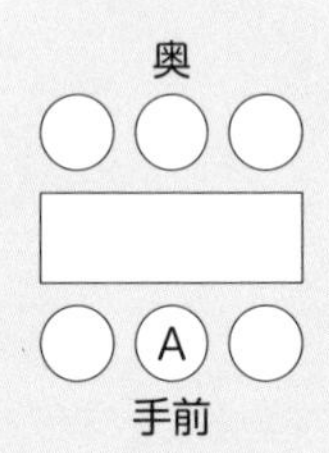

あと、この問題は座席のほかに**注文した飲み物**を整理する必要があるニャ！

条件アからは、「コーヒー」と「オレンジジュース」の座席が確定しないニャ。場合分けをして図を２つ描いたらいいニャ？

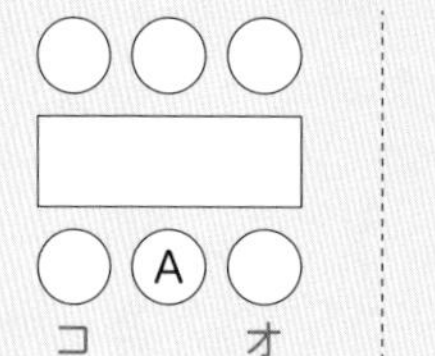

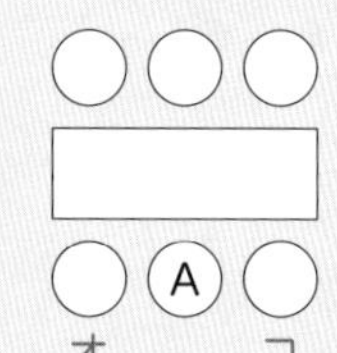

今回はどっちかに決めちゃっていいニャ！

今回の問題には「左」と「右」という言葉がなく、これは、左右どちらであるかということが**答えに影響しない**ことを意味します。また、席の並びが左右対称になっています。このような問題では、例えば**Aの左隣を「コーヒー」、右隣を「オレンジジュース」と仮定**して１つだけ図を描いて解くと、時間を短縮できます。

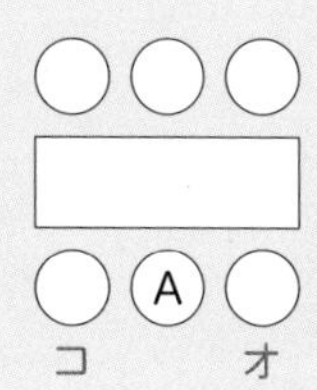

すると、条件イより、「オレンジジュース」の真正面が「レモネード」に決まり、条件ウより、「レモネード」の真正面の席が「※」の席で、その隣が「ウーロン茶」なので、Aが「ウーロン茶」に決まります。

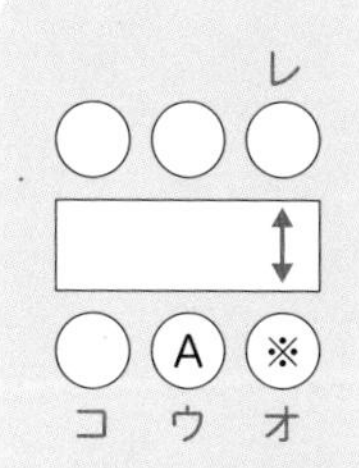

仮定したおかげで、どんどん席が決まるニャ！

条件エより「紅茶」とDが隣どうしですが、手前側の３席の飲み物はすべて確定したので、**「紅茶」は奥の席**となります。よって、**Dも奥の席**です。

「紅茶」は❶と❷のどちらかだけど、どうやって決めたらいいニャ？

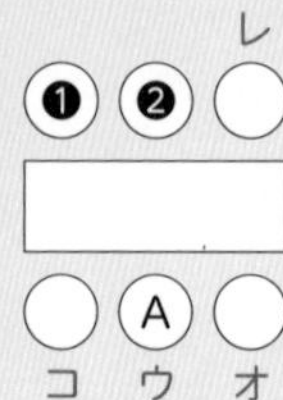

条件オより、「紅茶」とBは向かい合った席に座るので、❷の席が「紅茶」だと、正面にAがいて**Bと向かい合えません**。よって、「紅茶」は❶の席に決まります。残った❷の席は「緑茶」になり、Dは「紅茶」の隣の❷の席に決まります。緑茶を注文した人物がDなので、正解は**4**です。

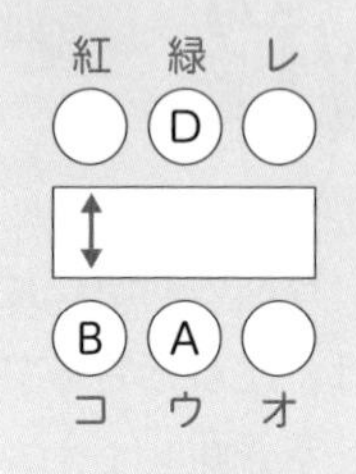

正解 **4**

□□□

問題 16

難易度 B

図のような16の部屋からなる４階建てのワンルームマンションがある。ここにＡ～Ｈの８人がいずれかの部屋に１人ずつ住んでおり、Ａ～Ｈの８人が住んでいる以外の部屋は空き部屋となっている。また、各階とも東側から西側に向かって１号室、２号室、３号室、４号室の部屋番号となっている。このワンルームマンションについて次のア～オが分かっているとき、これらから確実にいえるのはどれか。

国家一般職 2004

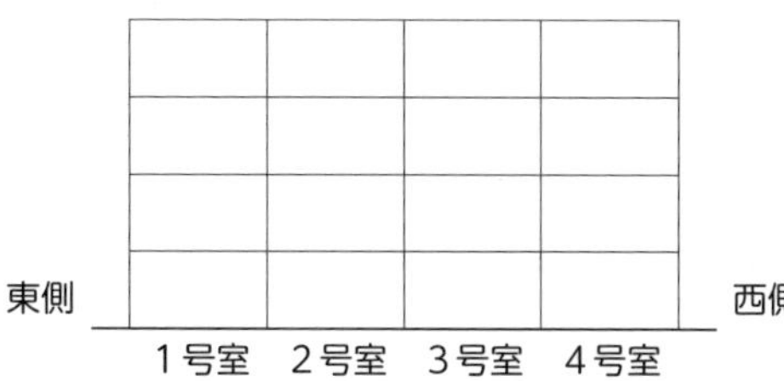

ア　１階には３人が住んでおり、３階と４階には２人ずつが住んでいる。

イ　Ａは１階の１号室に住んでいる。また、他の階の１号室に住んでいる者は２人いる。

ウ　Ｅの両隣の部屋は空き部屋となっている。また、Ｂは、Ｅのすぐ下の部屋に住んでおり、かつＤよりも下の階に住んでいる。

エ　Ｆは４号室に住んでいる。また、２号室に住んでいるのはＤだけである。

オ　ＣとＥは同じ階に住んでいる。また、ＧはＤよりも下の階に住んでいる。

1　ＡとＨは同じ階に住んでいる。

2　ＢとＣは同じ階に住んでいる。

3　Ｃは４階に住んでいる。

4　ＧはＥのすぐ下の階に住んでいる。

5　Ｈは１号室に住んでいる。

解説　　　　正解　5

条件ウをメモ書きでまとめると**図1**のようになります。また、条件オよりCとEは同じ階ですが、条件エより２号室に住んでいるのはDのみなので、２号室の列にD以外の人が入らないように**図1**とCを合わせると、**図2**となります。

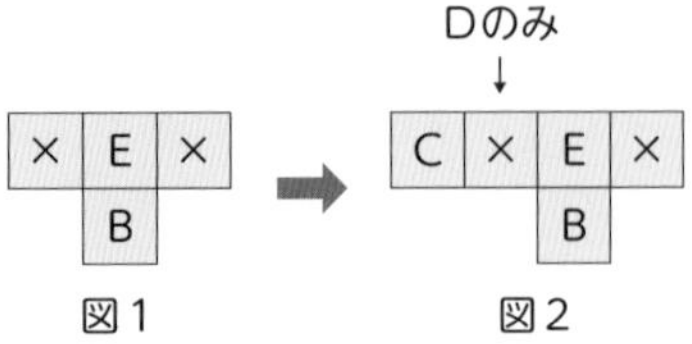

図1　　図2

全員で８人おり、条件アより１階が３人、３階と４階が２人なので、**２階は１人に決まります**。

図2の当てはめ方は３通り（**図3**～**図5**）が考えられますが、**図3**は２階が２人になってしまい不適、**図5**はBがDより下の階に住んでいるとする条件ウに反するので不適となります。よって、**図2の当てはめ方は、図4に決まります**。

				2人
				2人
C	×	E	×	1人
A		B		3人

図3

				2人
C	×	E	×	2人
		B		1人
A				3人

図4

C	×	E	×	2人
		B		2人
				1人
A				3人

図5

条件ウ、エよりDは**２号室かつBより上の階**なので、４階の２号室に決まります。

２号室の縦の列はDの１人、２階はBの１人なので、DとB以外の部屋に×印を入れておきます（**図6**）。

3人	1人		F	
	D			2人
C	×	E	×	2人
×	×	B	×	1人
A	×			3人

図6

条件イより１号室には３人、また、条件アより１階にも３人が住んでいるので、**図7の❶、❷、❸には必ず誰か住んでいる**ことになります。また、４階に住む２人は❶に住む人物とDに決まるので、**４階の残り２部屋は空室**となります。

Fは４号室なので❸に決まり、条件オよりGはDより下の階なので❷に決まります。残った❶にはHが入り、すべての人物の部屋の位置が決まります（**図8**）。

図8より、正解は**5**です。

3人			F	
❶	D	×	×	2人
C	×	E	×	2人
×	×	B	×	1人
A	×	❷	❸	3人

図7

3人			F	
H	D	×	×	2人
C	×	E	×	2人
×	×	B	×	1人
A	×	G	F	3人

図8

第1編 第4章 位置関係

□□□

問題 17　　　難易度 A

次の図のような①～⑨のロッカーを、A～Hの８人が一つずつ利用している。次のア～エのことが分かっているとき、確実にいえるのはどれか。

特別区Ⅰ類 2006

ア　Aが利用しているロッカーのすぐ下は空きロッカーで、その隣はDが利用している。

イ　Bは端のロッカーを使用しており、その隣はGが利用している。

ウ　Cが利用しているロッカーのすぐ上は、Eが利用している。

エ　Fが利用しているロッカーの隣は、Dが利用している。

①	②	③
④	⑤	⑥
⑦	⑧	⑨

1　Aは、④のロッカーを利用している。

2　Cは、⑥のロッカーを利用している。

3　Eは、①のロッカーを利用している。

4　Fは、⑦のロッカーを利用している。

5　Hは、⑤のロッカーを利用している。

解　説　　　　正　解　5

条件をメモ書きで整理していくと、条件アとエの**両方に「D」が入っているので1つにまとめます**。また、空き部屋は「×」で表します（**図1**～**図4**）。

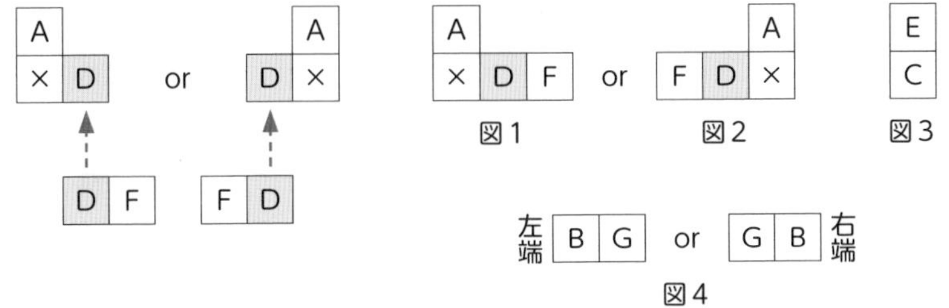

図1　図2　図3　図4

図1と**図2**の当てはめ方は4通りありますが（**図5**～**図8**）、**図5**と**図6**は**図3を当てはめることができないため不適**です。

図3を中央の列に入れると**図4**が入らないので、**図3は左端もしくは右端の列**に入れます。**図7**と**図8**に**図4**を当てはめると、それぞれ**図9**と**図10**のようになり、いずれも残った⑤にHが入ります。

2つの図に共通していえるものを選ぶので、正解は**5**です。

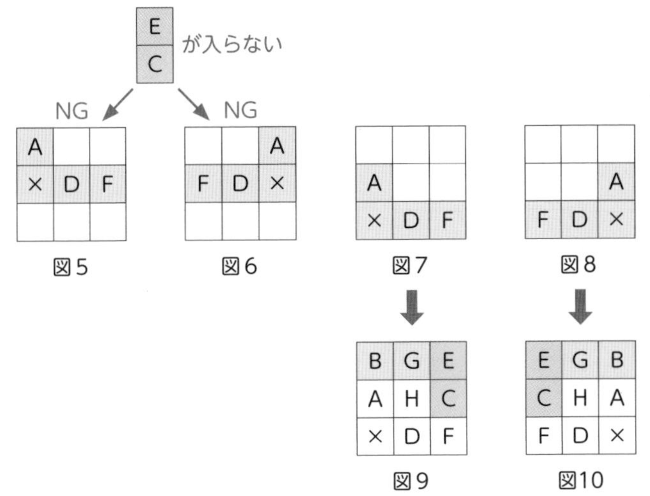

図5　図6　図7　図8　図9　図10

□□□

問題 18

難易度 B

次の図のような３階建てのアパートがあり、Ａ～Ｈの８人がそれぞれ異なる部屋に住んでいる。今、次のア～カのことが分かっているとき、確実にいえるのはどれか。

特別区Ⅰ類 2021

ア　Ａが住んでいる部屋のすぐ下は空室で、Ａが住んでいる部屋の隣にはＨが住んでいる。

イ　Ｂが住んでいる部屋の両隣とすぐ下は、空室である。

ウ　Ｃが住んでいる部屋のすぐ上は空室で、その空室の隣にはＦが住んでいる。

エ　ＤとＦは同じ階の部屋に住んでいる。

オ　Ｆが住んでいる部屋のすぐ下には、Ｈが住んでいる。

カ　Ｇが住んでいる部屋の部屋番号の下一桁の数字は１である。

3階	301号室	302号室	303号室	304号室	305号室
2階	201号室	202号室	203号室	204号室	205号室
1階	101号室	102号室	103号室	104号室	105号室

1　Ａの部屋は201号室である。

2　Ｂの部屋は302号室である。

3　Ｃの部屋は103号室である。

4　Ｄの部屋は304号室である。

5　Ｅの部屋は105号室である。

解説　　　　正解 2

条件ア、イ、ウ、オをメモ書きで整理すると、**図1～図4**となります。空室は×で表します。

条件アとウより、Aの左隣がHで、**図2**の空室の右隣がFの場合（**図5**）と、Aの右隣がHで、**図2**の空室の左隣がFの場合（**図6**）の２通り考えられます。

３階建てなので、**図5**と**図6**は下から順に１階、２階、３階となります。

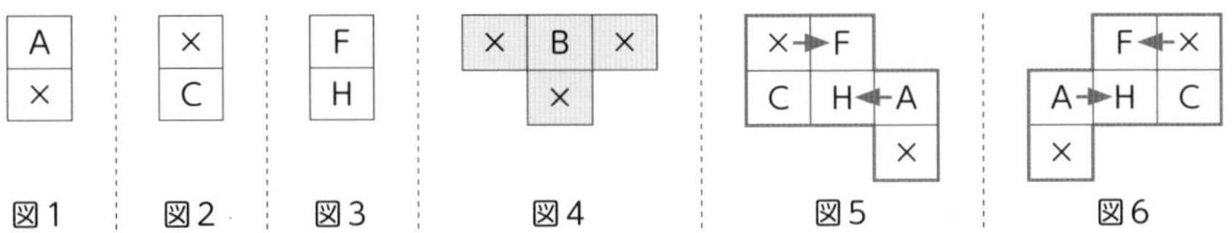

図1　図2　図3　図4　図5　図6

それぞれの階は５部屋なので、**図4**の「Bと２つの空室の３部屋」がある階を、**図5**や**図6**の「A、C、Hの３部屋」と同じ２階にすることはできません。さらに、Bのすぐ下が空室であることから、**図4**のBの階は１階ではありません。以上より、**図4**の**Bの階は３階**に決まります。

また、条件エより、DとFは同じ階となります。よって、**３階にはB、D、Fが住む３部屋があります**。**図4**の３階には２つの空室が、**図5**や**図6**の３階には１つの空室があるので、３階の５部屋に当てはめるには、**図7**のように、**図4**のBの右隣の空室と**図5**の空室を重ねるか、**図8**のように、**図4**のBの左隣の空室と**図6**の空室を重ねる必要があります。ただし、**図8**は部屋番号の下一桁の数字が１の部屋にGを当てはめられないため、条件カを満たせず不適となります。

3階	×	B	×	F	D
2階		×	C	H	A
1階					×

図7

D	F	×	B	×
A	H	C	×	
×				

図8

これ以上部屋は確定しないので、**図7**より、正解は**2**です。

なお、Gの部屋は**図7**の101号室か201号室のいずれかとなり、Eの部屋は確定しません。

□□□

問題 19　難易度 A

男子２人、女子４人のＡ～Ｆの６人の生徒が、図のように机を正六角形になるよう配置し、一人ずつ中心に向かって座った。この６人は、学級委員、環境委員、給食委員、生活委員、体育委員、図書委員のうち、それぞれ異なる一つの委員を担っていた。次のことが分かっているとき、確実にいえるのはどれか。

国家一般職高卒 2016

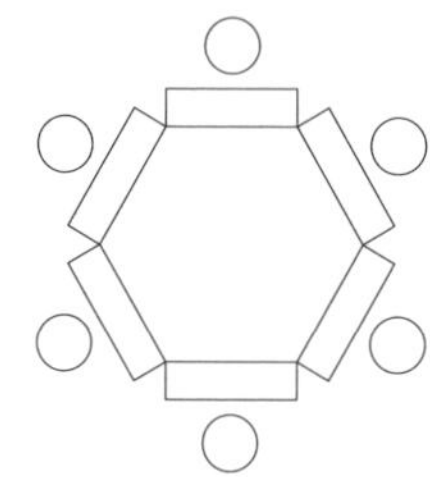

○　Ａは男子で、真向かいには図書委員が座っていた。
○　Ｂは生活委員で、両隣にはＥとＦが座っていた。
○　Ｃは女子で、隣には図書委員が座っていた。
○　Ｄの右隣には、Ａが座っていた。
○　環境委員の隣には、学級委員の男子が座っていた。
○　学級委員の真向かいには、給食委員が座っていた。

1　Ａは環境委員で、Ａの右隣にはＥが座っていた。
2　Ｃは給食委員で、Ｃの右隣にはＤが座っていた。
3　Ｄは体育委員で、真向かいにはＦが座っていた。
4　Ｅは学級委員で、Ｅの左隣にはＡが座っていた。
5　Ｆは図書委員で、Ｆの左隣にはＢが座っていた。

解説　　　　正解 2

説明のため、各席を❶～❻とします。**Aに関する情報が多いので、Aを❶の席に固定**すると、1つ目の条件よりAの真向かいの❹が図書委員に、4つ目の条件より、Dの席が❷に決まります（**図1**）。

2つ目の条件によればBの両隣はEとFなので、EとFの位置は確定しないものの、「E／F・B・F／E」を**3連続で人物が空いているところに当てはめます**。ただし、Bは生活委員なので図書委員の❹には入れないため、3人の席は「❹❺❻」の3席に決まります。残った女子のCが❸に入ります（**図2**）。

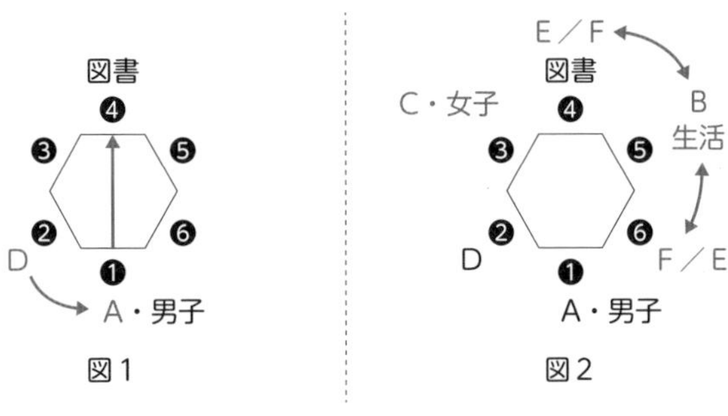

図1　　図2

6つ目の条件より、学級委員と給食委員が向かい合って座ることになります。**まだ委員が決まっていない向かい合った席は❸と❻しか残っておらず**、男子の学級委員は女子のCが座る❸には入らないので、❸のCが給食委員、❻が学級委員、5つ目の条件よりその隣の❶が環境委員となり、残ったDが体育委員に決まります（**図3**）。**図3**より、正解は**2**です。

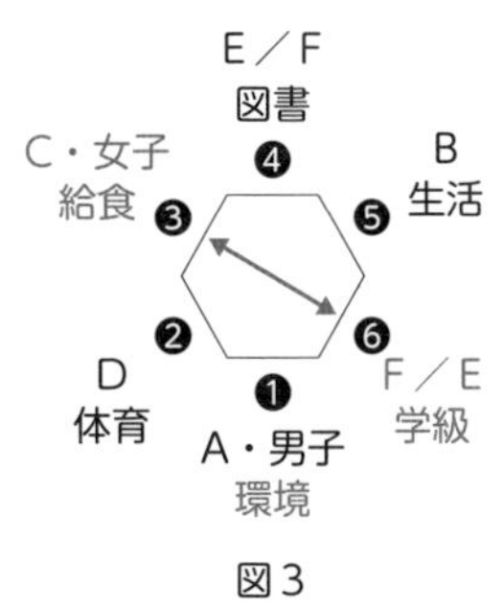

図3

□□□

問題 20

難易度 **B**

A、B、C、D、Eの５人が丸いテーブルについている。A～Eは、大人３人と子ども２人のグループであり、子どもの両隣には大人が座っている。大人は赤ワイン、白ワイン又はビールを、子どもはコーラ又はオレンジジュースをそれぞれ１品ずつ注文した。A～Eが次の発言をしているとき、AとBが注文した飲み物の組合せとして最も適当なのはどれか。ただし、A～Eの発言はいずれも正しいものとする。

裁判所 2013

A 「わたしの左隣の人は赤ワインを注文した。」
B 「わたしの右隣の人はコーラを注文した。」
C 「わたしの左隣の人はオレンジジュースを注文した。」
D 「わたしの左隣の人は白ワインを注文した。」
E 「わたしは赤ワインを注文した。」

	A	B
1	オレンジジュース	白ワイン
2	オレンジジュース	ビール
3	コーラ	白ワイン
4	コーラ	ビール
5	ビール	コーラ

HINT 子どもの両隣は大人

「コーラやオレンジジュースを注文した人」は子どもで、その両隣は大人になります。

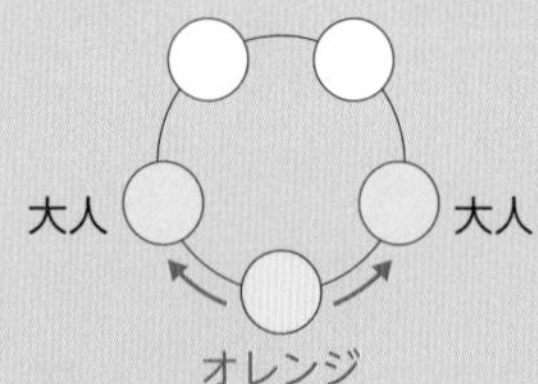

解説 　　　　　　　　　　　　　　　　　　正解 1

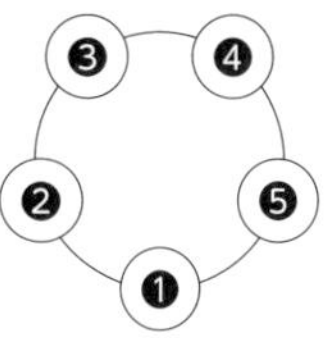

説明のため、席を❶〜❺とします。**子どもの両隣には大人が座っている**こと、**コーラかオレンジジュースを注文した人物が子どもである**ことより、**BとCは大人**とわかり、**赤ワインを注文したEも大人**とわかります。よって、残った**AとDが子ども**と決まります。

Aを❶の席に固定すると、AとEの発言より、**Aの左隣は赤いワインを注文したE**に決まります。

Bの発言より、Bの右隣の人はコーラを注文しています。❷の席はEに決まっているので、Bの席を❷にして、Bの右隣をAとすることができません。よって、Aはコーラを注文できないので、子どもの**Aが注文したのはオレンジジュース**に決まります（**図1**）。

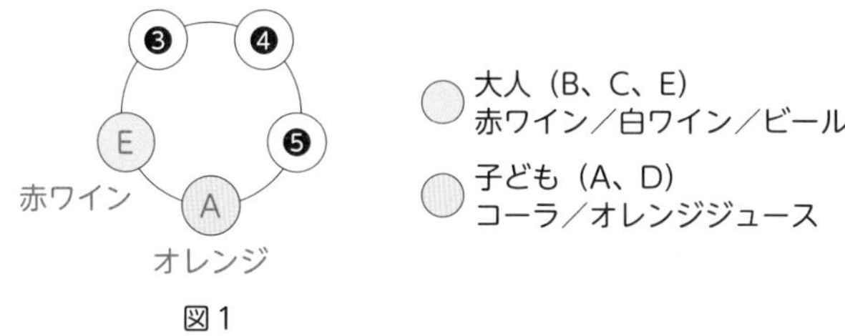

図1

Cの発言より、Cの左隣はオレンジジュースを注文したAになり、Cの席は❺に決まります。Bの発言より、Bの右隣がコーラを注文しているので、Bは❸の席には入れず、残った❹に決まります。さらに、❸には残ったDが入ります。Dの発言より、Dの左隣のBが白ワインを注文しており、残ったビールはCが注文したことになります（**図2**）。よって、正解は**1**です。

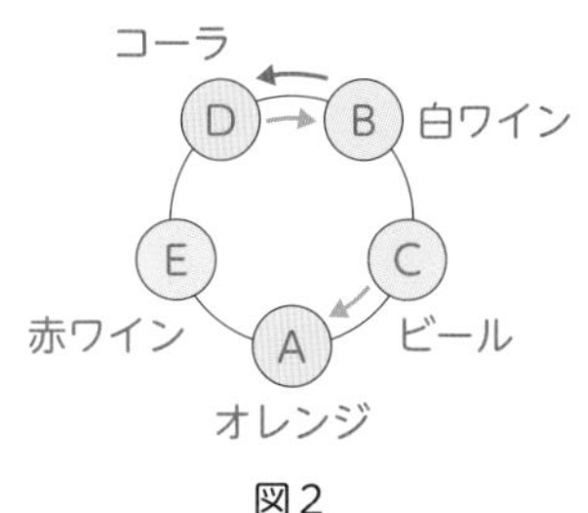

図2

□□□

問題21

難易度　B

　ある喫茶店で、図のようなテーブルの①～⑥の六つの席にそれぞれ座ったA～Fの6人が、ケーキを一つずつ注文した。ケーキは、ショートケーキ、ロールケーキ又はチョコレートケーキのいずれかであった。次のことが分かっているとき、確実にいえるのはどれか。

国家専門職 2015

○　A～Fの6人で、ショートケーキを一つ、ロールケーキを二つ、チョコレートケーキを三つ注文した。
○　Aは③に座り、ショートケーキ又はチョコレートケーキのいずれかを注文した。
○　Bの真向かいの者は、ショートケーキを注文した。
○　Cは端に座り、隣の者と同じケーキを注文した。
○　両隣がAとFであるDは、Bと同じケーキを注文した。
○　Eはチョコレートケーキを注文した。
○　Fの真向かいの者は、ロールケーキを注文した。

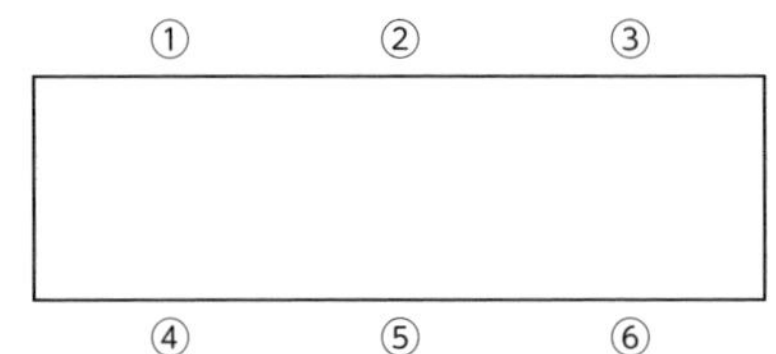

1　AはBの真向かいに座り、チョコレートケーキを注文した。
2　Cは④に座り、ロールケーキを注文した。
3　Dは②に座り、チョコレートケーキを注文した。
4　Eは⑥に座り、Dと異なるケーキを注文した。
5　Fは①に座り、ショートケーキを注文した。

解説　　正解 5

2つ目の条件よりAの席は③とわかり、5つ目の条件よりDの席は②、Fの席は①に決まります。7つ目の条件より、Fの真向かいの④に座った者が注文したのはロールケーキとなります（**図1**）。

図1

④〜⑥にはB、C、Eが座りますが、4つ目の条件より、**Cは端の席の④か⑥**となるので、場合分けをして考えます。

場合分けⓘ　Cが④の席

4つ目の条件よりCの隣の⑤に座った者が注文したのはロールケーキとなります。6つ目の条件より**Eが注文したのはチョコレートケーキ**なので、Eの席が⑥、Bの席が⑤に決まります。

5つ目の条件によればDが注文したのはBと同じロールケーキですが、注文されたロールケーキが2つであることに反します（**図2**）。

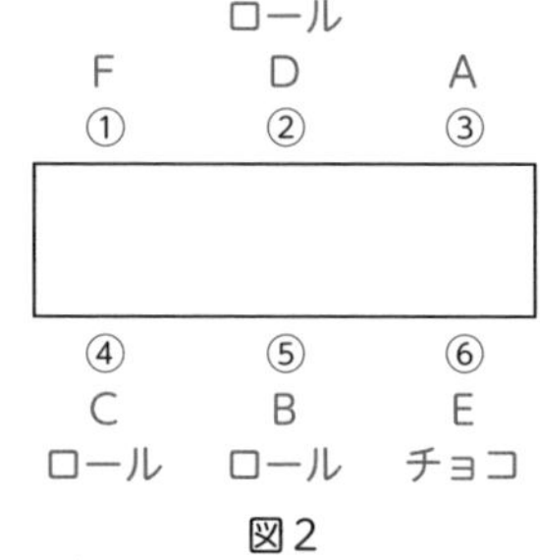

図2

場合分けⓘⓘ　Cが⑥の席

残りの「ロールケーキを注文した④」と⑤のうち、チョコレートケーキを注文したEが⑤となり、④はBに決まります。4つ目の条件より、Cが注文したのは隣のEと同じチョコレートケーキに決まります。5つ目の条件よりDが注文したのはBと同じロールケーキとなり、3つ目の条件よりBの真向かいのFが注文したのはショートケーキとなります。**チョコレートケーキを選んだのは3人**なので、Aがチョコレートケーキに決まります（**図3**）。

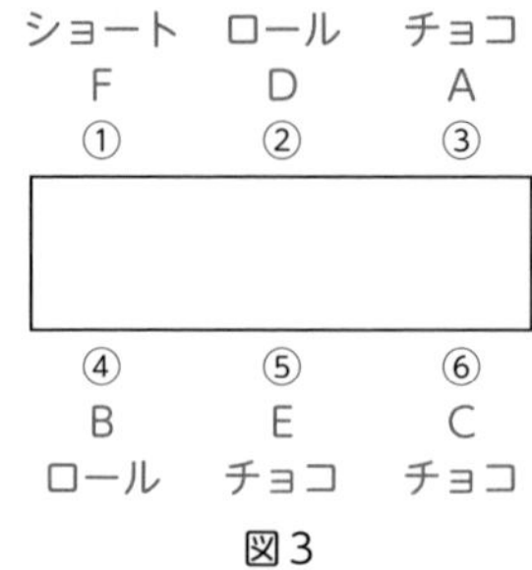

図3

図3より、正解は**5**です。

第1編

判断推理

第5章

勝　敗

重要度 ★★★

第1節 総当たり戦の勝敗

まずは勝敗を正しく表に整理し、試合数や勝敗数を手がかりに問題を考える方法を学びましょう。

例題17

Ａ～Ｅの５チームが、総当たり戦で野球の試合を行った。今、次のア～オのことが分かっているとき、確実にいえるのはどれか。

特別区Ⅲ類 2009

ア　ＡとＤは、１勝３敗であった。
イ　Ｂは、Ｃに負け、Ｅに勝った。
ウ　Ｃは、Ａに勝った。
エ　Ｅは、ＡとＤに勝った。
オ　優勝したチームは、全勝であった。

1　Ａは、Ｄに負けた。
2　Ｂは、２勝２敗であった。
3　Ｃは、３勝１敗であった。
4　Ｄは、Ｂに勝った。
5　Ｅは、Ｃに勝った。

試合の勝ち負けについての問題ニャ！ でも、「**総当たり戦**」ってどんな形式ニャ？

自身以外のすべての人物・チームと試合をするのが総当たり戦で、リーグ戦ともいうニャ！

総当たり戦の問題では各人物・チームの対戦結果を表に整理しますが、この表を**対戦表**と呼ぶことにします。

自身とは試合ができないので、対戦表の「Ａ対Ａ」、「Ｂ対Ｂ」などのマスには**斜線を引いておきます**。

この対戦表に、「勝ち：○、負け：×、引き分け：△」など試合の結果を書き入れます。

	A	B	C	D	E
A					
B					
C					
D					
E					

STUDY 試合数と勝敗数

総当たり戦の試合数は参加する人物・チームの数に応じて決まりますが、**対戦表の斜線で区切られた一方の領域のマスを数えるとわかります**。例えば5チームの総当たり戦なら、下のとおり10試合です。

また、引き分けがない場合なら1試合につき「勝ち」と「負け」が1つずつ生じるので、**全体の勝敗数も試合の数とそれぞれ等しくなります**。例えば5チームの総当たり戦なら10勝10敗となります。

	A	B	C	D	E	勝－敗
A		1	2	3	4	
B			5	6	7	
C				8	9	
D					10	
E						
						10－10

対戦表のマスの半分が10マス
→5チームの勝ち数の合計が10勝
負け数の合計も10敗

じゃ、実際に条件を対戦表に整理していくニャ！

対戦表の縦軸は「**誰は**」、横軸は「**誰に**」を表しています。条件イの「Bは、Cに負け」を表すには、「Bは」と「Cに」が交わるマスに「負け」を表す×

を入れます（**表1**）。

表1	Aに	Bに	Cに	Dに	Eに	勝−敗
Aは						
Bは			×			
Cは						
Dは						
Eは						
						10−10

このとき、BがCに負ければ、同時にCはBに勝ったことになります。このように、引き分けがない場合は、**1つの試合ごとに、勝者に「○」を1つ、敗者に「×」を1つ書く**ことになります。

条件アより「AとDは、1勝3敗」なので、AとDの列の右端に、「1－3」と書き入れます（**表2**）。

表2	Aに	Bに	Cに	Dに	Eに	勝−敗
Aは						1－3
Bは			×			
Cは		○				
Dは						1－3
Eは						
						10−10

問題の条件ア～エを対戦表に書き入れると、下のようになります（**表3**）。

表3	A	B	C	D	E	勝−敗
A			×		×	1－3
B			×		○	
C	○	○				
D					×	1－3
E	○	×		○		
						10−10

全部入れたのに、対戦表が埋まらないニャ…。

ここからが勝敗の問題を解くポイントニャ！

総当たり戦の問題では、条件には**試合結果の一部だけ**が書かれており、残りの結果については、残っている条件や、全体の勝敗数などを手がかりに考えます。

条件オによれば「優勝したチームは、全勝」ですが、**A、B、D、Eは横列に「×」が1つ以上入っているので全勝はあり得ず**、残ったCが全勝したチームに決まります。

Cが全勝しているのでCの横列にすべて○を入れ、逆に全チームがCに負けているのでCの縦列にすべて×を入れると、Eが２勝２敗に決まります（**表4**）。

表4	A	B	C	D	E	勝－敗
A	＼		×		×	1－3
B		＼	×		○	
C	○	○	＼	○	○	4－0
D			×	＼	×	1－3
E	○	×	×	○	＼	2－2
						10－10

５チームの勝ち数の合計が10で、Ｂ以外の勝ち数の合計は、1＋4＋1＋2＝8［勝］なので、10－8＝2［勝］より、**Bが２勝**したことがわかります。試合は１チーム４試合ずつなので、Ｂは２勝２敗となります。

正解　**2**

例題18

A～Eの５人が、総当たり戦で将棋の試合を行った。いま、次のア～エのことがわかっているとき、３位となるのは誰か。ただし、引き分けの試合はなかったものとする。　オリジナル

ア　５人の勝ち数はそれぞれ異なっていた。

イ　AはBに勝ち、DはCに勝った。

ウ　CはAより勝ち数が多かった。

エ　EはBとDに勝った。

これは条件アにある「**５人の勝ち数はそれぞれ異なっていた**」に着目する問題ニャ！　５人いて１人４試合ずつするから、勝ち数の**最大は４、最小は０**になるニャ！

ということは、**「４勝０敗、３勝１敗、２勝２敗、１勝３敗、０勝４敗」の５通りの勝敗**があるニャ！

５人の勝ち数が異なっている場合、５通りの勝敗にA～Eがそれぞれ１つずつ当てはまることになります。

条件イと条件エを対戦表に書き入れると次のとおりになります（**表１**）。このとき、**「４勝０敗」や「０勝４敗」から考える**と該当者を絞りやすいです。すでに１敗以上しているB、C、Dが「４勝０敗」になることはありません。また、条件ウによればCより勝ち数が少ないAも、「４勝０敗」になることはありません。

表1	A	B	C	D	E	勝－敗
A	＼	○				
B	×	＼			×	４－０はあり得ない
C			＼	×		４－０はあり得ない
D			○	＼	×	４－０はあり得ない
E		○		○	＼	

よって、残った**Eが４勝０敗と決まります**。これを書き入れると次のとおりになります（**表２**）。

次に、すでに１勝以上しているA、D、Eが「０勝４敗」になることはありません。また、条件ウによればAより勝ち数が多いCも、最も勝ち数が少ない「０勝４敗」になることはありません。

表2	A	B	C	D	E	勝ー敗
A	＼	○			×	0－4はあり得ない
B	×	＼			×	
C			＼	×	×	
D			○	＼	×	0－4はあり得ない
E	○	○	○	○	＼	4－0

よって、残った**Bが０勝４敗と決まります**。これを書き入れると次のとおりになります（**表３**）。

表3	A	B	C	D	E	勝ー敗
A	＼	○			×	
B	×	＼	×	×	×	0－4
C		○	＼	×	×	
D		○	○	＼	×	
E	○	○	○	○	＼	4－0

すでに２敗しているCが「３勝１敗」になることはありません。さらに条件ウより**Cの勝ち数がAより多い**ことを考えると、残りのA、C、Dの勝敗が次のように決まります。よって、３位はCとなります。

1位	4勝0敗	E
2位	3勝1敗	
3位	2勝2敗	
4位	1勝3敗	
5位	0勝4敗	B

…Cではあり得ない

C
↑
A
CがAよりも勝ち数が多い

1位	4勝0敗	E
2位	3勝1敗	D
3位	2勝2敗	C
4位	1勝3敗	A
5位	0勝4敗	B

正解 C

例題19

Ａ～Ｅの５人が相撲のリーグ戦を行い、試合結果についてそれぞれ以下のように発言しているとき、確実にいえるのはどれか。　オリジナル

Ａ「全試合を通じて引き分けは２試合あり、同じ人が２試合引き分けることはなかった」
Ｂ「私はＡに勝って、Ｃに負けた」
Ｃ「私は勝ち数のほうが負け数よりも多かった」
Ｄ「私はＡとＣに勝った」
Ｅ「私は無敗だった」

1　全敗の人はいなかった。
2　ＣはＡに負けた。
3　ＢとＤは引き分けた。
4　ＢとＥは引き分けた。
5　ＤとＥは引き分けた。

引き分けの試合がある場合は、どのように解けばいいニャ？

「勝敗がついた試合」では、勝ったチームに○、負けたチームに×を１つずつ入れたニャ。
「引き分けの試合」の場合は、**試合をした２つのチームにそれぞれ△を入れる**ニャ！

AがBに勝った

	A	B	C
A	＼	○	
B	×	＼	
C			＼

1試合につき○と×が1つずつ

AとBが引き分けた

	A	B	C
A	＼	△	
B	△	＼	
C			＼

1試合につき△が2つ

この例題では引き分けが２試合あるから、**対戦表に△が４つ入る**ことになるニャ！

Ｅの「**私は無敗だった**」という発言は、「**勝ちか引き分けしかなかった**」という意味なので、**Ｅの横列には、「○か△」だけが入ります**。同時に、全員が**Ｅに負ける、もしくはＥと引き分ける**ことになるので、**Ｅの縦列には、「×か△」だけが入ります**。

これとＢとＤの発言を合わせてまとめると、次のようになります（**表１**）。

×か△のみ

表1	A	B	C	D	E	勝－敗－分
A	＼	×		×		
B	○	＼	×			
C		○	＼	×		
D	○		○	＼		
E					＼	

○か△のみ

引き分けがあると試合結果が３種類になるから、難しく感じるニャ…。

これまでと同じく条件からわかることを対戦表に反映させつつ、**どの試合が引き分けだったのかを意識する**といいニャ！

Ｃは、「勝ち数のほうが負け数よりも多かった」のですが、すでに１勝１敗で残り２試合しかありません。残りの試合で**これ以上Ｃが負けると、勝ち数が負け数よりも多くならず、条件に反します**。

つまり、**Ｃがこれ以上負けることはない**ニャ。でも、Ｅが無敗なので、**ＣはＥに勝つこともできない**ニャ。

Eに勝てないけどこれ以上負けられない…ということは、**CとEは引き分けるしかない**ニャ！

2試合あった引き分けの試合の1つが「C対E」に決まりましたので、もう1つの引き分けの試合について検討します。

「同じ人が2試合引き分けることはなかった」というAの発言より、CとEがした試合にこれ以上引き分けはなく、つまり**CとEの縦列と横列にはこれ以上△が入りません**。それ以外でまだ勝敗が決まっていないのは**B対Dの試合のみ**なので、これが2つ目の引き分けの試合に決まります（**表2**）。

表2	A	B	C	D	E	勝－敗－分
A		×		×		
B	○		×			
C		○		×	△	
D	○		○			
E			△			

C対EとB対Dに引き分けの△を書き入れると、引き分けの4つの△がすべて入りました。また、Eは無敗なので、残りの試合はすべて勝ったことになります。Cの勝ち数が負け数よりも多くなるようにCをAに勝たせると、すべての結果が判明します（**表3**）。BとDが引き分けているので、正解は**3**です。

表3	A	B	C	D	E	勝－敗－分
A		×	×	×	×	0－4－0
B	○		×	△	×	1－2－1
C	○	○		×	△	2－1－1
D	○	△	○		×	2－1－1
E	○	○	△	○		3－0－1
						8－8－4

正解 **3**

重要度 ★★★

トーナメント戦の勝敗

総当たり戦と違い、トーナメント戦では勝ち進むほど多くの試合をする点がポイントです。

A～Dの４チームが、次のようなトーナメント方式で野球の試合をした。試合の結果について次のアとイがわかっているとき、Aの初戦の相手はどのチームか。

オリジナル

ア　AはBに勝った。
イ　CはBに負けた。

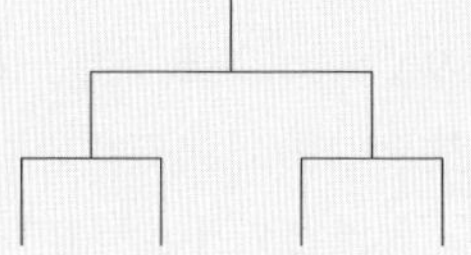

まずは4チームの試合で、トーナメント戦の基本を押さえるニャ！

トーナメント表が**左右対称の形**なら、**一例として下のように勝敗を先に決めてしまい、後から人物／チームを当てはめる**とよいでしょう。

トーナメント表を中央で左右２つのブロックに分割すると**決勝戦では左右別々のブロックの人物／チーム**が、**それ以外の試合は同じブロック内の人物／チーム**が戦うことがわかります。

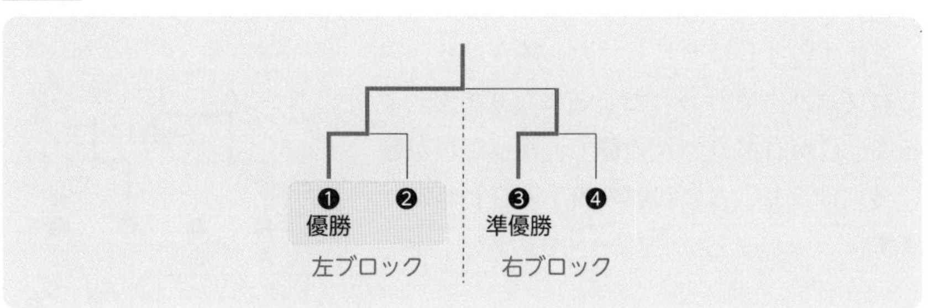

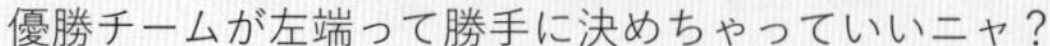

今回のトーナメント表のように**左右対称な形**の場合、特に指定がなければどのポジションを優勝させても問題ないニャ！

次に、条件を整理します。トーナメント戦では勝敗に関する条件が与えられますので、これを何らかの方法で整理するのですが、ここでは「**勝者＞敗者**」のように不等号を使って、勝者を左側に置いて条件を整理することにしましょう。

すると、条件アはＡ＞Ｂ、条件イはＢ＞Ｃと表すことができ、右側と左側に同じＢがいるので、「Ａ＞Ｂ＞Ｃ」と１つにまとめることができます。

４チームの場合、勝ち数の多い順に不等号で表すと、「**優勝＞準優勝＞初戦敗退**」となり、先ほどの「Ａ＞Ｂ＞Ｃ」がこの「優勝＞準優勝＞初戦敗退」に対応します。

優勝		準優勝		初戦敗退
Ａ	＞	Ｂ	＞	Ｃ

トーナメント表にチームを当てはめると、優勝したＡが❶で、準優勝したＢが❸なのはわかるニャ。でも初戦敗退したＣは❷と❹のどっちニャ？

ＡとＢが戦う**決勝戦以外は同じブロックで戦う**ことを思い出すニャ！

条件イの「ＣはＢに負けた」試合はＢと同じ右ブロックで行われたことになります。よって、Ｃが右ブロックの❹で、残ったＤが❷に当てはまり、Ａの初戦の相手はＤとわかります。

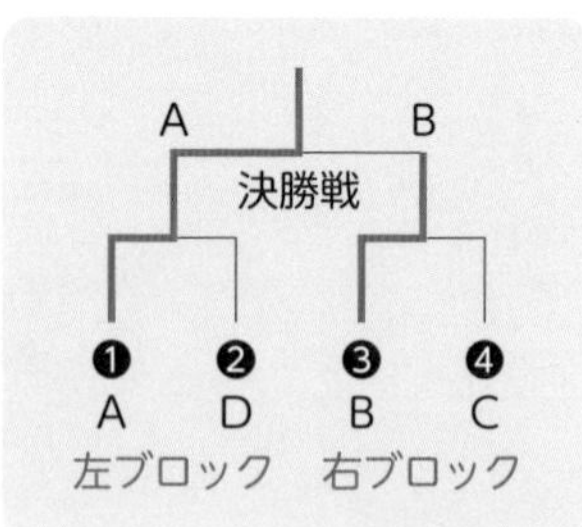

正　解　**D**

例題21

A～Hの８人が、次の図のようなトーナメント方式のバス釣り大会を行った。今、次のア～オのことが分かっているとき、確実にいえるのはどれか。

特別区Ⅲ類 2010

ア　Aは、Bに勝った。
イ　Cは、Aに勝った。
ウ　Eは、Cに負けた。
エ　Gは、Dに負けた。
オ　Hは、Cに勝った。

1　Aは、Eと対戦した。
2　Bは、Fと対戦した。
3　Cは、Gと対戦した。
4　Dは、Hと対戦した。
5　Dは、準優勝した。

左右対称なトーナメント表なので、例えば、図のように先に勝敗を書き込んでおきます。

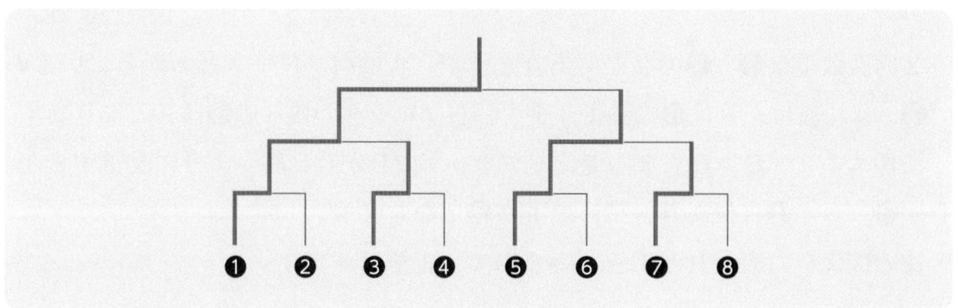

次に「勝者＞敗者」の形式で条件を整理していきますが、このうち条件ア、イ、オを１つにまとめると「**H＞C＞A＞B**」となります。

８人のトーナメント戦では、勝ち数の多い順に「**優勝＞準優勝＞２回戦敗退＞初戦敗退**」となります。これが先ほどの「H＞C＞A＞B」に対応します。

優勝		準優勝		２回戦敗退		初戦敗退
H	＞	C	＞	A	＞	B

優勝したＨは❶、準優勝したＣは❺に決定ニャ！

また、**決勝戦のＨ対Ｃ以外はすべて同じブロック内の試合**なので、右ブロックのＣと戦ったＡとＥは同じく右ブロック、右ブロックのＡと戦ったＢも右ブロックに決まります。

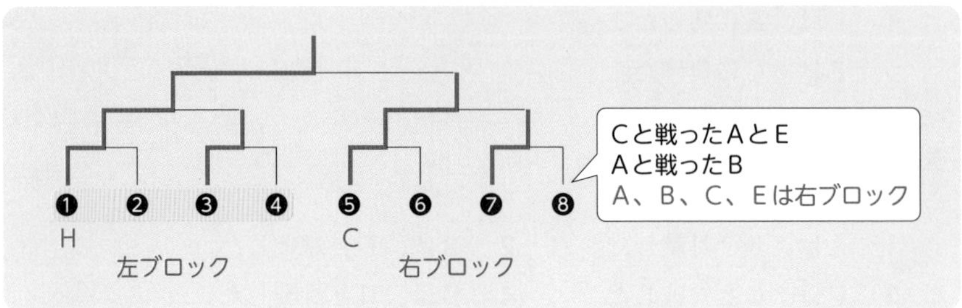

Ａ、Ｂ、Ｃ、Ｅが右ブロックとわかったので、残りのＤ、Ｆ、Ｇ、Ｈは左ブロックです。

左右どちらのブロックかわかると当てはめやすいニャ！

２回戦敗退は❸と❼の２か所ありますが、Ａは右ブロックとわかっているので❼、Ａに負けたＢは❽に決まります。右ブロックの残りの❻はＥとなります。

条件エより「**D＞G**」なので、左ブロックでＤがＧに勝つように配置すると、Ｄが❸、Ｇが❹に決まり、残ったＦが❷となります。

次の図より、ＤがＨと戦っているので、正解は**4**です。

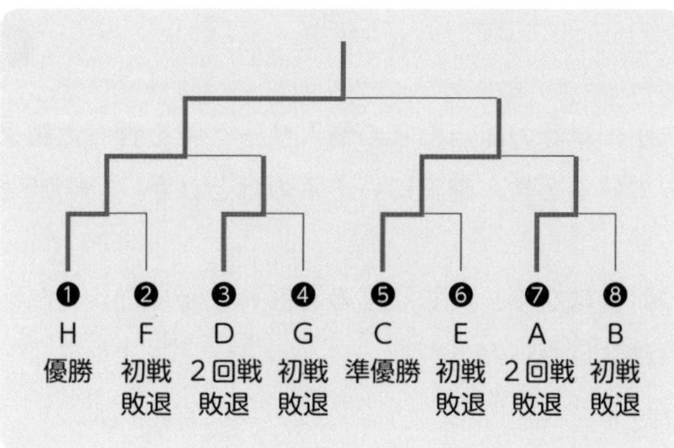

正　解　**4**

□□□

問題22

難易度 A

A～Eの５人が、卓球の総当たりの個人リーグ戦を行った結果、次のア～ウのことが分かっているとき、確実にいえるのはどれか。　特別区経験者採用 2021

ア　引き分けの試合はなく、同じ順位の者もいなかった。
イ　BはCに負け３位だった。
ウ　DはEだけに勝った。

1　Aは４位だった。
2　AはEに勝った。
3　BはAに勝った。
4　Cは１位だった。
5　Eは２位だった。

HINT　引き分けなし・同順位なし

同じ順位の者がいない、とは、５人の**勝ち数がすべて異なっていた**ことを意味します。このとき、対戦表に「○」が１つでもある人物は「０勝４敗」ではあり得ず、「×」が１つでもある人物は「４勝０敗」ではあり得ないので、**全敗した人物や全勝した人物から特定していく**とよいでしょう。

１位　４勝０敗←×が１つもない人
２位　３勝１敗
３位　２勝２敗
４位　１勝３敗
５位　０勝４敗←○が１つもない人

解説　　正解 2

条件アによれば引き分けの試合はなく、同じ順位の者もいなかったので、5人の対戦成績は「4勝0敗」、「3勝1敗」、「2勝2敗」、「1勝3敗」、「0勝4敗」の**いずれか異なる1つに当てはまります**。

まず、条件イとウの内容を対戦表に書き込みます（**表1**）。Bは3位なので2勝2敗、Eのみに勝ったDは1勝3敗で4位となります。

表1を見ると、**「○」が1つもないのはEのみ**なので、Eが0勝4敗で5位に決まります。

表1	A	B	C	D	E	勝－敗
A	＼			○		
B		＼	×	○		
C		○	＼	○		
D	×	×	×	＼	○	1－3
E				×	＼	

	勝－敗	
1位	4－0	
2位	3－1	
3位	2－2	B
4位	1－3	D
5位	0－4	E

よって、全員がEに勝ったことになるため、この段階で正解は**2**です。

Eの勝敗を書き入れると、2勝2敗のBは、DとEに勝ち、AとCに負けたことがわかります（**表2**）。

AとCの対戦結果は不明なので、AとCのどちらが4勝0敗で、どちらが3勝1敗なのはかわかりません。

表2	A	B	C	D	E	勝－敗
A	＼	○		○	○	
B	×	＼	×	○	○	2－2
C		○	＼	○	○	
D	×	×	×	＼	○	1－3
E	×	×	×	×	＼	0－4

	勝－敗	
1位	4－0	A/C
2位	3－1	
3位	2－2	B
4位	1－3	D
5位	0－4	E

□□□

問題 23

難易度 B

A～Fの6チームが、総当たり戦でフットサルの試合を行った。勝ちを2点、引き分けを1点、負けを0点として勝ち点を計算し、総勝ち点の多いチームから順位を付け、総勝ち点で同点の場合は得失点差により順位を決めた。今、次のア～カのことが分かっているとき、3位になったのはどのチームか。ただし、同一チームとの対戦は1回のみとする。

特別区Ⅰ類 2018

ア　Bは、CとFに勝った。
イ　Cは、AとDに負けた。
ウ　Dは、Fに負けなかった。
エ　Eは、A、B、Cと引き分け、得失点差によりCの下位となった。
オ　Fには引き分けはなく、得失点差によりAの上位となった。
カ　引き分けは4試合あった。

1　A
2　B
3　C
4　D
5　F

HINT 得失点差で順位が決まったチーム

CとE、AとFが得失点差で順位を決めているのは、総勝ち点がそれぞれ同点だからです。

解説

正解 5

まず、条件ア、イ、エで示される勝敗を対戦表に書き込みます。条件ウ「Dは、Fに負けなかった」によればDはFに勝ったかFと引き分けたかのいずれかですが、条件オ「Fには引き分けはなく」も考慮すると、**DがFに勝った**ことがわかります。この時点での6人の勝敗は、次のとおりです（**表1**）。ここまでにわかった勝敗に基づく総勝ち点も暫定的に入れておきます。

表1	A	B	C	D	E	F	総勝ち点
A			○		△		3点
B			○		△	○	5点
C	×	×		×	△		1点
D			○			○	4点
E	△	△	△				3点
F		×		×			0点

最終的に同点

総勝ち点が等しいときには得失点差で順位を決めたので、条件エとオより、**CとE、AとFの総勝ち点は等しかった**ことになります。

現時点でCが1点、Eが3点であり、勝ち点の低いCが残り1試合です。よって、**CとEの総勝ち点を等しくするには、Cが残り1試合に勝ち、Eが残り2試合に負けてともに3点にするしかありません**。

次に、AとFの総勝ち点について考えます。現時点でAが3点、Fが2点であり、勝ち点の低いFが残り1試合です。Fは引き分けなかったので、**AとFの総勝ち点を等しくするには、Fが残り1試合に勝ち、Aが残り3試合のうち1試合を引き分け、2試合に負けてともに4点にするしかありません**（**表2**）。

表2	A	B	C	D	E	F	総勝ち点
A			○		△		3点
B			○		△	○	5点
C	×	×		×	△	○	3点
D			○		○	○	6点
E	△	△	△	×		×	3点
F		×	×	×	○		2点

最終的に同点

AとFは4点、CとEは3点に確定し、BとDは残り試合が判明していませんが、Bは5点以上、Dは6点以上が確定しています（**表3**）。よって、DとBが1位と2位、3位は4点のAとFのうち得失点差でFとなるので、正解は

5 です。

表3	A	B	C	D	E	F	総勝ち点
A			○		△	×	4点
B			○		△	○	5点以上
C	×	×		×	△	○	3点
D			○		○	○	6点以上
E	△	△	△	×		×	3点
F	○	×	×	×	○		4点

問題 24

難易度 A

A～Hの８チームが、次の図のようなトーナメント戦で、ラグビーの試合を行った。今、トーナメント戦の結果について、次のア～ウのことが分かっているとき、確実にいえるのはどれか。ただし、引き分けた試合はなかった。

特別区Ⅰ類 2016

ア　Bは、Fに負けた。
イ　Dは、Cと対戦した。
ウ　Eは、Fに勝ったが、Aに負けた。

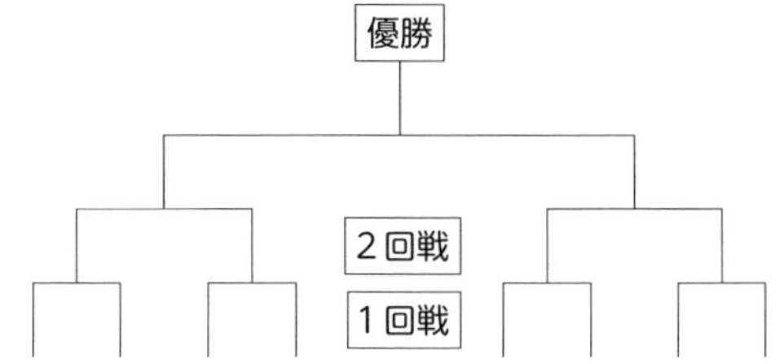

1　Bは、２回戦で負けた。
2　Cは、Aと対戦しなかった。
3　Dは、１回戦に勝った。
4　Eは、Hと対戦した。
5　Gは、１回戦で負けた。

HINT　８チームのトーナメント戦

「勝者＞敗者」の形式で表すと、以下のように結果が決まります。

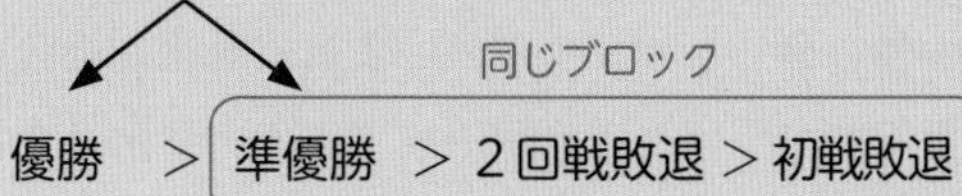

第1編　第5章　勝敗

解説　　　　正解 5

8チームの左右対称なトーナメント表なので、次のように勝ち進み方を決めてしまい、説明の便宜上各ポジションを❶〜❽とします。

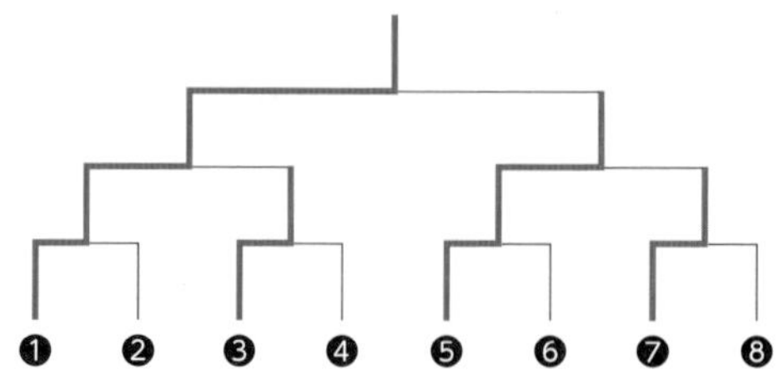

「勝者＞敗者」の形式で条件ア、ウを整理すると「A＞E＞F＞B」となり、**4チーム分の勝敗のまとまり**ができます。8チームのトーナメント戦では、勝ち数の多い順に「**優勝＞準優勝＞2回戦敗退＞初戦敗退**」となるので、これが4チームの勝敗に1つずつ順に当てはまります。

優勝		準優勝		2回戦敗退		初戦敗退
A	＞	E	＞	F	＞	B

優勝したAは❶、準優勝したEは❺と決まり、Eと2回戦で戦って負けたFは❼、Fに負けたBは❽と決まります。

さらに、条件イよりCとDが対戦していますが、この2チームが対戦できるポジションが❸と❹しか残っていません。CとDのいずれかが❸、もう一方が❹となります。

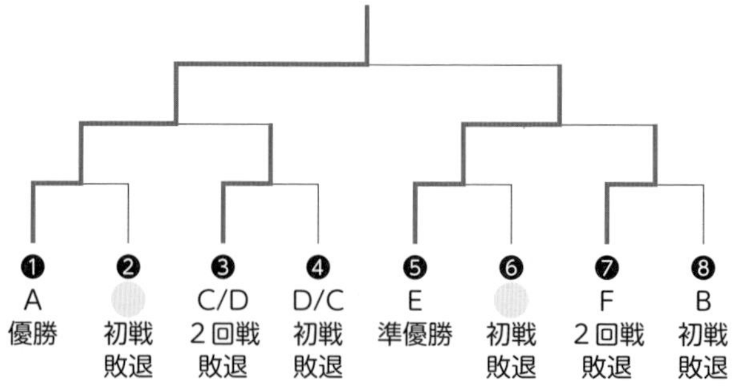

残ったGとHが❷と❻となりますが、**いずれにせよ初戦敗退**となります。

よって、Gが1回戦で負けたことが決まるので、正解は**5**です。

□□□

問題 25

難易度 B

A～Fの6チームによって図のようなバレーボールのトーナメント戦が行われた。その結果について、次のことが分かっているとき、確実にいえるものとして最も妥当なのはどれか。

国家専門職 2021

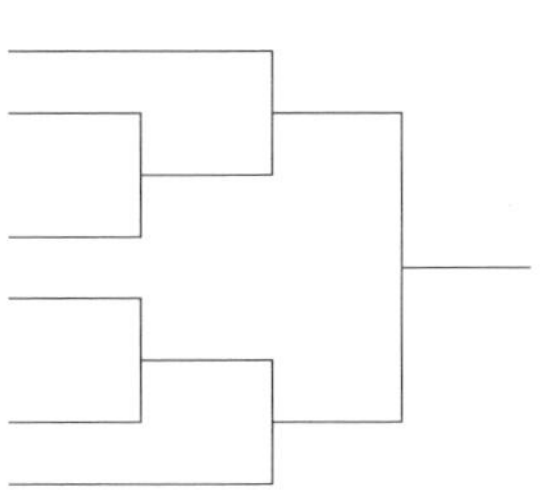

○　試合数が3回のチームは、1チームのみであった。

○　優勝したチームの試合数は2回であった。

○　Aチームは、自身にとっての2試合目で負けた。

○　BチームとCチームは、どちらも最初の試合で負けた。

○　Dチームの初戦の相手はEチームであり、その試合はEチームにとっての2試合目であった。

1　Aチームは、1試合目でCチームと対戦した。

2　Bチームは、1試合目でAチームと対戦した。

3　Dチームは、Bチームとも対戦し、優勝した。

4　Eチームは、Fチームとも対戦し、準優勝した。

5　Fチームは、Aチームとも対戦し、準優勝した。

HINT　変則的なトーナメント表

今回は6チームが参加し、左右対称なトーナメント表ではあるものの、うち2チームが1回戦を免除されるため、ポジションによって試合数が異なる点に注意が必要です。優勝、準優勝のチームがトーナメント表のどこに当たるか考えてみましょう。

解説　　正解 4

説明の便宜上、トーナメント表に❶〜❻を振ると、❶と❻のチームが１回戦免除チームとなります。

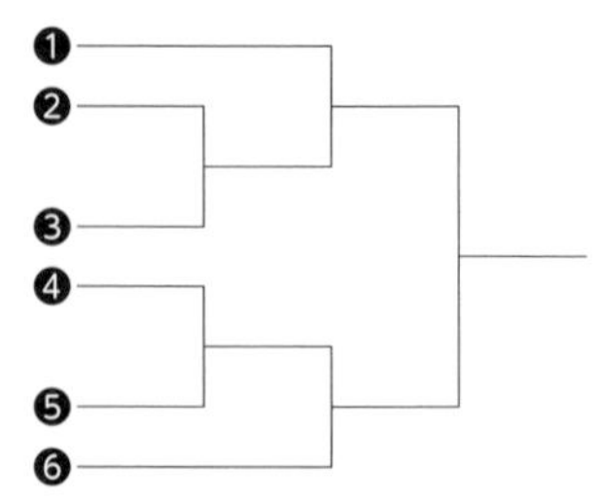

このトーナメント表では**各チームが優勝するまでに経る試合数が異なり**、❶、❻に該当するチームは２試合、❷〜❺に該当するチームは３試合となります。

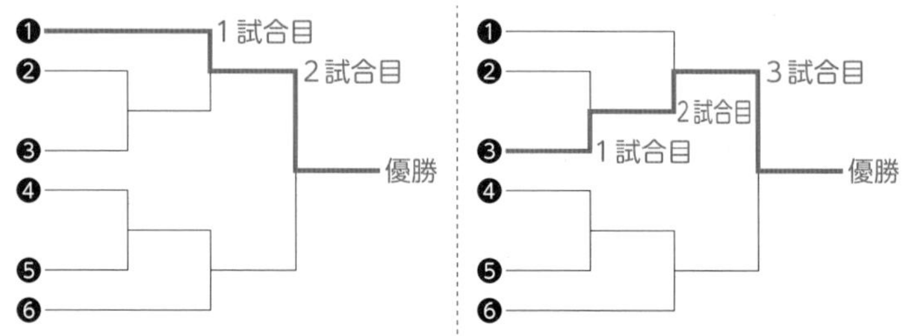

２つ目の条件より、優勝したチームが２回試合をしているので、**❶か❻のチームが優勝**したことになります。また、１つ目の条件にある「試合数が３回」となるには、❷〜❺から決勝戦まで進まなければならないので、**❷〜❺のチームが準優勝**したことになります。

これらを考慮すると、一例として次のような勝ち進み方となります。

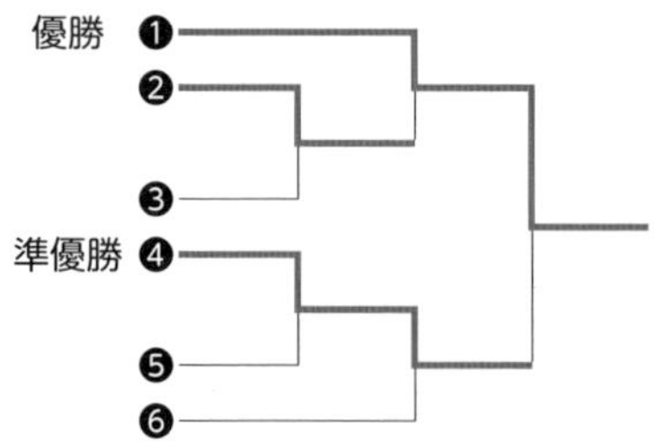

３つ目の条件にある「自身にとって２試合目で負けた」のは❷のみなので、Ａが❷に決まります。

５つ目の条件によれば２試合目のＥと初戦のＤが戦っています。**Ｄのほうが１試合少ない**ことからＤが❶か❻とわかりますが、❶の初戦の相手はＡなので、Ｄは❻、Ｄが初戦で戦ったＥが❹と決まります。

次に４つ目の条件を考えますが、最初の試合に負けたチームを当てはめられるのは、残り❸と❺のみです。一方がＢで、もう一方がＣに決まるので、❸と❺に「Ｂ／Ｃ」と「Ｃ／Ｂ」と書き入れておきます。さらに、残った❶がＦに決まります。

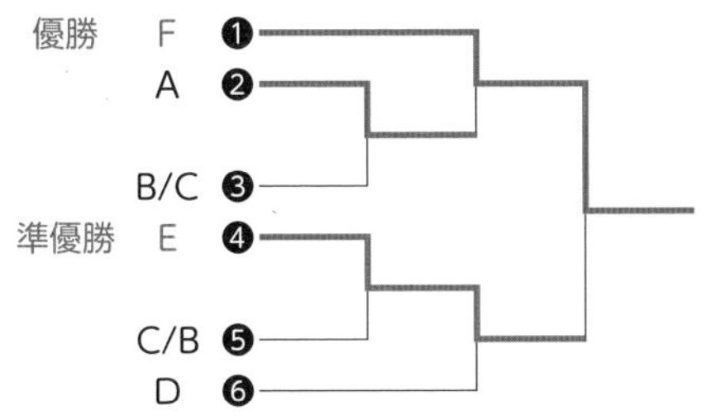

ＥがF決勝戦でＦに敗れて準優勝したので、正解は**4**です。

第1編 第5章 勝敗

第1編

判断推理

第6章

命　題

重要度 ★★★

第1節 命題の基本

論理的に判断して確実にいえるものを考える問題です。三段論法や対偶などの基本をマスターしましょう。

例題22

ある中学校の生徒に好きな教科を聞いたところ、次のことがわかっているとき、この中学校の生徒に関して、確実にいえるのはどれか。

オリジナル

ア　英語が好きな生徒は、国語も好きである。
イ　国語が好きな生徒は、社会も好きである。
ウ　社会が好きな生徒は、理科が好きではない。

1　社会が好きな生徒は、英語が好きである。
2　理科が好きな生徒は、国語が好きである。
3　国語が好きな生徒は、理科が好きである。
4　英語が好きな生徒は、社会が好きではない。
5　英語が好きな生徒は、理科が好きではない。

急に国語みたいな問題になったニャ…！

例えば条件ア「英語が好きな生徒は、国語も好きである」は、「そんな傾向がある」といった意味ではなく、「英語が好きな生徒は、**絶対に**、国語も好きである」という意味です。ア～ウのような文を**命題**（めいだい）といいます。

ここではまず、命題を**記号化**する方法を身につけるニャ！

STUDY 命題の表し方

「英語が好き」は「英語」と表し、「理科が好きではない」のように否定を伴う命題は上にバーを付けて「$\overline{\text{理科}}$」と表します。

「英語が好きな生徒は、国語も好きである」は、「**英語 → 国語**」と、矢印で表します。

ア　英語 → 国語　　イ　国語 → 社会　　ウ　社会 → $\overline{\text{理科}}$

次に、**命題どうしをまとめて考える方法**を押さえるニャ！

STUDY 三段論法

「A → B」、「B → C」という命題がともに成り立つとき、「A → B → C」とし、これより「A → C」という命題を導くことを**三段論法**（さんだんろんぽう）といいます。

これを使うと、矢印の右側に「国語」がある命題と、矢印の左側に「国語」がある命題を1つにまとめ、「英語 → 社会」という命題を導くことができます。

ア「英語 → 国語」とイ「国語 → 社会」 ➡ 「英語 → 国語 → 社会」

ニャるほど…すると、「英語 → 国語 → **社会**」と「**社会** → $\overline{\text{理科}}$」も1つにまとめられるニャ！

「**英語** → 国語 → 社会 → $\overline{\textbf{理科}}$」より、「**英語** → $\overline{\textbf{理科}}$」がいえるので、「英語が好きな生徒は、理科が好きではない」が成り立ち、正解は **5** です。

正解 **5**

例題23

あるグループにおけるスポーツの好みについて、次のアとイのことがわかっているとき、確実にいえるのはどれか。　オリジナル

ア　卓球が好きな人は、水泳が好きではない。
イ　野球が好きな人は、水泳が好きである。

1　野球が好きでない人は、水泳が好きではない。
2　卓球が好きでない人は、水泳が好きである。
3　野球が好きな人は、卓球が好きである。
4　卓球が好きな人は、野球が好きである。
5　卓球が好きな人は、野球が好きではない。

さっきの例題みたいにアとイの命題をつなげられないニャ…。

こんなときは、**対偶**を使ってみるニャ！

STUDY　対偶とは

「スズメならば、鳥である」のように、必ず正しいことを「真（しん）」といいます。

「スズメ」と「鳥」を「スズメではない」、「鳥ではない」と**肯定と否定を逆にし、矢印の左右を入れ替える**と「鳥でないならば、スズメではない」となります。これを対偶（たいぐう）と呼び、もとの命題が真なら対偶も必ず真になります。ある命題の対偶となる命題を作ることを「対偶を取る」と表現します。

[もとの命題]　スズメならば鳥である…真

[対偶]　鳥でないならば、スズメではない…真

命題の問題では基本的にもとの命題を記号化するとともに**それぞれ対偶を取っておきましょう**。アとイの2つの命題の対偶を取ってつなげます。

	もとの命題	対偶
ア	卓球 → $\overline{\text{水泳}}$	水泳 → $\overline{\text{卓球}}$
イ	野球 → 水泳	$\overline{\text{水泳}}$ → $\overline{\text{野球}}$

対偶を取ったことで、まとめて「卓球 → $\overline{\text{水泳}}$ → $\overline{\text{野球}}$」と「野球 → 水泳 → $\overline{\text{卓球}}$」が作れるニャ！

	もとの命題	対偶
ア	卓球 → $\overline{\text{水泳}}$	水泳 → $\overline{\text{卓球}}$
イ	野球 → 水泳	$\overline{\text{水泳}}$ → $\overline{\text{野球}}$

	もとの命題	対偶
ア	卓球 → $\overline{\text{水泳}}$	水泳 → $\overline{\text{卓球}}$
イ	野球 → 水泳	$\overline{\text{水泳}}$ → $\overline{\text{野球}}$

「卓球が好きな人は、野球が好きではない」が成り立つので、正解は**5**です。次のように、選択肢を1つずつ確認してもかまいません。

1 ✕ 「$\overline{\text{野球}}$」から始まるものがもとの命題と対偶の中にありません。

2 ✕ 「$\overline{\text{卓球}}$」から始まるものがもとの命題と対偶の中にありません。

3 ✕ 「卓球」で終わるものがもとの命題と対偶の中にありません。

4 ✕ 「野球」で終わるものがもとの命題と対偶の中にありません。

5 ○ 「卓球 → $\overline{\text{水泳}}$」と「$\overline{\text{水泳}}$ → $\overline{\text{野球}}$」をまとめて、「卓球 → $\overline{\text{水泳}}$ → $\overline{\text{野球}}$」となるので、三段論法により「卓球 → $\overline{\text{野球}}$」が成り立ち、「卓球が好きな人は、野球が好きではない」といえます。

正 解 **5**

重要度 ★★★

第2節 命題の分割

命題の中に「かつ」、「または」、「AとB」、「CかD」など、複雑な表現が出てきた場合、命題を分割して単純化できる場合があります。

例題24

ある予備校で、A、B、C、D、Eの５種類の講座を開いた。その後、各講座の受講状況についてアンケートを取ったところ、次のア、イのことがわかった。

このとき、確実にいえるのはどれか。　オリジナル

ア　Aの講座を受講している学生は、BとCの講座を受講している。
イ　CかDの講座を受講している学生は、Eの講座を受講している。

1　Eの講座を受講していない学生は、Aの講座を受講している。
2　Bの講座を受講していない学生は、Cの講座を受講していない。
3　Eの講座を受講していない学生は、Aの講座を受講していない。
4　Cの講座を受講している学生は、Aの講座も受講している。
5　Aの講座を受講している学生は、Eの講座を受講していない。

「BとC」とか、「CかD」の部分が記号化できないニャ…。

こんなときは、「**命題の分割**」という方法を使ってみるニャ！

命題ア「A → (BとC)」のように、**矢印の右側が「BとCの両方である」**ことを表していれば、命題を「A → B」と「A → C」に分けられます。

命題イ「(CかD) → E」のように、**矢印の左側が「CかDのどちらか（両方も可）である」**ことを表していれば、命題を「C → E」と「D → E」に分けられます。

矢印の右と左で、分割できるかどうかの条件が違ってるニャ…。

STUDY 命題の分割

矢印の右側が、「両方」を表す「AかつB、AもBも、AとB」ならば、分割できます。

例1）森先生は、数学の教師であり、かつ、バレー部の顧問でもある。

森先生は、確実に数学の教師であり、バレー部の顧問なので、「森先生 → 数学の教師」と「森先生 → バレー部の顧問」に分割できます。

例2）田中先生は、野球部の顧問またはサッカー部の顧問である。

田中先生は、確実に野球部の顧問だと断言できないので、「田中先生 → 野球部の顧問」のように分割できません。

矢印の左側が、「片方または両方」を表す「AまたはB、AかB、AもしくはB」などであれば、分割できます。

例3）晴れかくもりなら、明日遠足に行ける。

晴れでもくもりでも遠足に行けるので、「晴れ → 遠足」と「くもり → 遠足」に分割できます。

例4）晴れかつ水温20℃以上なら、明日水泳の授業がある。

晴れと水温20℃以上の両方の条件が必要です。よって、たとえ晴れていても、水温が20℃未満であれば水泳の授業はないので、「晴れ → 水泳」のように分割することができません。

※命題の「または」は、「片方もしくは両方」であることを示します。

今回はア「A → (BとC)」、イ「(CかD) → E」なので、両方とも分割でき、「A → B」、「A → C」、「C → E」、「D → E」になります。

「A → C」と「C → E」をつなげると、「A → C → E」となり、三段論法により「A → E」といえます。

「Aの講座を受講している学生は、Eの講座も受講している」という選択肢は見当たらないニャ…。

じゃあ、「A → E」の**対偶を取ってみる**ニャ！

ニャるほど！ 「$\overline{E}$ → $\overline{A}$」で「Eの講座を受講していない学生は、Aの講座を受講していない」なので、**3**が正解ニャ！

選択肢を1つずつ確認して解く場合は、以下のようになります。

	もとの命題	対偶
ア	A → B …❶ A → C …❷	$\overline{B}$ → $\overline{A}$ …❺ $\overline{C}$ → $\overline{A}$ …❻
イ	C → E …❸ D → E …❹	$\overline{E}$ → $\overline{C}$ …❼ $\overline{E}$ → $\overline{D}$ …❽

1 ✖ ❶〜❽に「A」で終わるものがないので確実にはいえません。

2 ✖ Bの講座を受講していないことより、❺「$\overline{B}$ → $\overline{A}$」ですが、「$\overline{A}$」から始まるものがないので確実にはいえません。

3 ○ ❼と❻より「$\overline{E}$ → $\overline{C}$ → $\overline{A}$」となり、「$\overline{E}$ → $\overline{A}$」がいえます。

4 ✖ ❶〜❽に「A」で終わるものがないので確実にはいえません。

5 ✖ ❶〜❽に「$\overline{E}$」で終わるものがないので確実にはいえません。

正解 **3**

例題25

あるクラスの学生に、得意な科目についてアンケートを取ったところ、次のア～ウのことがわかった。これらから判断して、確実にいえるのはどれか。　オリジナル

ア　経済学もしくは行政学が得意な学生は、憲法が得意である。
イ　社会学が得意ではない学生は、憲法が得意ではない。
ウ　社会学が得意な学生は、政治学と教育学が得意ではない。

1　経済学が得意な学生は、教育学が得意である。
2　経済学が得意な学生は、政治学が得意ではない。
3　社会学が得意な学生は、経済学が得意である。
4　経済学が得意ではない学生は、行政学が得意である。
5　行政学が得意な学生は、社会学が得意ではない。

選択肢を１つずつ確認すると、以下のようになります。

	もとの命題	対偶
ア	経済学 → 憲法　…❶ 行政学 → 憲法　…❷	$\overline{\text{憲法}}$ → $\overline{\text{経済学}}$　…❻ $\overline{\text{憲法}}$ → $\overline{\text{行政学}}$　…❼
イ	$\overline{\text{社会学}}$ → $\overline{\text{憲法}}$　…❸	憲法 → 社会学　…❽
ウ	社会学 → $\overline{\text{政治学}}$　…❹ 社会学 → $\overline{\text{教育学}}$　…❺	政治学 → $\overline{\text{社会学}}$　…❾ 教育学 → $\overline{\text{社会学}}$　…❿

1　✕　❶～❽の中に「教育学」で終わるものがないので確実にはいえません。

2　○　❶、❽、❹をつなげて、三段論法で「経済学 → $\overline{\text{政治学}}$」がいえます。

3　✕　❶～❽の中に「経済学」で終わるものがないので確実にはいえません。

4　✕　❶～❽の中に「$\overline{\text{経済学}}$」から始まるものがないので確実にはいえません。

5　✕　❷、❽をつなぐと「行政学 → 憲法 → 社会学」となり、三段論法により「行政学が得意な学生は、社会学が得意だ」といえるので誤りです。

選択肢を１つずつ確認するほかに、１つの**大きなまとまりの図**を描いて解くこともできるニャ！

アを分割した「経済学 → **憲法**」や「行政学 → **憲法**」と、イの「$\overline{\text{社会学}}$ → $\overline{\text{憲法}}$」がつなげられないニャ…。

そのようなときは、イの対偶を取るといいニャ！

アの「経済学 → 憲法」や「行政学 → 憲法」に、イの対偶の「憲法 → 社会学」をつなげます。

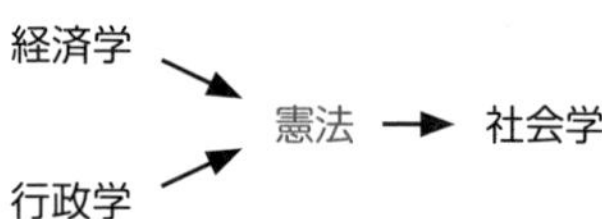

あとは、ウを分割して、「社会学 → $\overline{\text{政治学}}$」と「社会学 → $\overline{\text{教育学}}$」です。「社会学」から２本矢印を出して「$\overline{\text{政治学}}$」と「$\overline{\text{教育学}}$」につなげます。

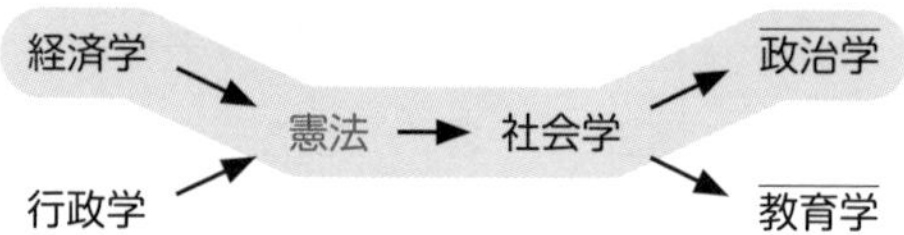

「経済学」から始まって、「$\overline{\text{政治学}}$」までつながっているので、「**経済学 → $\overline{\text{政治学}}$**」がいえます。

この図で選択肢に当てはまるものがなければ、選択肢の対偶を取って確認してみてください。

正 解 **2**

□□□

問題26

難易度 A

ある会社の社員の所有している物について調べたところ、次のア〜エのことがわかった。

ア　自転車を所有している社員は、パソコンを所有している。
イ　オートバイを所有している社員は、デジタルカメラを所有している。
ウ　デジタルカメラを所有していない社員は、パソコンを所有していない。
エ　パソコンを所有している社員は、オートバイを所有していない。

以上から判断して、正しいのはどれか。　東京都Ⅲ類 2011

1　自転車を所有している社員は、オートバイを所有している。
2　自転車を所有している社員は、デジタルカメラを所有している。
3　デジタルカメラを所有している社員は、パソコンを所有している。
4　デジタルカメラを所有している社員は、オートバイを所有している。
5　オートバイを所有している社員は、自転車を所有している。

HINT 命題をつなげる

ア　自転車を所有している社員は、パソコンを所有している。
ウ　デジタルカメラを所有していない社員は、パソコンを所有していない。
エ　パソコンを所有している社員は、オートバイを所有していない。

アとウの結論部分は、一方が「パソコンを所有している」で、もう一方が「パソコンを所有していない」です。このようなときは、どちらかの対偶を取ると命題どうしをつなげることができます。

ウの対偶を取ると、「パソコンを所有している」が３回登場するので、まずは「パソコンを所有している」を１つにまとめておき、選択肢を確認してみましょう。

解説　　　　　　　　　　　　　　　　　　　　　　　　正解 2

自転車、パソコン、オートバイ、デジタルカメラを所有していることをそれぞれ「自転車」、「パソコン」、「オートバイ」、「デジタルカメラ」として命題を記号化し、それぞれ**対偶を取る**と以下のようになります。

	もとの命題	対偶
ア	自転車 → パソコン　…❶	$\overline{\text{パソコン}}$ → $\overline{\text{自転車}}$　…❺
イ	オートバイ → デジタルカメラ　…❷	$\overline{\text{デジタルカメラ}}$ → $\overline{\text{オートバイ}}$　…❻
ウ	$\overline{\text{デジタルカメラ}}$ → $\overline{\text{パソコン}}$　…❸	パソコン → デジタルカメラ　…❼
エ	パソコン → $\overline{\text{オートバイ}}$　…❹	オートバイ → $\overline{\text{パソコン}}$　…❽

1　✕　「オートバイ」で終わるものが❶～❽の中にないので、確実にはいえません。

2　○　❶と❼をつなげると、「自転車 → パソコン → デジタルカメラ」となるので、自転車を所有している社員は、デジタルカメラを所有しているといえます。

3　✕　「デジタルカメラ」で始まるものが❶～❽の中にないので、確実にはいえません。

4　✕　「デジタルカメラ」で始まるものも「オートバイ」で終わるものも❶～❽の中にないので、確実にはいえません。

5　✕　「自転車」で終わるものが❶～❽の中にないので、確実にはいえません。

なお、**何回も出てくる記号に注目**し、１つにまとめてから選択肢を確認すると速く解くことができます。

アとエに「パソコン」が登場し、ウには「$\overline{\text{パソコン}}$」が登場します。
ウは対偶を取って、「パソコン → デジタルカメラ」とします。

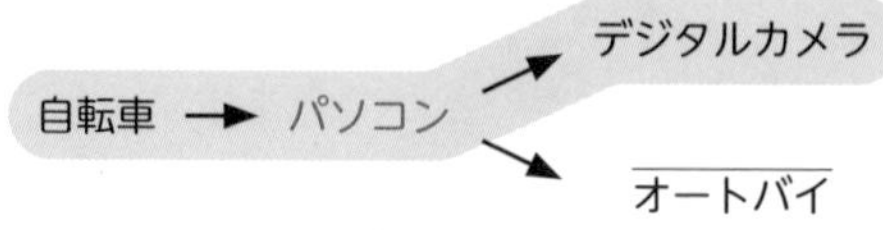

「自転車 → パソコン → デジタルカメラ」より、**2**の「自転車を所有している社員は、デジタルカメラを所有している」が正解となります。

□□□

問題 27

難易度 A

ある中学校の生徒に好きな教科を聞いたところ、次のことが分かった。

ア　数学が好きな生徒は、国語も好きである。
イ　数学が好きでない生徒は、理科も好きでない。
ウ　社会が好きな生徒は、国語も理科も好きである。

以上から判断して、この中学校の生徒に関して、確実にいえるのはどれか。

東京都Ⅰ類 2019

1　国語が好きな生徒は、理科も好きである。
2　数学が好きな生徒は、社会が好きでない。
3　理科が好きな生徒は、国語も好きである。
4　理科が好きでない生徒は、数学も好きでない。
5　社会が好きでない生徒は、国語も理科も好きでない。

解説

正解　3

ウは、**「社会 → 国語」と、「社会 → 理科」に分割できます**。各命題を記号化し、対偶を取ると以下のようになります。

	もとの命題	対偶
ア	数学 → 国語　…❶	$\overline{\text{国語}}$ → $\overline{\text{数学}}$　…❺
イ	$\overline{\text{数学}}$ → $\overline{\text{理科}}$　…❷	理科 → 数学　…❻
ウ	社会 → 国語　…❸	$\overline{\text{国語}}$ → $\overline{\text{社会}}$　…❼
	社会 → 理科　…❹	$\overline{\text{理科}}$ → $\overline{\text{社会}}$　…❽

これら❶～❽を組み合わせて、選択肢を調べます。

1　✕　「国語」から始まるものが❶～❽にないので、確実にはいえません。

2　✕　❶より、「数学 → 国語」ですが、次に「国語」から始まるものがないので、これ以上のことがわかりません。

3　○　❻、❶をつなげて「理科 → 数学 → 国語」となり、「理科が好きな生徒は、国語も好きである」といえます。

4　✕　❽より、「$\overline{\text{理科}}$ → $\overline{\text{社会}}$」ですが、次に「$\overline{\text{社会}}$」から始まるものがないので、これ以上のことがわかりません。

5　✕　「$\overline{\text{社会}}$」から始まるものが❶～❽にないので、確実にはいえません。

なお、上の表の❹、❻、❶、❸を１つにまとめると次のようになります。

社会 → 理科 → 数学 → 国語
（社会 →❹ 理科 →❻ 数学 →❶ 国語、社会から国語へ❸）

これによっても**「理科 → 国語」が確実にいえる**ことがわかります。

□□□

問題 28

難易度 **B**

あるグループにおけるスポーツの好みについて、次のア～エのことが分かっているとき、確実にいえるのはどれか。 特別区Ⅰ類 2018

ア　野球が好きな人は、ゴルフが好きである。
イ　ゴルフが好きな人は、ラグビーとバスケットボールの両方が好きである。
ウ　サッカーが好きな人は、野球かラグビーが好きである。
エ　テニスが好きでない人は、バスケットボールが好きではない。

1　野球が好きな人は、テニスが好きである。
2　テニスが好きな人は、ゴルフが好きである。
3　ラグビーが好きな人は、サッカーが好きである。
4　ゴルフが好きでない人は、サッカーが好きではない。
5　バスケットボールが好きでない人は、テニスが好きではない。

解説　　　正解 1

「バスケットボールが好き」を「バスケ」と表し、同様に各スポーツの「好き／好きではない」も記号化しておきます。

イ「ゴルフが好きな人は、ラグビーとバスケットボールの両方が好きである」は、「ゴルフ → ラグビー」と「ゴルフ → バスケ」に分割できます。

ただし、ウの**「サッカーが好きな人は、野球かラグビーが好きである」は、分割することができません**。

ア、イ、エを記号化し、対偶を取ると以下のようになります。

	もとの命題	対偶
ア	野球 → ゴルフ …❶	$\overline{\text{ゴルフ}}$ → $\overline{\text{野球}}$ …❺
イ	ゴルフ → ラグビー …❷	$\overline{\text{ラグビー}}$ → $\overline{\text{ゴルフ}}$ …❻
	ゴルフ → バスケ …❸	$\overline{\text{バスケ}}$ → $\overline{\text{ゴルフ}}$ …❼
エ	$\overline{\text{テニス}}$ → $\overline{\text{バスケ}}$ …❹	バスケ → テニス …❽

❶、❸、❽をつなげると、「野球 → ゴルフ → バスケ → テニス」となるので、「野球 → テニス」といえます。よって、正解は**1**です。

なお、イを分割した「ゴルフ → バスケ」と、アを「ゴルフ」で、エの対偶を「バスケ」でつなげてまとめることでも、「野球 → ゴルフ → バスケ → テニス」となり、「野球 → テニス」となることが確認できます。

第1編

判断推理

第7章

集合

重要度 ★★★

ベン図と集合

公務員試験では３つの集合を題材にした問題が頻出です。まずはベン図の使い方をマスターしましょう。

例題26

小学生20人に、国語、算数、理科を好きかどうかを質問するアンケートを行ったところ、算数を好きと答えた生徒が10人、理科を好きと答えた生徒が８人、国語だけを好きと答えた生徒が３人、算数だけを好きと答えた生徒が５人、理科だけを好きと答えた生徒が２人、国語と算数を好きと答えた生徒が４人、国語も算数も理科も好きではないと答えた生徒が２人であった。

このとき、国語も算数も理科も好きと答えた生徒は何人か。 オリジナル

何だか頭がこんがらがってくる問題ニャ…。

図を描いて整理するとスッキリするニャ！

例題では、「国語を好きと答えたグループ」、「算数を好きと答えたグループ」、「理科を好きと答えたグループ」の３つのグループが登場します。このグループのことを**集合**（しゅうごう）といいます。

この集合に関する情報を整理するのに、ベン図という図を使うことができます。集合を表す円を描き、**円の中には「集合に当てはまる数」、円の外には「集合に当てはまらない数」を書き入れます**。

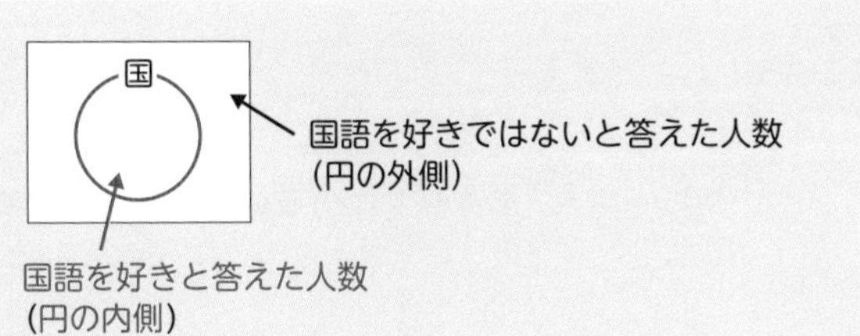

ベン図において集合を表す円どうしが重なるとき，それぞれの領域は次のような意味を持ちます。

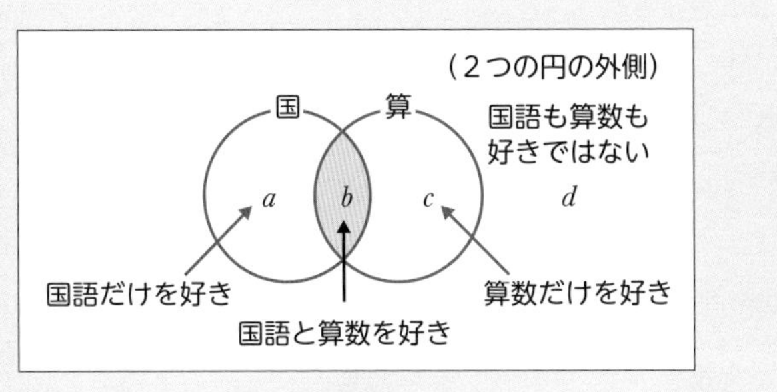

円が重なった領域の b は、「国語の円」の中にも「算数の円」の中にも入っているから、「**国語と算数の両方とも好き**」というわけニャ！

例題のような３つの集合をベン図で表現すると、次のように a ～ h の８つの領域に分かれます。

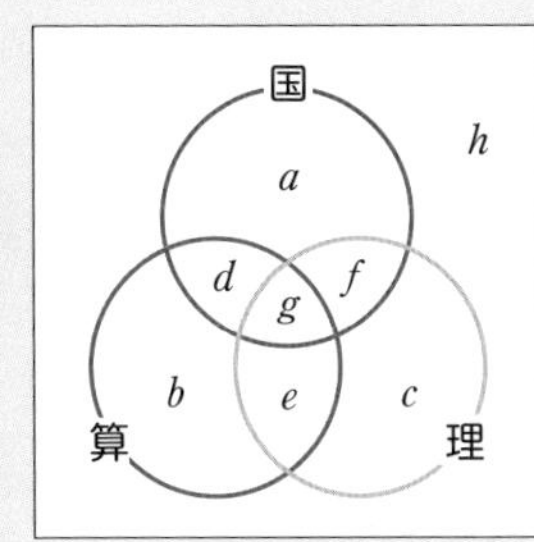

第1編
第7章 集合

一気に領域が８つになったニャ…

８つの領域が何の人数を表しているのかを押さえておけば大丈夫ニャ！

STUDY ベン図と集合

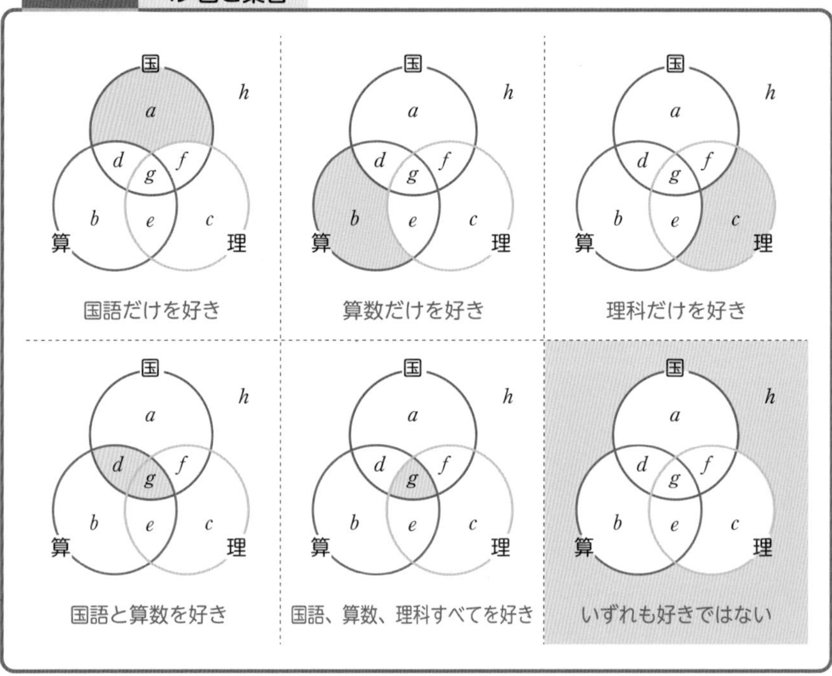

問題文より人数がわかっている領域に数を入れていくニャ！
「国語と算数を好き」が４人だから、d と g を合わせると４人ニャ！

人数がわかっている集合の合計や、総数で式を立てます。

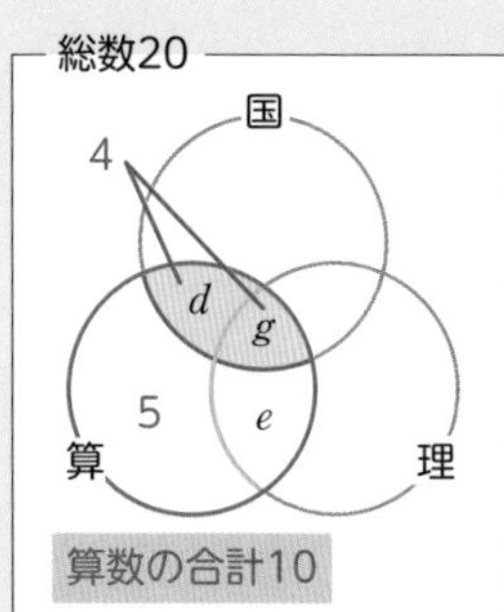

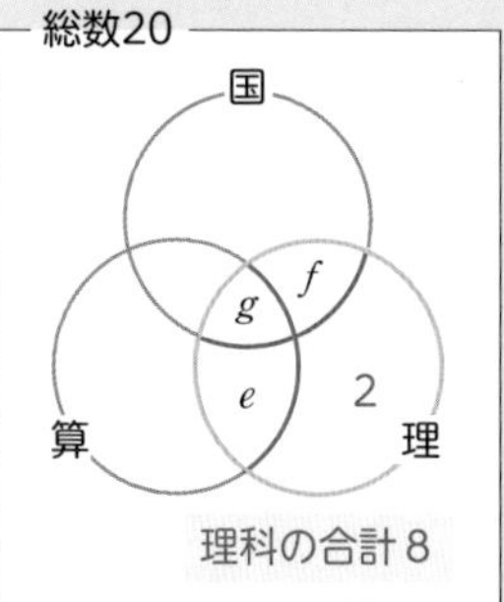

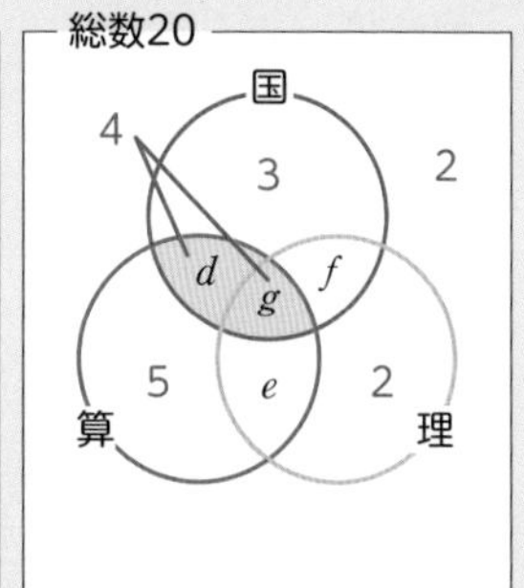

結局、何を求めればいいかわからないニャ…。

「国語も算数も理科も好きと答えた生徒」だから、3つの円が重なったgの値を求めればいいニャ！

$d+g=4$であることを踏まえて式を立てると、以下のようになります。

　算数の合計：$4+5+e=10$より、$e=1$　……①

　理科の合計：$2+e+f+g=8$より、$e+f+g=6$　……②

　総数：$3+4+5+e+f+2+2=20$より、$e+f=4$　……③

①の$e=1$を③に代入して解くと$f=3$となります。

$e=1$、$f=3$を②の式に代入すると、$1+3+g=6$より、$g=2$となります。

よって、国語も算数も理科も好きと答えた生徒の人数は2人です。

ベン図を見ながら答えを出してもいいニャ！

第1編

第7章　集合

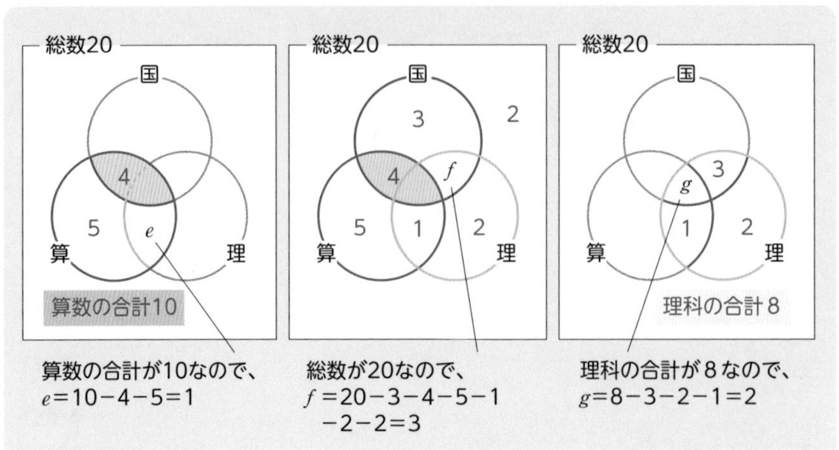
総数20
国
4
5
e
算
理
算数の合計10
算数の合計が10なので、
e=10−4−5=1
総数20
国
3
2
4
f
5
1
2
算
理
総数が20なので、
f =20−3−4−5−1
−2−2=3
総数20
国
g
3
1
2
算
理
理科の合計8
理科の合計が８なので、
g=8−3−2−1=2

正　解　2人

例題27

海外旅行の経験について100人を対象に調査したところ、アメリカに行ったことがある人は20人、韓国に行ったことがある人は30人、フランスに行ったことがある人は25人いた。また、アメリカだけに行ったことがある人は10人、フランスだけに行ったことがある人は13人、アメリカとフランスの２国だけに行ったことがある人は３人いた。

このとき、アメリカ、韓国、フランスのいずれの国にも行ったことがない人は何人いるか。

オリジナル

集合の問題では、問題文の細かい表現に注意ニャ！

「アメリカに行ったことがある」と、「アメリカだけに行ったことがある」は異なるので注意してください。

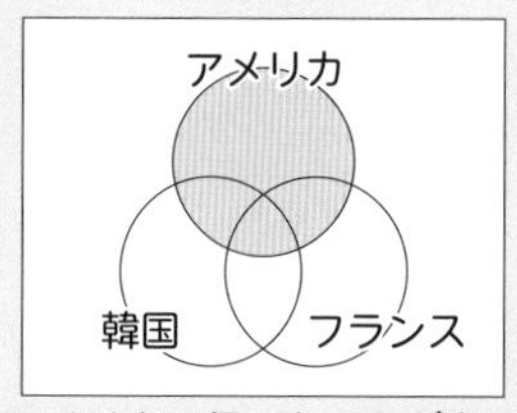

アメリカに行ったことがある

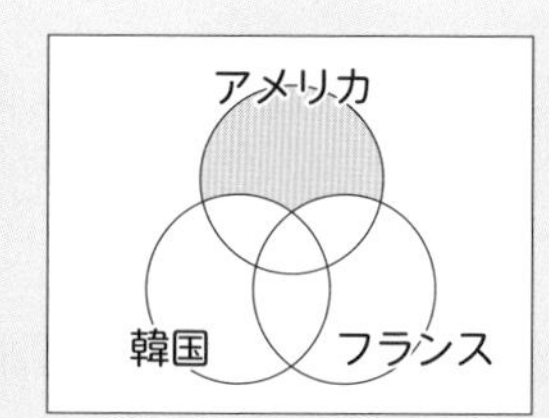

アメリカだけに行ったことがある

これと同様に、「アメリカとフランスの２国だけに行ったことがある」という情報を「アメリカとフランスの２国に行ったことがある」ときちんと区別しましょう。

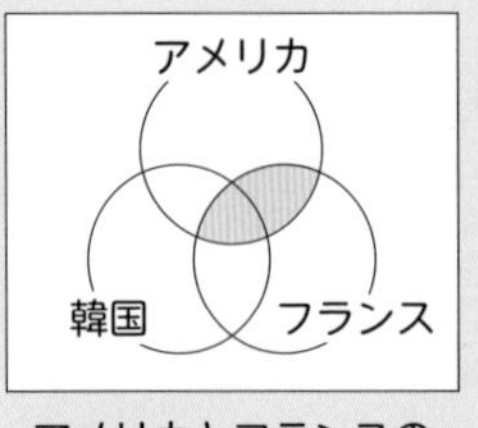

アメリカとフランスの
2国に行ったことがある

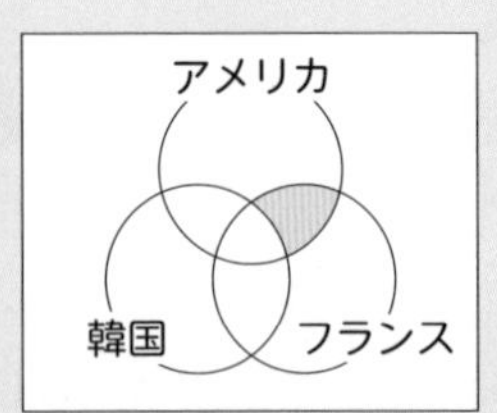

アメリカとフランスの
2国だけに行ったことがある

ベン図に a ～ h を当てはめると、$a=10$、$c=13$、$f=3$となります。求める値は、h の人数です。

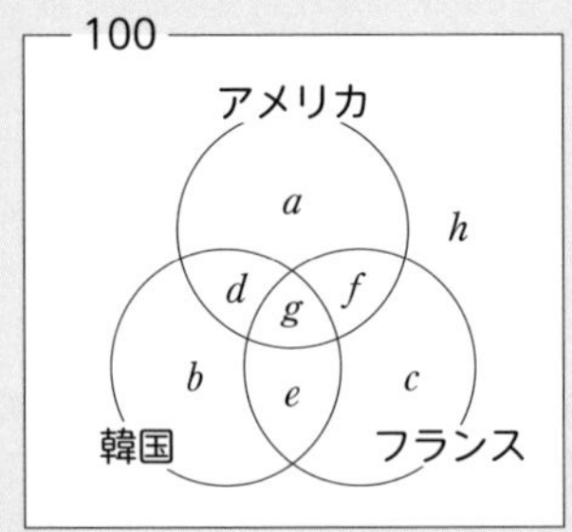

人数がわからないところがありすぎて全然解けないニャ！

韓国の円全体が30人とわかっていることをうまく使うニャ！

韓国の円の中の b、d、e、g のそれぞれの値は不明ですが、b、d、e、g の合計が30人であることはわかっています。韓国の合計とその他の領域を合わせると総数の100となるので、$30+10+3+13+h=100$より、$h=44$[人]となります。

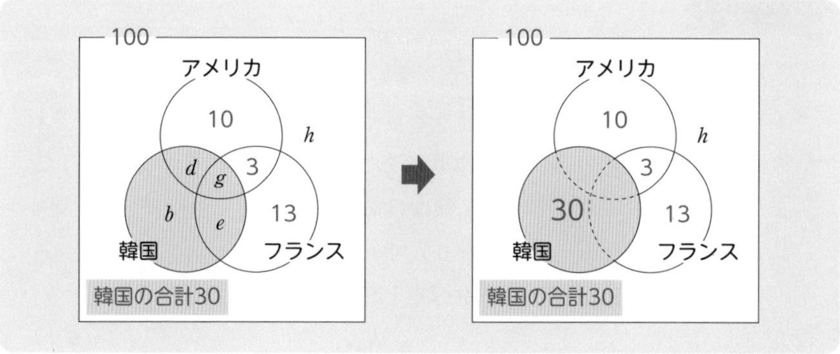

100
アメリカ
10
h
d g 3
b e 13
韓国 フランス
韓国の合計30

100
アメリカ
10
h
3
30 13
韓国 フランス
韓国の合計30

正　解　**44人**

第1編
第7章 集合

小学生100人に、犬、猫、ウサギを好きかどうかを質問するアンケートを行ったところ、犬と猫を好きと答えた生徒が32人、犬とウサギを好きと答えた生徒が30人、猫とウサギを好きと答えた生徒が35人だった。また、犬、猫、ウサギのうち１種だけを好きと答えた生徒が37人、いずれも好きでないと答えた生徒が６人であった。

このとき、犬、猫、ウサギすべてを好きと答えた生徒は何人か。

オリジナル

ベン図にa～hを記入し、総数の100人や、それぞれの条件ごとに式を立てていきます。また、**「１種だけを好き」の領域**は$a+b+c$となります。

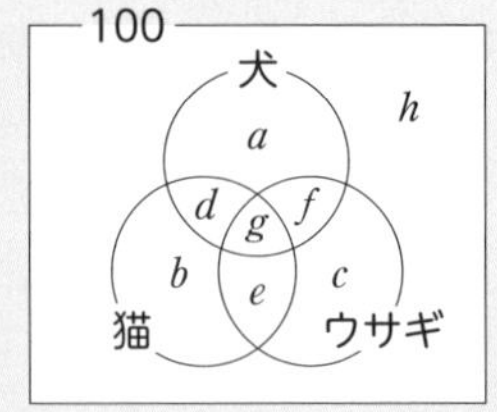

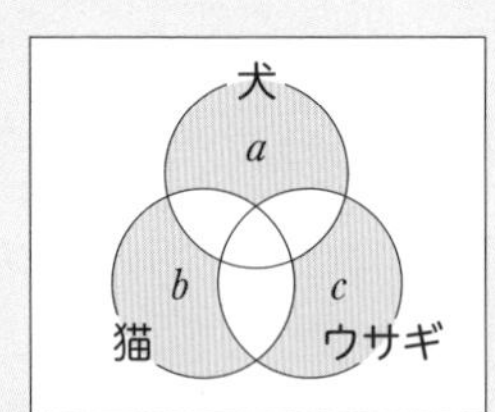

１種だけを好き

総数：　$a+b+c+d+e+f+g+h=100$　……①

犬と猫を好き：　$d+g=32$　……②

犬とウサギを好き：　$f+g=30$　……③

猫とウサギを好き：　$e+g=35$　……④

１種だけを好き：　$a+b+c=37$　……⑤

いずれも好きではない：$h=6$　……⑥

式が多すぎて、何から手を付ければいいかわからないニャ…！

そういうときは、共通の文字に注目するニャ！

①と⑤の式が$a+b+c$を共通に含んでいるため、代入することでまとめることができます。

①の式に、⑤の$a+b+c=37$や、⑥の$h=6$を代入すると、$37+d+e+f+g+6=100$となり、これを整理すると、

$d+e+f+g=57$ ……⑦

になります。求めたいのはgの値なので、⑦の式から$d+e+f$を消せば、答えを求めることができます。

②、③、④の式にgと、d、e、fが1つずつ入ってるニャ！

$d+e+f$の値がほしいから、まとめて足してみるニャ！

$$\begin{array}{rrl}
 & d+g=32 & \cdots\cdots② \\
 & f+g=30 & \cdots\cdots③ \\
+) & e+g=35 & \cdots\cdots④ \\
\hline
 & d+e+f+3g=97 & \cdots\cdots⑧
\end{array}$$

⑧−⑦により、$d+e+f$を消します。

$$\begin{array}{rrl}
 & d+e+f+3g=97 & \cdots\cdots⑧ \\
-) & d+e+f+g=57 & \cdots\cdots⑦ \\
\hline
 & 2g=40 &
\end{array}$$

$2g=40$より、$g=20$となります。よって、犬、猫、ウサギすべてを好きと答えた生徒の人数は20人です。

正解 20人

重要度 ★★★

第2節 樹形図と集合

集合の問題をベン図以外で解く方法を知っておきましょう。

例題29

ある学生寮には、法学部と工学部の学生が住んでおり、その通学方法はバスか自転車のいずれかである。次のことが分かっているとき、バスで通学している工学部の男子学生は何人いるか。　刑務官 2010

○　自転車で通学している法学部と工学部の学生が合わせて18人いる。

○　法学部の学生は38人で、そのうち、自転車で通学している法学部の男子学生が３人、バスで通学している法学部の女子学生が20人いる。

○　工学部の学生は42人で、そのうち、バスで通学している工学部の女子学生が18人、自転車で通学している工学部の女子学生が１人いる。

○　女子学生は合わせて46人いる。

1　13人

2　14人

3　15人

4　16人

5　17人

この例題では、ベン図以外の方法で集合の問題を解いてみるニャ！

「○○だ」という集合を表す円の外側が「○○でない」と表現できるものを図示するとき、ベン図は有効ですが、この例題の集合をベン図で整理しようとすると読み取りにくくなります。

ベン図で読み取りやすい

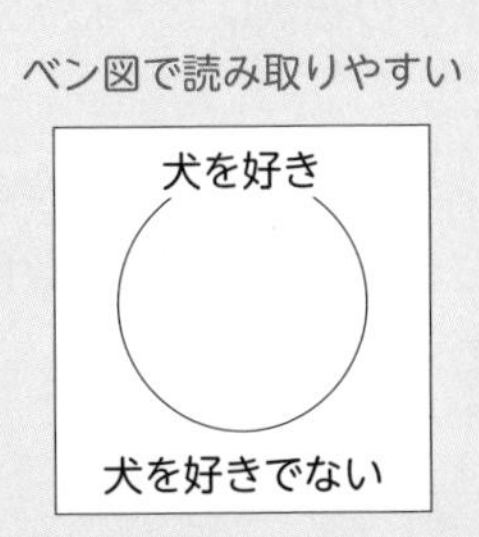

「○○だ」⇔「○○でない」

ベン図では読み取りにくい

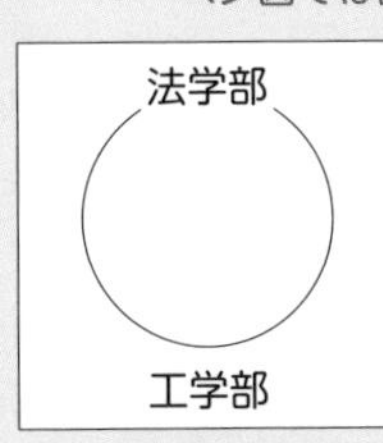

法学部⇔工学部

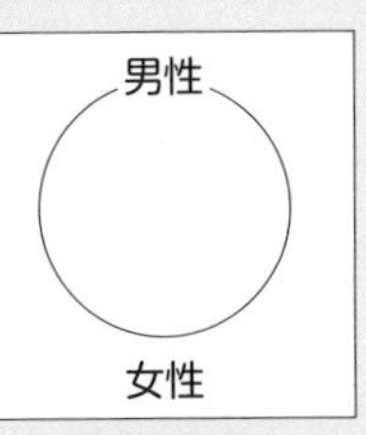

男性⇔女性

例えば、次のベン図は、それぞれの領域が表すものが一見してわかりにくくなります。

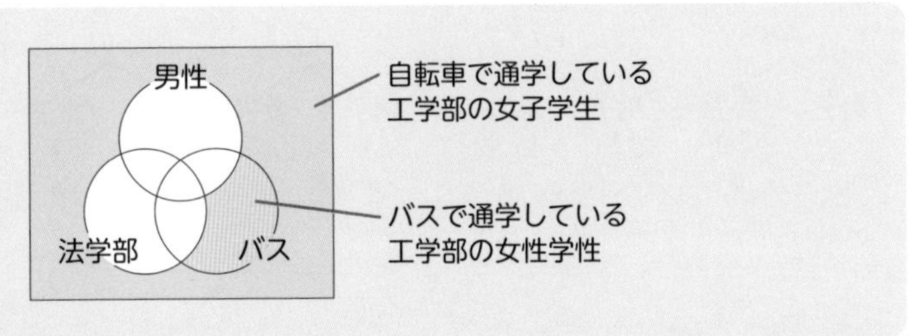

わかりづらい、見づらいというだけで、もちろんこの例題をベン図で解くことも可能ニャ！
でも今回は、樹形図を使った解き方を紹介するニャ！

「性別」、「学部」、「通学方法」の３つの分類について学生を枝分かれさせて整理すると、a〜hの８つに分けることができます。こうして整理したものが**樹形図**（じゅけいず）です。

３集合をベン図で分類したときに、８つの領域に分かれたのと同じニャ！

どこから考えてもよいのですが、今回は２つ目の条件より「法学部の学生は38人」、３つ目の条件より「工学部の学生は42人」と、それぞれの人数がわか

っているので、これを樹形図の出発点とします。学生の総数は38＋42＝80［人］です。

人数がわかっているところには書き込み、女子学生の合計人数46人や、自転車通学の合計人数18人は、欄外にメモしておきましょう。求めたい人数は「バスで通学している工学部の男子学生」なので、eです。

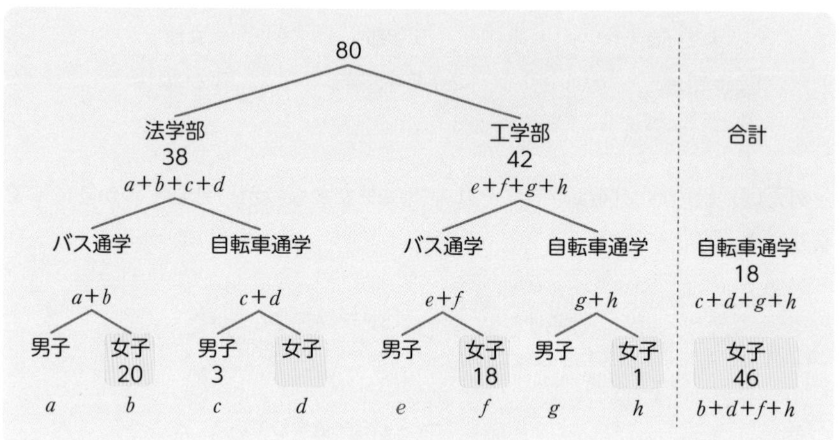

確かに、「自転車で通学している工学部の女子学生」の人数をどこに書けばいいかは、**ベン図よりも樹形図のほうが見つけやすい**ニャ！

女子学生の合計が46人なので、$20 + d + 18 + 1 = 46$より$d = 7$となります。また、これにより法学部の自転車通学者が10人とわかります。

自転車通学者の合計が18人なので、工学部の自転車通学者は18－10＝8［人］となります。

工学部のうち自転車通学者の人数がわかったので、バス通学者は42－8＝34［人］となります。

すると、$e = 34 - 18 = 16$［人］となるので、正解は**4**です。

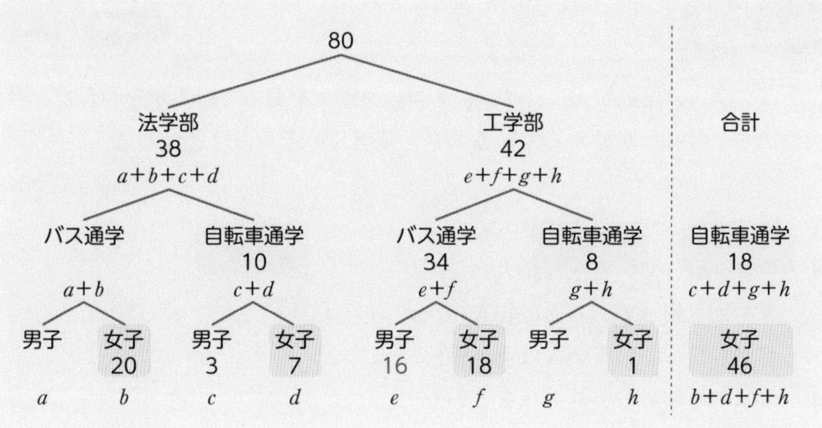

正　解　4

第1編

第7章　集合

□□□

問題 29

難易度 A

あるクラスの児童40人に、イヌ、ネコ、メダカを飼っているかを尋ねた。今、次のア～クのことが分かっているとき、確実にいえるのはどれか。

特別区Ⅰ類 2019

ア　イヌを飼っている人は９人いた。
イ　ネコを飼っている人は10人いた。
ウ　メダカを飼っている人は10人いた。
エ　どれも飼っていない人は21人いた。
オ　すべてを飼っている人は２人いた。
カ　ネコとメダカを飼っている人は４人いた。
キ　イヌだけ、メダカだけを飼っている人は同数であった。
ク　ネコだけを飼っている人は５人いた。

1　イヌを飼っていてメダカを飼っていない人は４人である。
2　イヌとネコを飼っている人は５人である。
3　イヌとネコを飼っている人と、イヌとメダカを飼っている人は同数である。
4　イヌとネコだけを飼っている人は１人もいない。
5　メダカだけを飼っている人はイヌとネコだけを飼っている人の２倍である。

HINT　「AとB」、「AとBだけ」の違い

イヌとネコを飼っている

イヌとネコだけを飼っている
⇒メダカを含まない

解　説　　　正　解　1

ベン図を描いて、それぞれの領域にa～hを当てはめます（**図1**）。条件エより$h=21$、条件オより$g=2$、条件カより$g+e=4$、条件キより$a=c$、条件クより$b=5$となります。

$g=2$を$g+e=4$に代入すると、$e=2$となります。また、$a=c$より、cの領域をaに置き換えておきます（**図2**）。

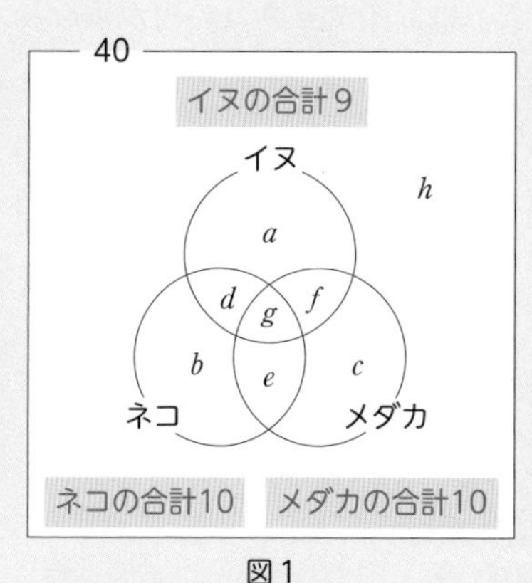

図1　　図2

次に、総数と、それぞれの合計から式を立ててみましょう。

総数：$a+d+f+2+2+5+a+21=40$より、$2a+d+f=10$　……①

イヌの合計：$a+d+f+2=9$より、$a+d+f=7$　……②

ネコの合計：$5+2+2+d=10$より、$d=1$　……③

メダカの合計：$a+f+2+2=10$より、$a+f=6$　……④

①と②がともにa、d、fの式なので①－②を計算すると、$a=3$となります。$a=3$を④に代入すると、$f=3$となります。

$$\begin{array}{rrl} & 2a+d+f=10 & \cdots\cdots① \\ -) & a+d+f=\ \ 7 & \cdots\cdots② \\ \hline & a \qquad\ \ =\ \ 3 & \end{array}$$

これですべての領域の人数が判明したので、ベン図のa～hに数値を入れ、それぞれの選択肢の人数を確認してみます。

1　○「イヌを飼っていてメダカを飼っていない人」は、犬の円に入っていてメダカの円には入っていない領域なので、$a+d=3+1=4$[人]となります。

2　✕「イヌとネコを飼っている人」は、イヌの円と猫の円が重なっている領域なので、$d+g=1+2=3$[人]となり、５人ではありません。

3　✕「イヌとネコを飼っている人」は３人、「イヌとメダカを飼っている人」は$f+g=3+2=5$[人]となるので、同数ではありません。

4　✕「イヌとネコだけを飼っている人」は、イヌとネコの円が重なっている領域のうち、メダカの円に含まれない部分なので、dに当たります。$d=1$より、１人もいないことはありません。

5　✕「メダカだけを飼っている人」は$c=3$[人]、「イヌとネコだけを飼っている人」は１人なので、２倍ではありません。

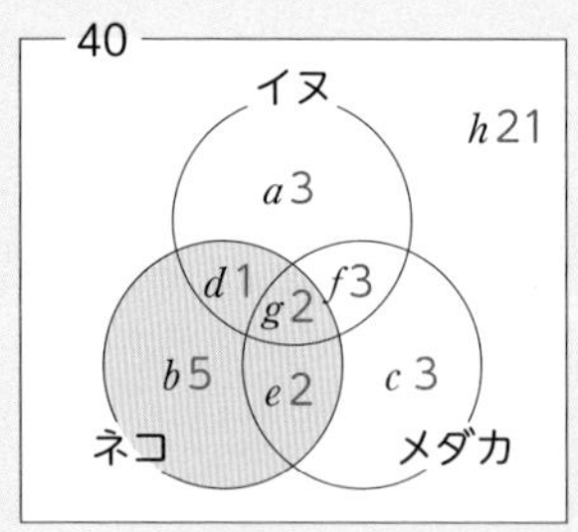

□□□

問題30

難易度 A

ある精肉店の客120人について、牛肉、鶏肉及び豚肉の購入状況を調べたところ、次のことが分かった。

A　牛肉を購入した客は84人であり、そのうち鶏肉も購入した客は34人であった。

B　鶏肉を購入した客は44人であり、そのうち豚肉も購入した客は19人であった。

C　豚肉を購入した客は76人であり、そのうち牛肉も購入した客は52人であった。

D　牛肉、鶏肉及び豚肉のいずれも購入しなかった客は８人であった。

以上から判断して、牛肉、鶏肉及び豚肉の３品を全て購入した客の人数として、正しいのはどれか。

東京都Ⅰ類 2021

1　13人
2　14人
3　15人
4　16人
5　17人

HINT 各集合の合計人数

「牛肉を購入した合計人数」、「鶏肉を購入した合計人数」、「豚肉を購入した合計人数」、「客の総数」についてそれぞれ式を立てます。

解　説　　　　　　　　　　　　　　　　　　　　　　　　　正　解　1

ベン図を描いて、それぞれの領域にa～hを当てはめます。

条件Aより、牛肉を購入した客が84人なので$a+d+f+g=84$、牛肉と鶏肉を購入した客が34人なので$d+g=34$となり、代入して整理すると$a+f+34=84$より、$a+f=50$となります（**図1**）。条件Bより、鶏肉を購入した客が44人なので$b+d+e+g=44$、鶏肉と豚肉を購入した客が19人なので$e+g=19$となり、代入して整理すると$b+d+19=44$より、$b+d=25$となります（**図2**）。条件Cより、豚肉を購入した客が76人なので$c+e+f+g=76$、豚肉と牛肉を購入した客が52人なので$f+g=52$となり、代入して整理すると$c+e+52=76$より、$c+e=24$となります（**図3**）。

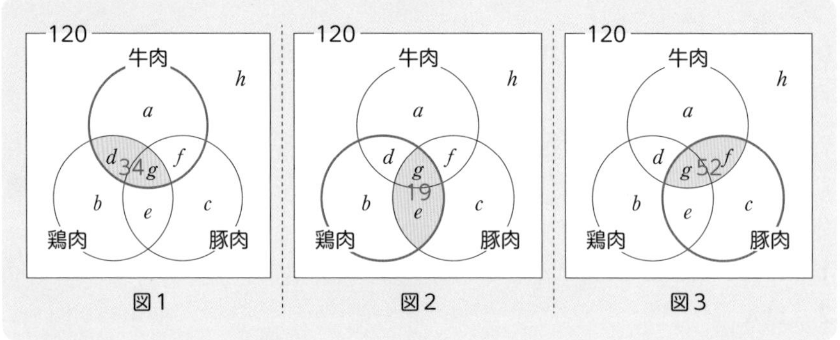

図1　図2　図3

総数の120より、$a+b+c+d+e+f+g+h=120$となり、これに条件Dの$h=8$を代入して整理すると、$a+b+c+d+e+f+g=112$となります。

$$\begin{cases} a+f=50 & \cdots\cdots① \\ b+d=25 & \cdots\cdots② \\ c+e=24 & \cdots\cdots③ \\ a+b+c+d+e+f+g=112 & \cdots\cdots④ \end{cases}$$

①～③の式を合わせるとa～fの文字が1つずつ入っているので、①＋②＋③をして、「$a+b+c+d+e+f$」の式を作り、④の式から引きます。

$$
\begin{array}{rl}
a + f & = 50 \quad \cdots\cdots ① \\
b + d & = 25 \quad \cdots\cdots ② \\
+)\ c + e & = 24 \quad \cdots\cdots ③ \\
\hline
a + b + c + d + e + f & = 50 + 25 + 24 = 99 \quad \cdots\cdots ⑤
\end{array}
$$

$$
\begin{array}{rl}
a + b + c + d + e + f + g & = 112 \quad \cdots\cdots ④ \\
-)\ a + b + c + d + e + f & = 99 \quad \cdots\cdots ⑤ \\
\hline
g & = 13
\end{array}
$$

$g=13$より、「３品を全て購入した客の人数」は13人なので、正解は**1**です。

□□□

問題31

難易度 A

あるスタジアムで行われたサッカーの試合の観客407人に、応援チーム及び誰といっしょに応援に来たのかを聞いた。今、次のア～エのことが分かっているとき、ひとりで応援に来た観客の人数はどれか。　特別区Ⅰ類 2019

ア　観客はホームチーム又はアウェーチームのどちらかの応援に来ており、ホームチームの応援に来た人数は325人だった。

イ　ホームチームの応援に来た女性は134人で、アウェーチームの応援に来た男性より86人多かった。

ウ　ホームチームの応援にひとりで来た男性は21人で、アウェーチームの応援に仲間と来た女性より9人少なかった。

エ　ホームチームの応援に仲間と来た女性は119人で、アウェーチームの応援に仲間と来た男性より77人多かった。

1　42人　　**2**　44人　　**3**　46人　　**4**　48人　　**5**　50人

HINT　ベン図を使うと整理しづらい集合

ベン図でも解けますが、情報の整理がしづらい集合の問題です。「ホームチーム」の集合を表す円の外側は「ホームチームでない」ではなく「アウェーチームである」と表現されているため、例えば「ホームチームの応援に仲間と来た女性」を示す領域が一見わかりづらくなります。

樹形図を使うと整理しやすくなります。

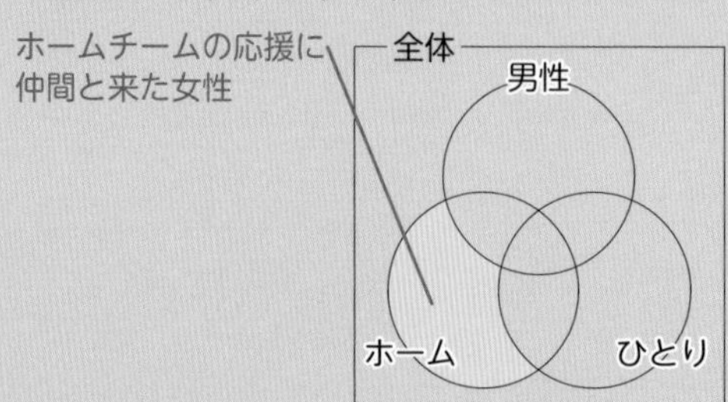

解説　　　　正解 3

ホームチームの応援に来た観客を「ホーム」、同様にアウェーチームの応援に来た観客を「アウェー」とし、ひとりで応援に来た観客を「ひとり」、仲間と応援に来た観客を「仲間」として条件から**樹形図を作ります**。

条件アより、全観客407人のうち、「ホーム」が325人なので、「アウェー」は、$407-325=82$[人]です。条件イより「ホーム・女性」が134人なので、「ホーム・男性」は$325-134=191$[人]となります。また、条件イより、「アウェー・男性」は$134-86=48$[人]であり、「アウェー・女性」は、$82-48=34$[人]となります。

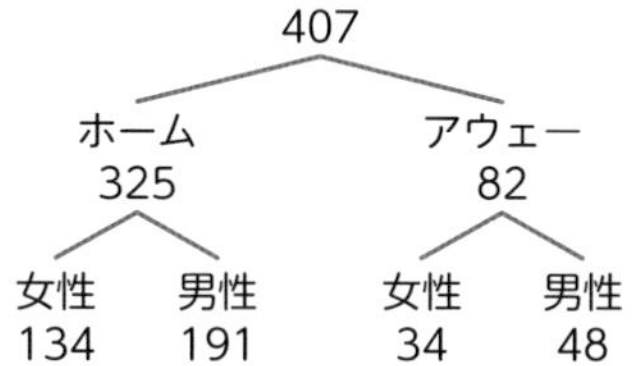

さらに、それぞれ「ひとり」か「仲間」かで枝分かれさせます。最下段にa～hの文字をおくと、条件ウより、「ホーム・男性・ひとり」のcが21人、「アウェー・女性・仲間」のfは、cの21人より9人多いので、$21+9=30$[人]となります。条件エより「ホーム・女性・仲間」のbが119人、「アウェー・男性・仲間」のhは、119人より77人少ないので、$119-77=42$[人]となります。すると、$d=191-21=170$[人]となります。

$a=134-119=15$、$e=34-30=4$、$g=48-42=6$より、「ひとり」の合計人数は、$15+21+4+6=46$[人]となるので、正解は**3**です。

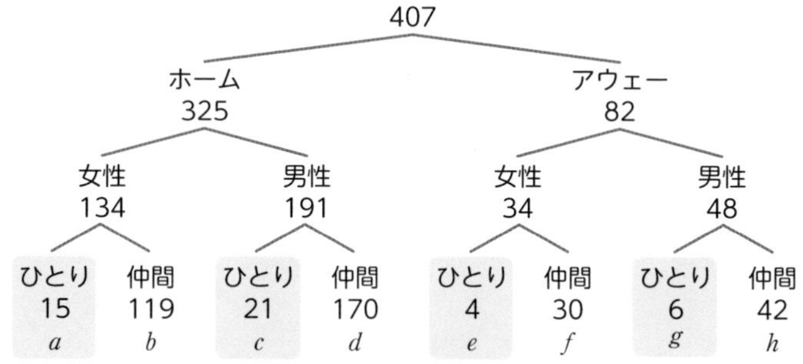

第1編

判断推理

第8章

発言

重要度 ★★★

第1節 発言の基本

発言を手がかりに事実を明らかにする問題ですが、うそつきが混ざっているため注意が必要です。

例題30

A～Cの３人がそれぞれ次のように発言している。このうち２人の発言は正しく、１人の発言はうそであるとき、うそをついている人物は誰か。

オリジナル

A 「Bはうそつきだ」
B 「Cは正直者だ」
C 「Bは正直者だ」

これは簡単ニャ！ Aが「Bはうそつきだ」と言っているから、うそつきはBニャ！

ちょっと待つニャ！ そう発言しているA自身がうそつきかもしれないニャ！

Aがうそつきの場合は、Aの発言内容と逆のことが事実となります。よって、「**Bはうそつきではなく、正直者だ**」ということになりますね。Aが正直者かうそつきかによって、Aの発言から考えられる事実が次のように異なります。

うそつきの場合は発言と逆のことが事実と考える

- Aが正直者 ➡ Bはうそつき
- Aがうそつき ➡ Bは正直者

発言の問題はこのように、各人物が正直者なのかうそつきなのかを仮定して考えていくことになりますが、特にこの例題のように、**他の人物の発言が正しいかどうかについて発言している場合**に使えるテクニックを紹介しましょう。

STUDY グループ分け

正しい発言のみをする正直者グループとうその発言のみをするうそつきグループがあるとき、誰かを「うそつき」と言った人と「うそつき」と言われた人は別のグループになります。

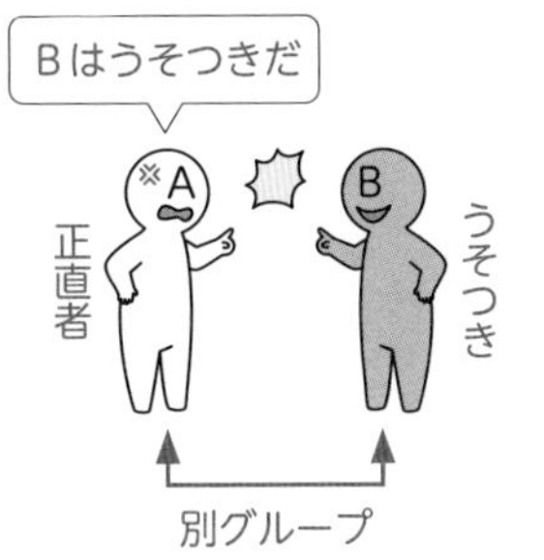

一方、誰かを「正直者」と言った人と「正直者」と言われた人は同じグループになります。

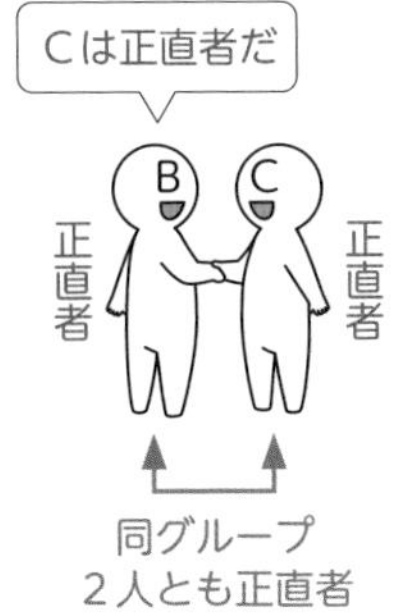

では、A～Cの3人を2つのグループに分けてみましょう。Aの「Bはうそつきだ」という発言よりAとBは別のグループ、Bの「Cは正直者だ」という発言よりBとCは同じグループになります。

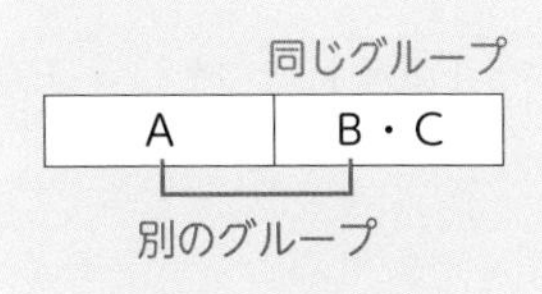

どちらかが「うそつきグループ」となりますが、**うそつきは1人**なので、1人のグループにいるAがうそつきに決まります。

正解 **A**

例題31

A～Dの４人がそれぞれ次のように発言しているとき、正しい発言をしている人物をすべて挙げているのはどれか。　　　　　　　　　　オリジナル

A 「Bはうそつきだ」

B 「Cは正直者だ」

C 「AとBは２人とも正直者だ」

D 「Bは正直者で、Cはうそつきだ」

1 A　　**2** AとC　　**3** AとD　　**4** C　　**5** BとC

Cの発言に注目ニャ！

A「Bはうそつきだ」
C「AとBは２人とも正直者だ」

Aの発言より、AとBは別のグループとなります。

よって、AとBが**２人とも正直者**だと言っているCは、必ずうそつきになります。すると、B「Cは正直者だ」より、BとCは同じ「うそつきグループ」になります。A「Bはうそつきだ」より、AはBとは別の「正直者グループ」になります。Bはうそつきなので、Dの前半の発言が誤りとなり、Dは「うそつきグループ」となります。正しい発言をしているのはAのみなので、正解は**1**です。

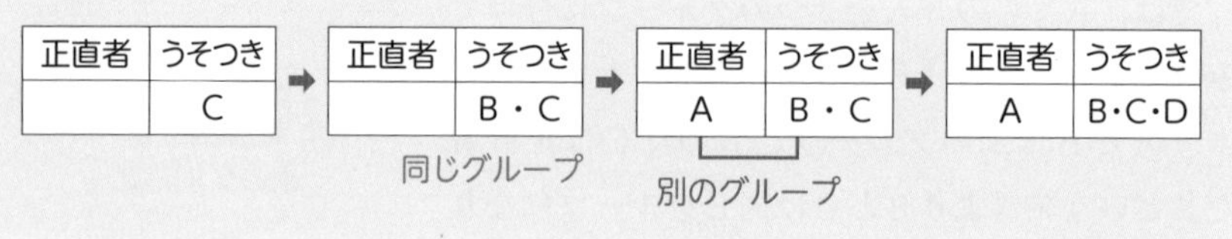

正解 **1**

例題32

　AからEの５人が、柔道部、テニス部、野球部、サッカー部、ラグビー部のいずれかに１人ずつ所属している。５人は以下のように発言しているが、１人だけがウソをついていることが分かった。このとき確実にいえることとして、最も妥当なのはどれか。　東京消防庁Ⅰ類 2012

A「私は野球部に所属していて、Dはラグビー部に所属している。」
B「私はテニス部に所属している。」
C「Aは本当のことを言っている。」
D「Eはテニス部に所属している。」
E「Bはサッカー部に所属していない。」

1　Aはウソをついている。
2　Bが柔道部に所属している場合、Cはサッカー部に所属している。
3　Bがテニス部に所属している場合、Eは柔道部に所属している。
4　Cが野球部に所属している場合、Dはラグビー部に所属している。
5　Dはウソをついている。

発言が正しいかどうかだけじゃなく、部活動も出てきて複雑ニャ…。

複雑になったというより、手がかりが増えたと考えるといいニャ！今回は「**同時には成り立たない発言**」や「**矛盾する発言**」に注目ニャ！

　同じ部活動に所属している人はいないので、BとDの発言は同時には成り立たないことがわかります。

B「私はテニス部に所属している。」
D「**E**はテニス部に所属している。」
→ 同時には成り立たない

　Bがテニス部の場合はDがうそを、Eがテニス部の場合はBがうそを、BとE以外がテニス部の場合はBとDの２人がうそをついていることになります。今回はうそつきが１人なので、**BかDのどちらか１人がうそつき**であり、**A、**

C、Eの発言は正しいことが確定します。

うそつきがBとDのどちらか１人とわかったから、場合分けしてみるニャ！

場合分けⓘ Bがうそつきの場合

B以外の発言が正しいので、A＝野球部、D＝ラグビー部、E＝テニス部、B≠サッカー部が確定します。柔道部とサッカー部が残りますが、Bがサッカー部ではないのでCがサッカー部、Bが柔道部と決まり、すべての条件を満たします。

	A	B	C	D	E
Bがうそつき	野球	柔道	サッカー	ラグビー	テニス

場合分けⓘⓘ Dがうそつきの場合

D以外の発言が正しいので、A＝野球部、D＝ラグビー部、B＝テニス部が確定します。CとEについては手がかりがないため、Cが柔道部でEがサッカー部の場合、Cがサッカー部でEが柔道部の場合の２通りが考えられます。

	A	B	C	D	E
Dがうそつき	野球	テニス	柔道／サッカー	ラグビー	サッカー／柔道

よって、５人の所属している部活動については、次の❶～❸が考えられます。

		A	B	C	D	E
❶	Bがうそつき	野球	柔道	サッカー	ラグビー	テニス
❷	Dがうそつき	野球	テニス	柔道	ラグビー	サッカー
❸		野球	テニス	サッカー	ラグビー	柔道

1　**×**　うそをついているのはＢかＤです。

2　**○**　Ｂが柔道部に所属しているのは❶で、その場合Ｃはサッカー部に所属しています。

3　**×**　Ｂがテニス部に所属しているのは❷と❸ですが、このうち❷ではＥがサッカー部に所属しているため、確実にはいえません。

4　**×**　❶～❸のいずれの場合も、Ｃは野球部に所属していません。

5　**×**　❶ではうそをついているのがＢであるため、確実にはいえません。

正　解　**2**

重要度 ★★★

前半と後半で真偽の異なる発言

今度は各人物が正しいこととうその両方を発言しているタイプの問題です。場合分けをうまく使いましょう。

例題33

　A～Cの３人は、それぞれ文学部、法学部、医学部のいずれか異なる１つの学部に所属している。３人の発言は、いずれも半分が正しく半分がうそであるとき、Bが所属している学部は何学部か。　オリジナル

A「私は文学部に所属しており、Bは法学部に所属している」
B「私は文学部に所属しており、Cは法学部に所属している」
C「私は医学部に所属しており、Aは文学部に所属している」

１人が２つの発言をしていて、そのうち１つがうそになってるニャ！

「いずれも半分が正しく、半分がうそ」なので、Aの発言を例に挙げると、前半の「私は文学部」と、「Bは法学部」の**どちらか一方が正しく、もう一方がうそ**となります。

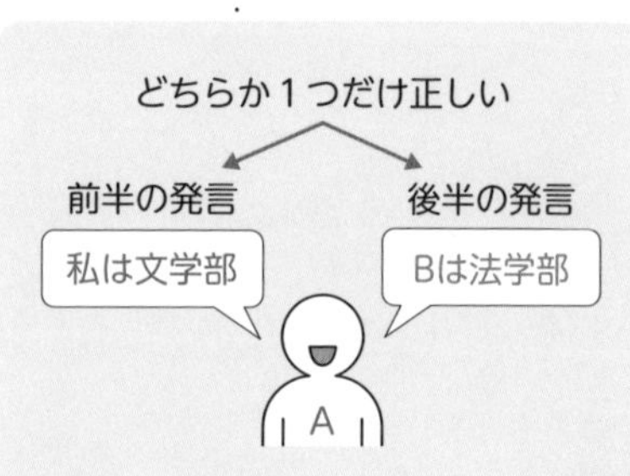

正しいのが前半か後半かわからないから、場合分けすればよさそうニャ！

例えばAの発言について「**前半が正しく、後半がうそ**」、「**前半がうそで、後半が正しい**」の２通りで場合分けしてみましょう。

場合分け① Aの発言の前半が正しく、後半がうそ

	真偽	前半	後半	真偽
Aの発言	○	A文	B法	×
Bの発言		B文	C法	
Cの発言		C医	A文	

「Aは文学部」が正しいので、Cの発言の後半が正しいことがわかります。Cの発言は**後半が正しいため、前半の「私は医学部」はうそ**になります（**表1**）。

表1	真偽	前半	後半	真偽
Aの発言	○	A文	B法	×
Bの発言		B文	C法	
Cの発言	×	C医	A文	○

Aが文学部に決まれば**A以外は文学部に所属しない**ので、Bの発言の前半「私は文学部」はうそになります。Bの発言は前半がうそなので、後半の「Cは法学部」は正しくなります（**表2**）。

表2	真偽	前半	後半	真偽
Aの発言	○	A文	B法	×
Bの発言	×	B文	C法	○
Cの発言	×	C医	A文	○

Aが文学部、Cが法学部に決まったので、残ったBは医学部となります。

場合分け② Aの発言の前半がうそで、後半が正しい

「Bは法学部」が正しいので、Bの発言の前半「私は文学部」がうそになります。するとBの発言の後半「Cは法学部」は正しくなくてはなりませんが、すでにBが法学部に所属しているので、**B以外の人物が法学部となる発言はうそ**になります。

Bの発言は**前半も後半もうそになってしまい、条件に反します**（**表3**）。

表3	真偽	前半	後半	真偽
Aの発言	×	A文	B法	○
Bの発言	×	B文	C法	×
Cの発言		C医	A文	

よって、場合分け①のみ成立し、Bが所属するのは医学部となります。

正　解　医学部

重要度 ★★★

1人だけ該当者がいる発言の問題

「1人だけ犯人がいる」、「1人だけ宝くじが当たった人物がいる」などの条件を与えられ、該当する人物を推理するタイプの問題です。

A～Dがある試験を受験したところ、4人のうち1人が合格した。それぞれの合否についてA～Dが発言しているが、4人のうち3人はうそをついている。このとき、合格者は誰か。　オリジナル

A「私が合格者だ」
B「Cが合格者だ」
C「BかDが合格者だ」
D「Bは合格者ではない」

うそつきが3人もいるとどこから手をつけていいかわからないニャ…。

場合分けして表に整理すると簡単ニャ！

合格者は1人なので、「Aが合格者」、「Bが合格者」、「Cが合格者」、「Dが合格者」の**4通りに場合分け**をしてみましょう。

Aが合格者の場合、A以外の人物は合格者ではないので、Aの「私が合格者だ」やDの「Bは合格者ではない」という発言は正しくなりますね。一方、Bの「Cが合格者だ」とCの「BかDが合格者だ」という発言はうそになり、**うそつきが3人という条件に反します**（**表1**）。よって、Aは合格者ではありません。

表1	Aの発言	Bの発言	Cの発言	Dの発言	うそつきの人数
Aが合格者	○	×	×	○	2人
Bが合格者					
Cが合格者					
Dが合格者					

同様にB～Dが合格者だった場合の各人の発言においても検証し、最後に**うそつきの人数が3人となる場合**を探します。すると、Bが合格者のときにうそつきが3人となるので、合格者はBです（**表2**）。

表2	Aの発言	Bの発言	Cの発言	Dの発言	うそつきの人数
Aが合格者	○	×	×	○	2人
Bが合格者	×	×	○	×	3人
Cが合格者	×	○	×	○	2人
Dが合格者	×	×	○	○	2人

ちなみに、実際に問題を解くときには「誰が合格者か」という場合ごとにチェックするより、**各人の発言ごとに縦にチェックする**ほうが早く解けます。

例えばAの発言は「私が合格者（＝Aが合格者）」です。縦列を見ると「Aが合格者」の1段目の場合だけにおいて正しい発言となります。

また、Cの発言は「BかDが合格者」なので、「Bが合格者」の2段目と、「Dが合格者」の4段目の場合だけにおいて正しい発言となります。

Dの発言は「Bは合格者ではない」なので、「Bが合格者」の2段目の場合だけにおいてうそとなります（**表3**）。

表3	Aの発言	Bの発言	Cの発言	Dの発言	うそつきの人数
Aが合格者	○				
Bが合格者			○	×	
Cが合格者		○			
Dが合格者			○		

「○」の入った「Aの発言」、「Bの発言」、「Cの発言」の縦列の残りのマスすべてに「×」を入れ、「×」の入った「Dの発言」の縦列の残りのマスすべてに「○」を入れると表が完成します（**表4**）。

表4	Aの発言	Bの発言	Cの発言	Dの発言	うそつきの人数
Aが合格者	○	×	×	○	2人
Bが合格者	×	×	○	×	3人
Cが合格者	×	○	×	○	2人
Dが合格者	×	×	○	○	2人

正　解　**B**

□□□

問題 32

難易度 A

A～Eの５人が次のように述べているとき、確実にいえるのはどれか。

ただし、５人はそれぞれ正直者又はうそつきのいずれかであり、うそつきは発言中の下線部分が虚偽であるものとする。

国家専門職 2015

A 「Bはうそつきである。」

B 「Cはうそつきである。」

C 「Dはうそつきである。」

D 「Eはうそつきである。」

E 「AとBは２人ともうそつきである。」

1 Aは正直者である。

2 Dは正直者である。

3 Eは正直者である。

4 うそつきは２人である。

5 うそつきは４人である。

HINT 発言によるグループ分け

正直者グループとうそつきグループがあるとき、誰かを「うそつき」と言った人と「うそつき」と言われた人は別のグループになります。

例えばAは「Bはうそつき」と発言しているので、AとBのグループは別になり、一方が正直者でもう一方がうそつきとなります。

A 「Bはうそつき」

別のグループ

解 説　　　正解 2

A～Eの５人を、「正直者グループ」と「うそつきグループ」の２つに分けていきます。

Aが「Bはうそつきである」と発言しているので、AとBは別のグループになります。ここで、Eの発言「AとBは２人ともうそつきである」に着目すると、別のグループにいる２人をともにうそつきと言っているので、**Eの発言は必ずうそ**になります。

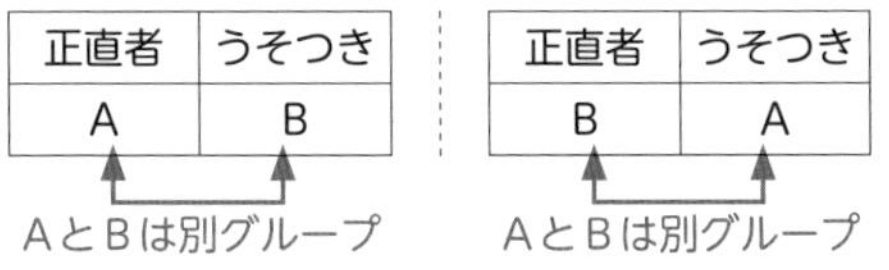

Eをうそつきグループに書き入れ、他の４人のグループ分けを進めます。Dが「Eはうそつき」と言ったのでDとEは別グループ、Cが「Dはうそつき」と言ったのでCとDは別グループ、Bが「Cはうそつき」と言ったのでBとCは別グループとなります。また、最初に確認したように、AとBは別グループとなります。

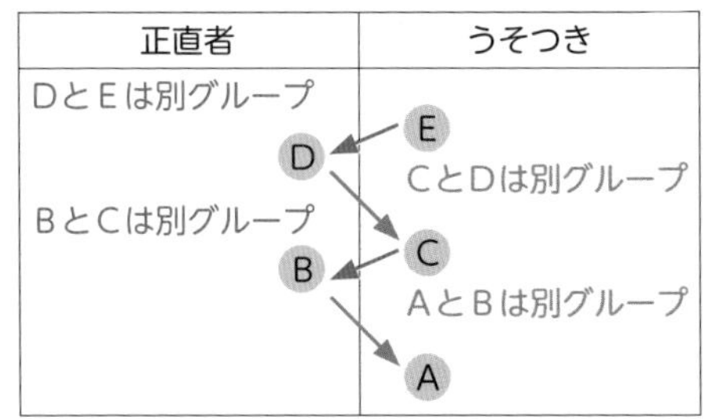

図より、BとDの２人が正直者、AとCとEの３人がうそつきなので、正解は**2**です。

□□□

問題 33

難易度 B

喫茶店で、A～Eの５人がコーヒーまたは紅茶のいずれか１種類の飲み物を注文し、それぞれ次のように発言した。

A 「BとCはコーヒーを注文した。」
B 「Cは紅茶を注文した。」
C 「DとEはコーヒーを注文した。」
D 「Aは紅茶を注文して、Bはコーヒーを注文した。」
E 「Cはコーヒーを注文して、Dは紅茶を注文した。」

ところがあとで確認したところ、コーヒーを注文した者の発言は本当であり、紅茶を注文した者の発言は、人物は本当であるが注文した飲み物の一部または全部がうそであることがわかった。このとき、実際にコーヒーを注文した者の組合せとして、正しいものはどれか。　警視庁Ⅰ類 2012

1 AとC　**2** AとD　**3** BとD　**4** BとE　**5** CとE

HINT 同時には成り立たない発言

「正直者／うそつき」以外の情報がある問題では、同時には成り立たない発言や、矛盾が起こる発言がないか探すとよいでしょう。

同じ人物について、ある人物がコーヒーを、別の人物が紅茶を注文したと発言していれば、２つの発言は同時には成り立たず、一方はうそとなります。

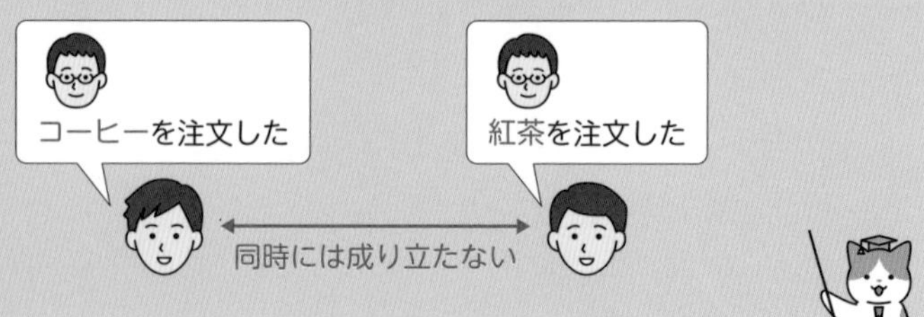

解説　　正解 3

ＡとＢの発言には、Ｃの注文した飲み物について矛盾があります。

Ａ「ＢとＣはコーヒーを注文した。」
Ｂ「Ｃは紅茶を注文した。」

よって、Ｃが注文したのがコーヒーか紅茶かで場合分けして検討します。なお、条件より、正直者がコーヒー、うそつきが紅茶を注文しています。

場合分けⅰ Cがコーヒーを注文（Cは正直者）

Ｃが正直者なので、Ｃの「ＤとＥはコーヒーを注文した」は正しい発言となります。よって、ＤとＥはコーヒーを注文したことになり、正直者に決まります。しかし、Ｅの発言のうち「Ｄは紅茶を注文した」の部分がうそとなるため、Ｅが正直者かうそつきかで矛盾を起こしています。よって、この場合は不適です（**図1**）。

コーヒーを注文 正直者	紅茶を注文 うそつき
C・D・E	

図1

場合分けⅱ Cが紅茶を注文（Cはうそつき）

「Ｃはコーヒーを注文した」と発言しているＡとＥがうそつきに決まり、「Ｃは紅茶を注文した」と発言しているＢが正直者に決まります。よって、ＡとＥが紅茶を注文し、Ｂはコーヒーを注文したことになります。

すると、Ｄの「Ａは紅茶を注文して、Ｂはコーヒーを注文した」という発言が正しくなり、Ｄはコーヒーを注文したことになります。

また、うそつきと仮定しているＣの発言を検討すると、「Ｅはコーヒーを注文した」の部分がうそなので、矛盾が起こりません（**図2**）。

コーヒーを注文 正直者	紅茶を注文 うそつき
B・D	A・C・E

図2

よって、**図2**よりコーヒーを注文したのはＢとＤなので、正解は**3**です。

□□□

問題 34

難易度 B

A～Eの５人が、音楽コンクールで１位～５位になった。誰がどの順位だったかについて、A～Eの５人に話を聞いたところ、次のような返事があった。このとき、A～Eの５人の発言内容は、いずれも半分が本当で、半分は誤りであるとすると、確実にいえるのはどれか。ただし、同順位はなかった。

特別区Ⅰ類 2022

A 「Cが１位で、Bが２位だった。」
B 「Eが３位で、Cが４位だった。」
C 「Aが４位で、Dが５位だった。」
D 「Cが１位で、Eが３位だった。」
E 「Bが２位で、Dが５位だった。」

1 Aが、１位だった。
2 Bが、１位だった。
3 Cが、１位だった。
4 Dが、１位だった。
5 Eが、１位だった。

HINT 前半と後半で真偽の異なる発言

いずれかの人物について「発言の前半が正しく、後半がうそ」と「発言の前半がうそで、後半が正しい」の２通りで場合分けをします。

	前半		後半		
○	C	1位	B	2位	×
	E	3位	C	4位	
	A	4位	D	5位	
	C	1位	E	3位	
	B	2位	D	5位	

	前半		後半		
×	C	1位	B	2位	○
	E	3位	C	4位	
	A	4位	D	5位	
	C	1位	E	3位	
	B	2位	D	5位	

解　説　　正　解　4

Aの発言のうち、正しいのが前半か後半かによって場合分けをします。また、説明の便宜のため、それぞれの発言の前半と後半を❶～❿とします。

	前半	後半	
❶	C　1位	B　2位	❻
❷	E　3位	C　4位	❼
❸	A　4位	D　5位	❽
❹	C　1位	E　3位	❾
❺	B　2位	D　5位	❿

場合分けⓘ Aの発言の前半が正しく、後半がうそ

Aの発言は、❶が正しく、❻がうそとなります。

「Cが1位」が正しいので、❹「Cが1位」は正しく、❼「Cが4位」はうそとなります。前半❹が正しければ、後半❾はうそとなり、後半❼がうそなので、前半❷は正しくなります。

ところがここで、同じ「Eが3位」という内容なのに❷が正しく❾がうそとなってしまい、**矛盾を生じるため不適**となります。

	前半			後半			
❶	○	C	1位	B	2位	×	❻
❷	○	E	3位	C	4位	×	❼
❸		A	4位	D	5位		❽
❹	○	C	1位	E	3位	×	❾
❺		B	2位	D	5位		❿

場合分けⓘⓘ Aの発言の前半がうそで、後半が正しい

Aの発言は、❻が正しく、❶がうそとなります。

「Cが1位」がうそなので、❹の「Cが1位」もうそとなります。❻の「Bが2位」が正しいので、❺の「Bが2位」も正しくなります。前半❹がうそならば、後半❾は正しくなり、前半❺が正しければ、後半❿がうそになります。

	前半			後半			
❶	×	C	1位	B	2位	○	❻
❷		E	3位	C	4位		❼
❸		A	4位	D	5位		❽
❹	×	C	1位	E	3位	○	❾
❺	○	B	2位	D	5位	×	❿

❿の「Dが５位」がうそなので、❽の「Dが５位」もうそとなります。

後半❽がうそなので、前半❸は正しくなります。❸の「Aが４位」が正しいため、他の人物は４位ではないので、❼の「Cが４位」はうそとなります。後半❼がうそなので、前半❷は正しくなります。

	前半			後半			
❶	×	C	1位	B	2位	○	❻
❷	○	E	3位	C	4位	×	❼
❸	○	A	4位	D	5位	×	❽
❹	×	C	1位	E	3位	○	❾
❺	○	B	2位	D	5位	×	❿

○印のあるところから情報を拾うと、Bが２位、Eが３位、Aが４位と決まります。さらに❶よりCは１位ではなく、❿よりDは５位ではありません。よって、Dが１位、Cが５位に決まるので、正解は**4**です。

1位	2位	3位	4位	5位
	B	E	A	
×C				×D

➡

1位	2位	3位	4位	5位
D	B	E	A	C

□□□

問題 35

難易度 A

A～Eの５人が、ある競技の観戦チケットの抽選に申し込み、このうちの１人が当選した。５人に話を聞いたところ、次のような返事があった。このとき、５人のうち３人が本当のことを言い、２人がうそをついているとすると、確実にいえるのはどれか。

特別区Ⅰ類 2020

A「当選したのはBかCのどちらかだ。」
B「当選したのはAかCのどちらかだ。」
C「当選したのはDかEである。」
D「私とCは当選していない。」
E「当選したのはBかDのどちらかだ。」

1　Aが当選した。
2　Bが当選した。
3　Cが当選した。
4　Dが当選した。
5　Eが当選した。

HINT　1人だけ該当者がいる発言の問題

１人だけいる当選者が誰かで５通りに場合分けをした表を作り、各自の発言の真偽を確認していきます。

当選したのはBかCのどちらかだ

	Aの発言	Bの発言	Cの発言	Dの発言	Eの発言	うそつきの人数
Aが当選	×					
Bが当選	○					
Cが当選	○					
Dが当選	×					
Eが当選	×					

解説　　　　正解 2

縦列を当選した人物、横列を各自の発言として表を作り、**発言が正しければ○、うそならば×を入れていきます**。

例えばAの発言はBかCが当選すれば正しくなるので、Aの発言の縦列の「Bが当選」のマスと「Cが当選」のマスに○を入れます。同様にB、C、Eの発言の縦列にも○を入れます。

Dの発言はCとDが当選していなければ正しいので、「Cが当選」と「Dが当選」のマスはうそをついたことになるため×を入れます（**表1**）。

表1	Aの発言 （BかC当選）	Bの発言 （AかC当選）	Cの発言 （DかE当選）	Dの発言 （CとD当選していない）	Eの発言 （BかD当選）	うそつきの人数
Aが当選		○				
Bが当選	○				○	
Cが当選	○	○		×		
Dが当選			○	×	○	
Eが当選			○			

A、B、C、Eの発言の縦列において、○以外のマスはすべてうそとなるので、残りのマスに×を入れます。

Dの発言の縦列において、×以外のマスはすべて正しくなるので、残りのマスに○を入れます（**表2**）。

横の列の×の数が、うそつきの人数となります。Bが当選したときのみうそつきの人数が2人となるので、正解は**2**です。

表2	Aの発言	Bの発言	Cの発言	Dの発言	Eの発言	うそつきの人数
Aが当選	×	○	×	○	×	3人
Bが当選	○	×	×	○	○	2人
Cが当選	○	○	×	×	×	3人
Dが当選	×	×	○	×	○	3人
Eが当選	×	×	○	○	×	3人

第1編

判断推理

第9章

暗　号

重要度 ★★★

第1節 子音と母音の暗号

暗号化の例からどのような暗号か想像して、答えを推測する問題です。よく出題される暗号化のルールを押さえておきましょう。

例題35

ある暗号で「さくら」が「3＋1，2＋3，9＋1」、「つばき」が「4＋3，6－1，2＋2」で表されるとき、同じ暗号の法則で「8＋3，9＋2」と表されるのはどれか。

オリジナル

1 ばら　**2** ゆり　**3** きく　**4** らん　**5** ふじ

暗号解読の専門的な訓練なんて受けてないニャ…。

そんなに難しい知識はいらないから大丈夫ニャ！

暗号になる前の「さくら」が3文字で、暗号も「3＋1，2＋3，9＋1」の3つのまとまりなので、**「さ」1文字が「3＋1」に暗号化されている**と考えてみましょう。すると、「さくら」が「3＋1，2＋3，9＋1」なので、「さ」が「3＋1」、「く」が「2＋3」、「ら」が「9＋1」なのではないか、ととりあえず推測しておきます。

同様に「つばき」が「4＋3，6－1，2＋2」なので、「つ」が「4＋3」、「ば」が「6－1」、「き」が「2＋2」といった具合に、ひらがな1文字に式の形をした暗号の1つのまとまりが対応していそうですね。

このように、まずは**文字数が暗号のまとまりの数と合っているか確認**しましょう。

「さ」が「3＋1」で、「3」と「1」の2つの数字が出てくるのも謎ニャ…。

1つのひらがなに数字が2つ使われているので、ひらがな1文字を2つに分けて考えてみるニャ！

ひらがなを使った暗号では、ひらがなを**子音と母音の2つ**に分けていることが多いです。暗号に数字が使われているので、子音と母音を使った暗号化のルールを推測してみましょう。

「さ」を**子音**と**母音**に分けると、「さ行」の「あ段」です。暗号では「3＋1」で、「あかさたな…」で「さ行」は3番目、「あいうえお」で、「あ段」は1番目ですね。

わかったニャ！「子音の番号＋母音の番号」になってるニャ！

子音＼母音		あ	か	さ	た	な	は	ま	や	ら	わ
		1	2	3	4	5	6	7	8	9	10
あ	1			3+1			6−1			9+1	
い	2		2+2								
う	3		2+3		4+3						
え	4										
お	5										

表にまとめると上のとおりで、この表に従って暗号が作られると考えてよさそうです。「つばき」の「ば」だけ引き算で表されており、「濁点を表すのに引き算を使う」というルールと考えられますね。

このルールを当てはめて「8＋3、9＋2」という暗号をもとに戻してみます。「8＋3」は子音が「8＝や行」、母音が「3＝う段」で「ゆ」、「9＋2」は子音が「9＝ら行」、母音が「2＝い段」で「り」となり、正解は「ゆり」です。

正解 **2**

重要度 ★★★

第2節 アルファベットの暗号

定番の暗号化ルールとしてもう1つ、アルファベットを使ったものがあります。ローマ字表記や英語を使ってうまく文字数を合わせてみましょう。

例題36

ある暗号で「シカ」が「01, 11, 09, 08, 19」、「ヤギ」が「09, 07, 01, 25」で表されるとき、同じ暗号の法則で「05, 13, 01, 11」と表される動物はどれか。

オリジナル

1 イヌ
2 ネコ
3 カメ
4 クマ
5 サイ

「シカ」は2文字だけど暗号は5つのまとまりになってて、文字数が合わないニャ…。

数が合わないときは、かな文字の「シカ」に**一手間加えてから暗号にしてる**可能性があるニャ！

暗号が5つのまとまりなので、これに合わせて「シカ」を5文字の別の表記に変えてみましょう。

「シカ」を英語に直すと「ＤＥＥＲ」で4文字、ローマ字に直すと「ＳＩＫＡ」または「ＳＨＩＫＡ」で、5文字の表記が1つ見つかります。そのまま当てはめると次のようになります。

$$\begin{cases} \text{シカ：S}=01,\ \text{H}=11,\ \text{I}=09,\ \text{K}=08,\ \text{A}=19 \\ \text{ヤギ：Y}=09,\ \text{A}=07,\ \text{G}=01,\ \text{I}=25 \end{cases}$$

ここで、同じアルファベットに同じ暗号の数字が当てはまっているか確認するニャ！

Aが2回出てくるのに、シカの「A＝19」と、ヤギの「A＝07」で数字が違うニャ…。

文字列の対応パターンはいくつもあるので、代表的なものをいくつか見てみましょう。

STUDY　暗号化の例

❶　アルファベットを数字に対応させ、いくつかずらす

・秋→「ＡＫＩ」と変換し、Ａ＝01～Ｚ＝26の数字に対応させる（01, 11, 09）

・その数字をその数字を１つずらす（02, 12, 10）

❷　左右逆に表記する

・秋→「ＡＫＩ」と変換したうえで左右逆に表記して「ＩＫＡ」とし、Ａ＝01～Ｚ＝26の数字に対応させる（09, 11, 01）

❸　数字を順に足していく

・秋→「ＡＫＩ」と変換し、Ａ＝01～Ｚ＝26の数字に対応させる（01, 11, 09）

・数字を順に足し、２番目の「Ｋ」は01＋11＝12、３番目の「Ｉ」は01＋11＋09＝21とする（01, 12, 21）

01	02	03	04	05	06	07	08	09	10	11	12	13
A	B	C	D	E	F	G	H	I	J	K	L	M
14	15	16	17	18	19	20	21	22	23	24	25	26
N	O	P	Q	R	S	T	U	V	W	X	Y	Z

ここでは❷の暗号化例を参考にして「ＳＨＩＫＡ」を左右逆にすると「ＡＫＩＨＳ」となり、これを暗号の数字に対応させると、「Ａ＝01，Ｋ＝11，Ｉ＝09，Ｈ＝08，Ｓ＝19」となります。

「ＹＡＧＩ」を左右逆にして「ＩＧＡＹ」とすると、「Ｉ＝09，Ｇ＝07，Ａ＝01，Ｙ＝25」でともに「シカ」のＡと「ヤギ」のＡが01になり、アルファベットをＡから順に01、02…と当てはめたものに対応します。

すると求める暗号は、「Ｅ＝05，Ｍ＝13，Ａ＝01，Ｋ＝11」のEMAKを左右逆にしてKAME（カメ）となるので、正解は**3**です。

正解 **3**

重要度 ★★★

第3節 N進法を利用した暗号

暗号に使われている文字や記号の種類が少ない場合、N進法を使った暗号を疑ってみましょう。

例題37

ある暗号で「PARK」が「△■◎, ◎◎◎, △■■, △◎△」、「SONG」が「■◎◎, △△■, △△△, ◎■◎」で表されるとき、同じ暗号の法則で「■△△, ◎■■, △◎■, ◎△◎」と表されるのはどれか。

オリジナル

1 BLUE　**2** CUTE　**3** LIFE
4 FILM　**5** WILD

これまでと同じで、まずは文字と暗号の対応を確認するニャ！

「PARK」や「SONG」が4文字、暗号が4つのまとまりになってるニャ！

「P」＝「△■◎」、「A」＝「◎◎◎」、「R」＝「△■■」、「K」＝「△◎△」に対応する、とひとまず考えておきます。

今回の暗号の特徴は、◎、△、■の**3種類だけで表されていること**ニャ！

今回の暗号は、3種類の記号だけでアルファベットを表しています。このようなときは、「0、1、2」の3つの数字だけを用いる**「3進法」を利用している**と推測してみましょう。

3進法の世界では3以上の数が使えないので、2の次は位が1つ上がって

「10」になります。

STUDY N進法

普段使っている10進法では０～９の10種類を用いて数を表しますが、例えば３進法では０、１、２の３種類のみを用いて数を表します。

10進法では９の次に位が１つ上がり、十の位が「１」となって一の位が「０」に戻るのと同様に、３進法では２の次に位が１つ上がり、「10」と表記される数になります。

「9」の次にくり上がる

10進法	001	002	003	004	005	006	007	008	009	010
3進法	001	002	010	011	012	020	021	022	100	101

「2」の次にくり上がる

このような10進法以外の数の表記方法をＮ進法と総称していますが、暗号の問題でよく登場するのはとりわけ３進法です。

もしかして、◎、△、■が０、１、２の数字に対応してるニャ…？

「000、001、002…」を順番に「Ａ、Ｂ、Ｃ…」と当てはめていくと以下のようになります。

000	001	002	010	011	012	020	021	022	100	101	102	110
A	B	C	D	E	F	G	H	I	J	K	L	M
111	112	120	121	122	200	201	202	210	211	212	220	221
N	O	P	Q	R	S	T	U	V	W	X	Y	Z

「ＰＡＲＫ」を暗号にした表記のうち「◎◎◎」が「Ａ」に該当するなら、３進法の始めが「000」で、「Ａ」の暗号が「◎◎◎」なので、「０」が「◎」に置き換えられ、「◎◎◎（000）＝Ａ」と表記されていると推測できます。

同様に「△」と「■」についても考えます。「ＰＡＲＫ」を暗号にした表記のうち「△■◎」が「P」に該当すると考えられますが、ここに**3種類の記号がすべて使われています**。

3進法とアルファベットの対応表によると「P」は「120」なので、「△[1]■[2]◎[0]」と考えてみます。

「SONG」を暗号にしたもので確かめてみると、「■[2]◎[0]◎[0]＝S」、「△[1]△[1]■[2]＝O」、「△[1]△[1]△[1]＝N」、「◎[0]■[2]◎[0]＝G」もルールに当てはまることから、正しかったことがわかります。

「■[2]△[1]△[1]，◎[0]■[2]■[2]，△[1]◎[0]■[2]，◎[0]△[1]◎[0]」をアルファベットに直すと「WILD」となるので、正解は**5**です。

3進法の仕組みを使った暗号問題では、3種類の記号を変えただけの問題が出題されることが多いニャ！

「◎、△、■」と同じく、「大、中、小」や「赤、青、黄」などの3種類の文字や記号で作られた暗号が出てきたら、3進法ではないかと推測して今回の手順を実践してみましょう。

正解 **5**

□□□

問題 36

難易度 A

ある暗号で「杉並」が「9÷3，－4÷2，5÷5，14÷7」、「板橋」が「2÷1，4÷4，－6÷6，6÷3」で表されるとき、同じ暗号の法則で「28÷7，－6÷2，45÷9」と表されるのはどれか。　特別区Ⅰ類 2016

1　「足立」

2　「目黒」

3　「中野」

4　「豊島」

5　「渋谷」

HINT　子音と母音の暗号

「杉並」を「すぎなみ」とひらがなにすると4文字、暗号も4つのまとまりでできています。

「9÷3，－4÷2，5÷5，14÷7」

また、暗号を見ると1つの文字に対して2つの数字が対応していることに注目してみましょう。

解説　　　正解 2

まず、**暗号のまとまりの個数を確認**します。

「杉並」に対応するのは「9 ÷ 3, − 4 ÷ 2, 5 ÷ 5, 14 ÷ 7」で4つ、「板橋」に対応するのは「2 ÷ 1, 4 ÷ 4, − 6 ÷ 6, 6 ÷ 3」で4つとなります。「杉並」、「板橋」を「すぎなみ」、「いたばし」とひらがな表記するとそれぞれ4文字になるので、**ひらがな表記と暗号が対応している**と推測されます。

子音と母音に順に数字を割り当てて表にしたものに「すぎなみ」と「いたばし」の暗号の式を当てはめると以下のようになります（「ぎ」と「ば」はひとまず「き」と「は」が入るべきマスに入れておきます）。

表より、**「÷」の後の数字と子音の数字が等しい**ことがわかります。

子音／母音		あ	か	さ	た	な	は	ま	や	ら	わ
		1	2	3	4	5	6	7	8	9	10
あ	1				4÷4	5÷5	−6÷6				
い	2	2÷1	−4÷2	6÷3				14÷7			
う	3			9÷3							
え	4										
お	5										

次に、母音について考えます。それぞれの**割り算を計算すると、答えの値が母音の数値と一致**します。濁点はマイナスで表していると推測されます。

この表に暗号の式を当てはめると、「めぐろ＝目黒」となるので、正解は**2**です。

子音／母音		あ	か	さ	た	な	は	ま	や	ら	わ
		1	2	3	4	5	6	7	8	9	10
あ	1				4÷4 1	5÷5 1	−6÷6 −1				
い	2	2÷1 2	−4÷2 −2	6÷3 2				14÷7 2			
う	3		−6÷2 −3	9÷3 3							
え	4							28÷7 4			
お	5									45÷9 5	

□□□

問題 37

難易度 B

ある暗号で、「横浜」は「0113010815111525」、「神戸」は「0502211511」で表される。このとき「012515070114」で表される都市として、最も妥当なのはどれか。

東京消防庁Ⅰ類 2015

1 釧路

2 長野

3 名古屋

4 堺

5 博多

HINT 文字数と暗号のまとまりの数を合わせる

暗号の数字の数は「横浜」が16個、「神戸」が10個です。

「横浜」や「神戸」をどのように変換すれば暗号の数字の数と合わせられるのか考えてみましょう。

解説　　　　正解 3

「横浜」を表す暗号は「0113010815111525」で数字が16個、「神戸」を表す暗号は「0502211511」で数字が10個です。例えば「よこはま」、「こうべ」とそれぞれひらがなにしてみても、ひらがなの文字数と暗号の数字の個数が一致しません。

そこで、**「横浜」と「神戸」をローマ字表記にしてみます。**

「横浜」は「ＹＯＫＯＨＡＭＡ」と表記すると８文字、横浜の暗号を「01, 13, 01, 08, 15, 11, 15, 25」と２桁ごとに区切ると８つのまとまりになります。同様に「神戸」は「ＫＯＵＢＥ」と表記すると５文字、神戸の暗号を「05, 02, 21, 15, 11」と２桁ごとに区切ると５つのまとまりになり、アルファベットの文字数と一致します。

「ＹＯＫＯＨＡＭＡ」と「01, 13, 01, 08, 15, 11, 15, 25」の並び順と、アルファベット１番目のAと25番目のYの位置を考えると、**「YOKOHAMA」を逆に並べた「AMAHOKOY」を暗号化している**ものと推測されます。

01	02	03	04	05	06	07	08	09	10	11	12	13
A	B	C	D	E	F	G	H	I	J	K	L	M
14	15	16	17	18	19	20	21	22	23	24	25	26
N	O	P	Q	R	S	T	U	V	W	X	Y	Z

横浜「ＹＯＫＯＨＡＭＡ」、神戸「ＫＯＵＢＥ」のアルファベットを逆に並べて数値化したものを暗号と比較すると、推測どおりとわかります。

「012515070114」を２桁ごとに区切った「01, 25, 15, 07, 01, 14」にアルファベットを当てはめ、逆に並べると「ＮＡＧＯＹＡ（名古屋）」になります。よって、正解は**3**です。

01	13	01	08	15	11	15	25
A	M	A	H	O	K	O	Y

➡ YOKOHAMA（横浜）

05	02	21	15	11
E	B	U	O	K

➡ KOUBE（神戸）

01	25	15	07	01	14
A	Y	O	G	A	N

➡ NAGOYA（名古屋）

□□□

問題 38

難易度 **B**

ある暗号で「ＣＬＵＢ」が「上上下，中上下，下上下，上上中」、「ＤＡＷＮ」が「上中上，上上上，下中中，中中中」で表されるとき、同じ暗号の法則で「下上上，上下中，中中下，中下上」と表されるのはどれか。　特別区Ｉ類 2019

1　「ＳＯＲＴ」

2　「ＳＨＯＰ」

3　「ＳＨＩＰ」

4　「ＰＯＲＴ」

5　「ＭＩＳＴ」

HINT　暗号文の記号の種類が少ない場合

この問題の暗号には、「上」、「中」、「下」の３種類しか記号が使われていません。

このことをヒントにどのような暗号か推測してみましょう。

解　説　　　　　　　　　　　正　解　2

暗号に「上、中、下」の３文字しか出てこないので、**３進法の暗号**と推測してみます。

３進法で表記した数とアルファベットを対応させると、以下のようになります。

000	001	002	010	011	012	020	021	022	100	101	102	110
A	B	C	D	E	F	G	H	I	J	K	L	M
111	112	120	121	122	200	201	202	210	211	212	220	221
N	O	P	Q	R	S	T	U	V	W	X	Y	Z

「ＤＡＷＮ」のＡが「上上上」に当たるので、「000」が「上上上」と推測されます。「ＣＬＵＢ」のＬが「中上下」に当たり、３進法でＬは「102」となるので、１＝中、０＝上、２＝下と推測されます。

「下上上，上下中，中中下，中下上」を数値化すると、「200，021，112，120」となり、これをアルファベットに変換すると「ＳＨＯＰ」となります。よって、正解は**2**です。

第1編

判断推理

第10章

操作手順

川渡り問題

ボートなどの移動手段で川を渡る際の移動の最少回数を求めるタイプの問題です。

大人４人と子ども３人が、川岸にある１艇のボートを使って対岸へ渡ろうとしている。このボートには子どもなら同時に３人まで乗ることができるが、大人が同時に２人以上乗ることや、大人と子どもが同時に乗ることはできない。

このとき、全員が対岸へ渡るために必要なボートによる移動の最少回数はどれか。ただし、ボートの移動回数は片道を１回と数えるものとする。

オリジナル

1　11回　**2**　13回　**3**　15回　**4**　17回　**5**　19回

まず、１回目の移動でボートに乗るべきなのは誰か考えるニャ！

大人はボートに同時に１人しか乗れないので、大人が最初に川を渡ってしまうと、対岸へ渡ったボートでそのまま戻るしかなく、図のように**無駄な１往復**となってしまいます。

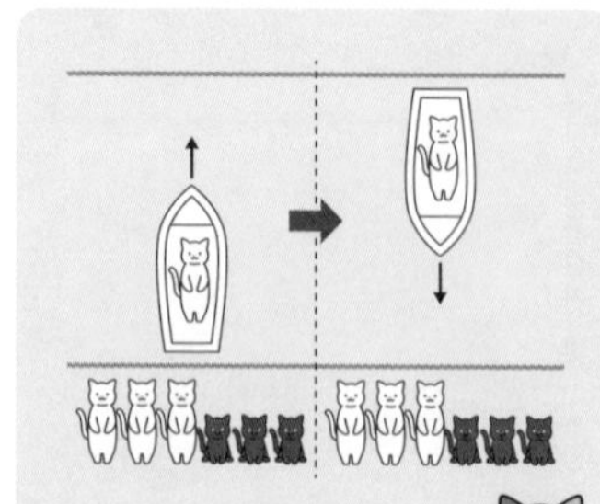

なら、最初に渡るのは子どもに決定ニャ！

最初に、子どもがボートに乗れるだけ（この場合は３人）乗ります。そのあと、子どもが１人でボートをもとの岸へ戻し、対岸に子どもが残っている状態で大人が川を渡ります。

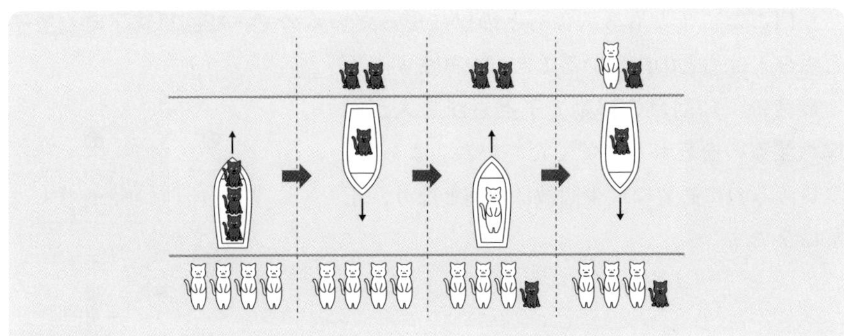

つまり子どもは、「**ボートをもとの岸に戻す係**」というわけニャ！

ボートの移動回数を最少にするためには、大人に無駄な往復をさせてはならず、対岸に子どもがいるときにしか川を渡ることができません。

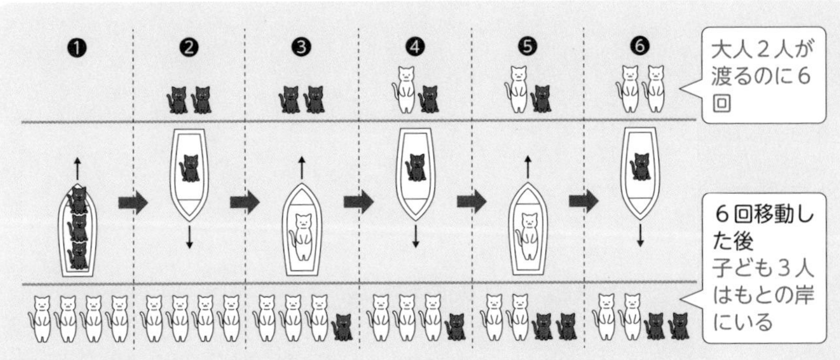

「大人２人が対岸へ渡るのに６回かかる」なら、**大人が４人だとその２倍の12回かかる**ニャ！

そのとおりニャ！

大人２人が対岸へ渡るのに要する**6回を１セット**とすると、今回は大人４人が対岸へ渡るので２セット、つまり6×2＝12［回］の移動が必要です。

６回ごとに子ども３人はもとの岸に戻っているので、**12回目終了時点で子ども３人はもとの岸にいる**ことになります。

最後に、**13回目の移動で子どもが３人が対岸へ渡る**のを忘れないでくださいね。よって、全員渡るのに必要な最少回数は13回となり、正解は**2**です。

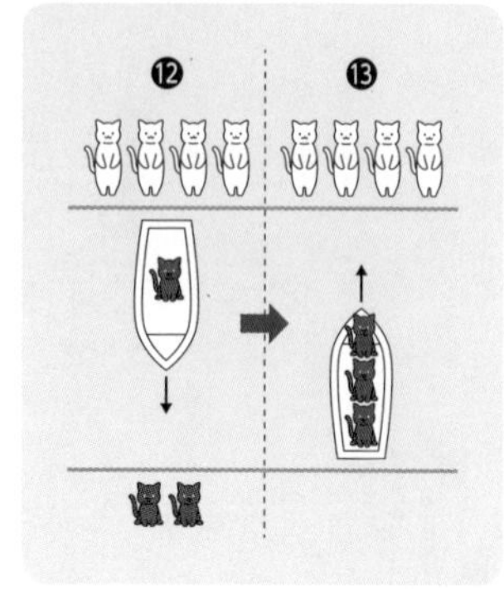

正解 **2**

重要度 ★★★

第2節 油分け算

容器を使って液体を移し替える操作を繰り返し、指定の量を作る問題です。無駄な操作が出ないように一定のルールを定めておきます。

例題39

10Lの油が入っている樽と、7Lと3Lの空の容器が1つずつある。これらを使って油を移し替える操作を繰り返し、10Lの油を5Lずつに分けるために必要な操作の最少回数は何回か。ただし、樽と容器との間、または容器と容器との間で油を移す操作を1回と数えるものとする。

オリジナル

1 5回　**2** 6回　**3** 7回　**4** 8回　**5** 9回

「最少回数」を求めるには無駄な操作がないように、ルールを決めておくといいニャ！

STUDY 油分け算の操作ルールの一例

樽などの最も容積の大きいものを「大」、空の容器のうち容積の大きいほうを「中」、小さいほうを「小」とします。

❶「中」が空のとき

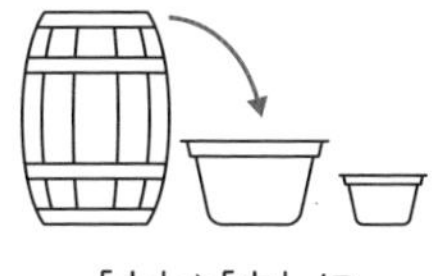

「大」➡「中」に入るだけ移す

❷「中」に液体が入っているとき

「中」➡「小」に入るだけ移す

❸「小」が液体で満タンのとき

「小」➡「大」に移す

❶～❸の操作を繰り返すと、9回目の操作後に5Lずつに分けられます。

		始め	1回	2回	3回	4回	5回	6回	7回	8回	9回
10L	大	10	3	3	6	6	9	9	2	2	5
7L	中	0	7	4	4	1	1	0	7	5	5
3L	小	0	0	3	0	3	0	1	1	3	0

この表の作り方がわからないニャ…。

ルールどおりに３つの操作を繰り返してるだけニャ！

❶ 「中」が空（0L）のとき、「大」から「中」に入るだけ移す

１回目の操作で、樽の10L（「大」）から７Lの容器（「中」）に移り、樽には３Lが残ります。６回目の操作も同様です。

		始め	1回	2回	3回	4回	5回	6回	7回	8回	9回
10L	大	10	3	3	6	6	9	9	2	2	5
7L	中	0	7	4	4	1	1	0	7	5	5
3L	小	0	0	3	0	3	0	1	1	3	0

❷ 「中」に液体が入っているとき、「中」から「小」に入るだけ移す

例えば１回目の操作後、７Lの容器（「中」）に液体が入っているので３Lの容器（「小」）に移し、７Lの容器には４Lが残ります。

		始め	1回	2回	3回	4回	5回	6回	7回	8回	9回
10L	大	10	3	3	6	6	9	9	2	2	5
7L	中	0	7	4	4	1	1	0	7	5	5
3L	小	0	0	3	0	3	0	1	1	3	0

「小」にあと3L入る　　「小」にあと2L入る

❸ 「小」が液体で満タンのとき、「小」から「大」に移す

		始め	1回	2回	3回	4回	5回	6回	7回	8回	9回
10L	大	10	3	3	6	6	9	9	2	2	5
7L	中	0	7	4	4	1	1	0	7	5	5
3L	小	0	0	3	0	3	0	1	1	3	0
				満タン		満タン				満タン	

これらの操作を繰り返すと、9回目の操作後に5Lずつに分かれます。よって、正解は**5**です。

正解 **5**

第1編

第10章 操作手順

重要度 ★★★

偽コイン探し

1つだけ紛れている重さの違う偽物を、天秤で量る操作によって見つけ出す回数を考えます。

例題40

同じ外見のコインが10枚あるが、このうち1枚は他よりわずかに重い偽物のコインである。上皿天秤を使って重さを量り、偽物のコイン1枚を確実に見つけ出すのに必要な最少の使用回数は何回か。　オリジナル

1　2回　**2**　3回　**3**　4回　**4**　5回　**5**　6回

まず、このタイプの問題は次の知識があるだけで解けちゃうニャ！

STUDY 偽コイン探しにおける天秤の使用最少回数

コインの総数と、1枚の偽物を確実に見つける最少回数は次のとおりです。

コインの総数が3等分できる、3枚（3^1枚）、9枚（3^2枚）、27枚（3^3枚）、81枚（3^4枚）…のときの最少回数を押さえておきましょう。

コインの総数	1～3枚	4～9枚	10～27枚	28～81枚	82～243枚
最少回数	1回	2回	3回	4回	5回

ここからは種明かしニャ！ 話をわかりやすくして、コインが3枚だった場合で考えてみるニャ！

上皿天秤の**左右の皿にコインを1枚ずつ載せ、残りの1枚を皿に載せずにおく**と、天秤が傾いたときは下がったほうの皿に載せたコイン、釣り合ったとき

は皿に載せなかったコインがそれぞれ偽物とわかり、**1回で偽物を見つけ出せます**。

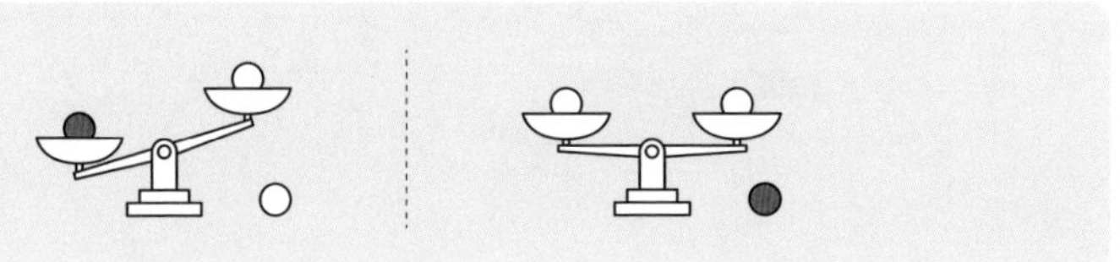

コインが4枚の場合は左右の皿に1枚ずつ載せ、残りの2枚を皿に載せずにおきます。

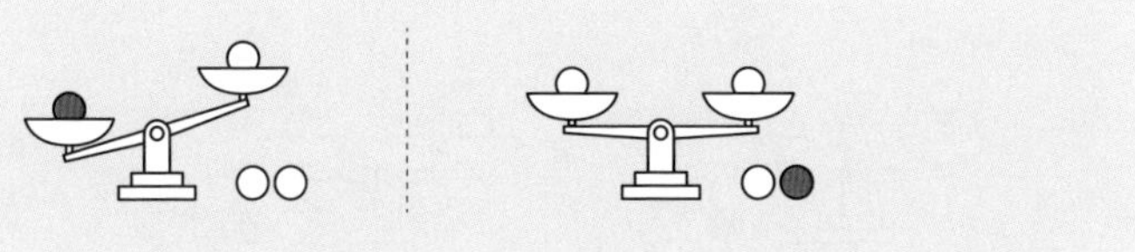

ぴったり3等分できないときは、**左右の皿に載せる数を等しくして、できるだけ3等分になるように**ニャ！

天秤が傾いたら1回で偽物がわかるから、最少回数は1回ニャ！

話はそう簡単ではないニャ…。

「**確実に見つけ出すのに必要な最少の使用回数**」というのがポイントです。天秤が釣り合ったときは、皿に載っていない2枚のうちどちらが偽物かわからず、この2枚を左右の皿に載せてもう1回調べる必要があります。このように、**1回では確実に偽物を見つけ出すことができず**、コインが4枚の場合は2回天秤を使うことになります。

コインが9枚の場合は左右の皿に3枚ずつ載せ、残りの3枚を皿に載せずにおきます。すると1回目で、**3等分したグループのうち偽物が含まれる3枚**まで絞り込むことができます。あとはコインが3枚のときと同様に2回目で偽物を確定できます。

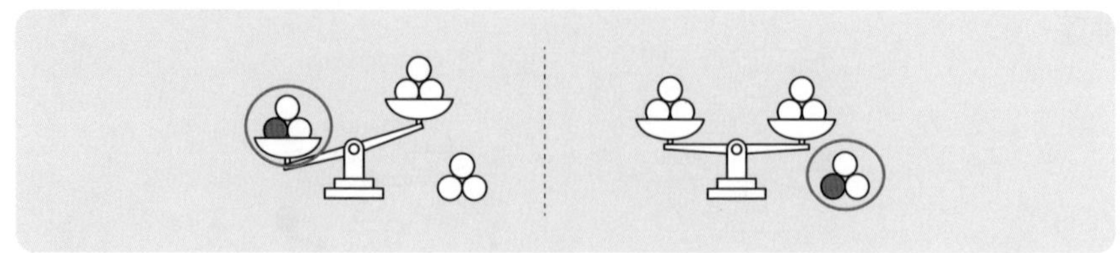

例題で問われているコインが10枚の場合は９枚よりも１回多く天秤を使うことになり、次の図のように３回必要です。

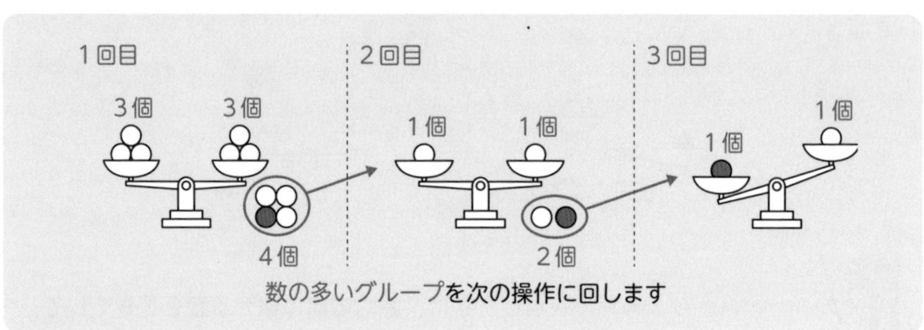

まず、左右の皿に３枚ずつ載せ、残りの４枚を皿に載せずにおきます。**確実に偽物を見つけなくてはいけないので**、枚数の多い皿に載せなかった**４枚のグループの中に偽物が含まれていた場合を考えます**。

あとはコインが４枚のときと同様に２回目、３回目の操作で偽物を確定できます。

正　解　**2**

□□□

問題39

難易度 A

大人３人、子供２人が１隻のボートを使って、船着き場から川の対岸にあるキャンプ場に移動する。ボートには、大人なら１人、子供なら２人までしか乗れず、また、大人と子供が同時に乗ることはできない。船着き場からキャンプ場、キャンプ場から船着き場への移動をそれぞれ１回と数えると、全員が船着き場からキャンプ場へ移動するのに必要な最少回数はどれか。 特別区Ⅰ類 2004

1 11回

2 13回

3 15回

4 17回

5 19回

HINT 川渡り問題

同時に１人までしか乗れない大人を最初に移動させてしまうと、キャンプ場からそのまま引き返すしかなく、無駄な移動となってしまいます。そこで、２人で乗れる子どもを先にキャンプ場に移動させ、「ボートを船着き場に戻す係」にします。

解説　　　　正解 2

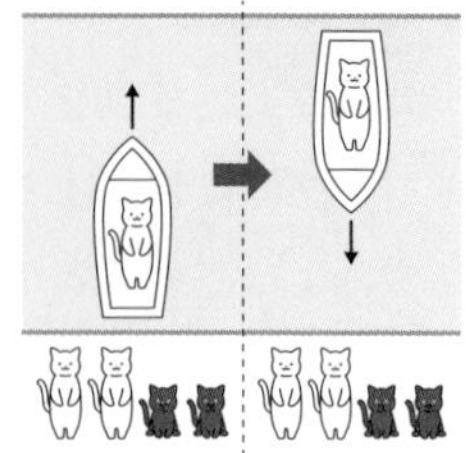

１人でしかボートに乗れない大人が先に川を渡ってしまうと、大人がキャンプ場に渡った後、ボートを戻すためにそのまま引き返さなければならず、無駄な往復をすることになってしまいます。

そこで、**まず子どもが「ボートを船着き場に戻す係」として川を渡ります**。

「ボートを船着き場に戻す係」はできるだけ多いほうがいいので、子ども２人でボートに乗り、１人でボートを戻します。キャンプ場に子どもがいれば大人が渡ることができ、キャンプ場にいた子どもがボートを戻します。

このように、４回で大人が１人キャンプ場に渡ることができます。

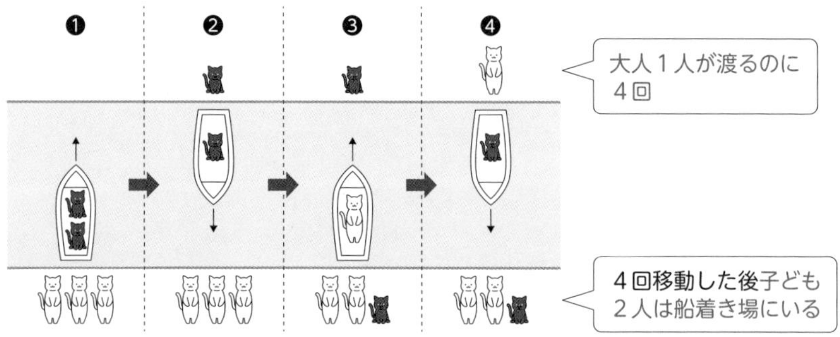

大人１人が渡るのに４回かかるので、大人３人が渡るのには4×3＝12[回]の移動が必要です。

４回ごとに子ども２人は船着き場に戻っているので、**12回目終了時点で子ども２人が船着き場にいる**ことになります。

13回目の移動で子ども２人がキャンプ場に渡り、全員が移動することができるので、正解は**2**です。

□□□

問題 40

難易度 B

水が満たされている容量18リットルの容器と、容量11リットル及び容量７リットルの空の容器がそれぞれ一つずつある。三つの容器の間で水を順次移し替え、容量18リットルの容器と容量11リットルの容器とへ、水をちょうど９リットルずつ分けた。各容器は容量分の水しか計れず、一つの容器から別の容器に水を移し替えることを１回と数えるとき、水をちょうど９リットルずつに分けるのに必要な移し替えの最少の回数として、正しいのはどれか。

東京都Ⅰ類 2022

1　15回
2　16回
3　17回
4　18回
5　19回

HINT 油分け算

「最少の回数」となるように、操作のルールを決めておきます。

❶「中」(11Lの容器) が空のとき、「大」(18Lの容器) から「中」に入るだけ移す
❷「中」に液体が入っているとき、「中」から「小」(７Lの容器) に入るだけ移す
❸「小」が液体で満タンのとき、「小」から「大」に移す

解説

正解 3

以下のとおり、17回の操作で9Lずつに分けることができるので、正解は**3**です。

		始め	1回	2回	3回	4回	5回	6回	7回	8回	9回	10回	11回	12回	13回	14回	15回	16回	17回
18L	大	18	7	7	14	14	3	3	10	10	17	17	6	6	13	13	2	2	9
11L	中	0	11	4	4	0	11	8	8	1	1	0	11	5	5	0	11	9	9
7L	小	0	0	7	0	4	4	7	0	7	0	1	1	7	0	5	5	7	0

なお、手順ごとに説明すると、❶「中」（11Lの容器）が空（0L）ならば、「大」（18Lの容器）から「中」に水を移します。

		始め	1回	2回	3回	4回	5回	6回	7回	8回	9回	10回	11回	12回	13回	14回	15回	16回	17回
18L	大	18	7	7	14	14	3	3	10	10	17	17	6	6	13	13	2	2	9
11L	中	0	11	4	4	0	11	8	8	1	1	0	11	5	5	0	11	9	9
7L	小	0	0	7	0	4	4	7	0	7	0	1	1	7	0	5	5	7	0

❷「中」に水が入っていれば、「中」から「小」（7Lの容器）に水を移します。

		始め	1回	2回	3回	4回	5回	6回	7回	8回	9回	10回	11回	12回	13回	14回	15回	16回	17回
18L	大	18	7	7	14	14	3	3	10	10	17	17	6	6	13	13	2	2	9
11L	中	0	11	4	4	0	11	8	8	1	1	0	11	5	5	0	11	9	9
7L	小	0	0	7	0	4	4	7	0	7	0	1	1	7	0	5	5	7	0

❸「小」が満タンのとき、「小」から「大」に水を移します。

		始め	1回	2回	3回	4回	5回	6回	7回	8回	9回	10回	11回	12回	13回	14回	15回	16回	17回
18L	大	18	7	7	14	14	3	3	10	10	17	17	6	6	13	13	2	2	9
11L	中	0	11	4	4	0	11	8	8	1	1	0	11	5	5	0	11	9	9
7L	小	0	0	7	0	4	4	7	0	7	0	1	1	7	0	5	5	7	0
				満タン				満タン		満タン				満タン				満タン	

□□□

問題41

難易度 A

同じ形・大きさの硬貨が200枚ある。この中に１枚だけ他と比べて重量の軽い偽物が混じっているとき、正確に重量を比較することができる上皿天秤１台を使って、確実に偽物を見つけ出すためには、最少で何回この天秤を使えばよいか。ただし、偶然見つかった場合は最低回数にしないものとする。

裁判所 2007

1　５回
2　６回
3　７回
4　８回
5　９回

HINT 偽コイン探し

200枚の硬貨を３グループに分けますが、200は３で割り切れません。上皿天秤の左右の皿に載せる枚数が等しくなるように分け、残った硬貨は皿に載せずにおきます。

「確実に偽物を見つけ出す」ために必要な最少の回数を求めるので、２回目以降の操作では硬貨の枚数が多いグループの中に偽物が含まれていた場合を考えます。

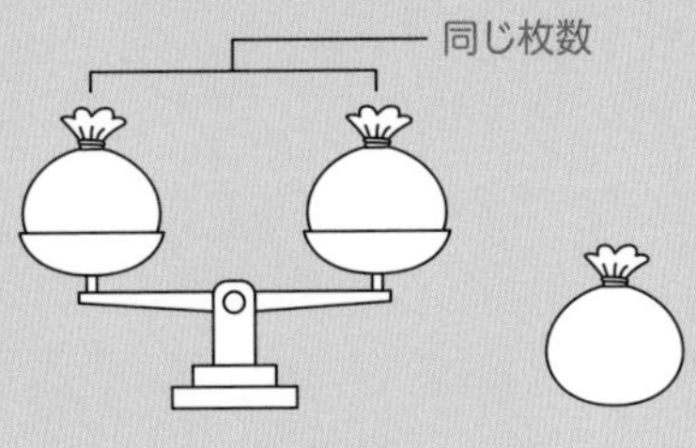

解説　　　　　　　　　　　　　　　　　　　　正解　1

コインの総数と天秤を使用する最小回数の対応を覚えているなら、200枚が82〜243枚に該当することから５回で見つけ出せることがすぐにわかります。

もっとも、この対応を覚えていなくても、規定の手順で検討すれば正解を導くことができます。

まず、200枚の硬貨を３つのグループに分けます。**67枚ずつ左右の皿に載せ、残りの66枚は皿に載せずにおきます**。天秤が傾いたときは上がったほうの皿に載せた67枚、釣り合ったときは皿に載せなかった66枚の中に偽物が含まれていることになります。

確実に偽物を見つけなくてはいけないので、枚数の多い**67枚のグループの中に偽物が含まれていた場合を考えます**。

２回目の操作では、67枚の硬貨を22枚、22枚、23枚の３つのグループに分け、**22枚ずつ左右の皿に載せ、残りの23枚を皿に載せずにおきます**。

以下、次の表のようにしてわずかに軽い硬貨が入っているグループを調べていきます。

	1回目	2回目	3回目	4回目	5回目
左の皿	67	22	8	3	1
右の皿	67	22	8	3	1
載せない	66	23	7	2	1
合計	200	67	23	8	3

５回目の操作でいずれか１枚に特定できるので、正解は**1**です。

第2編

空間把握

第1章

展開図

重要度 ★★★

第1節 正六面体の展開図

まずは基本の正六面体で、展開図の扱い方を押さえましょう。

例題41

正六面体のうち3つの面に、右の図のように●印が描かれている。この正六面体の展開図としてあり得るのはどれか。

オリジナル

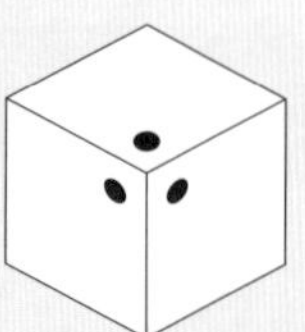

1

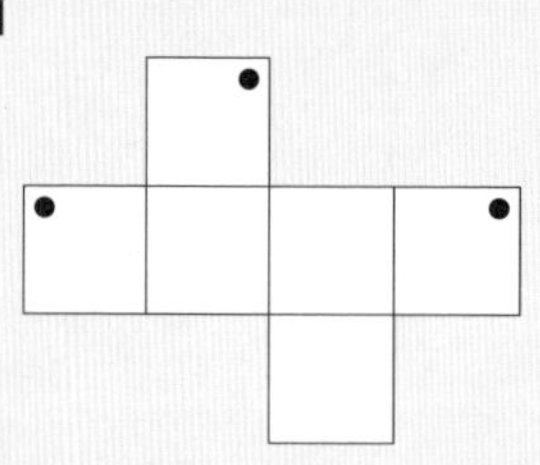

2

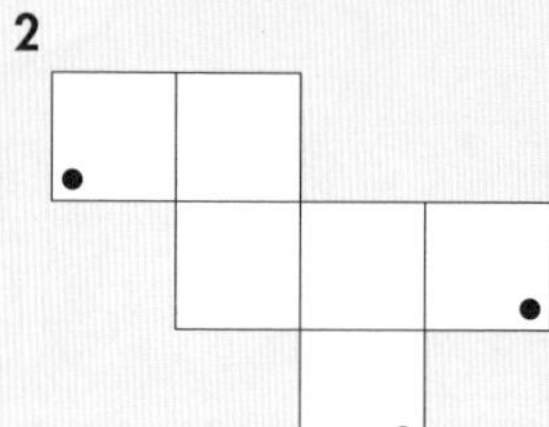

3

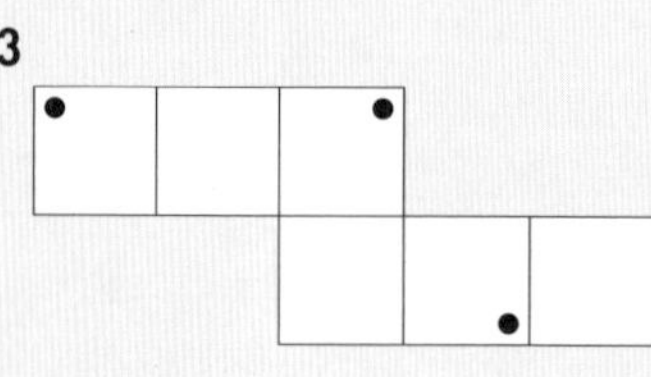

4

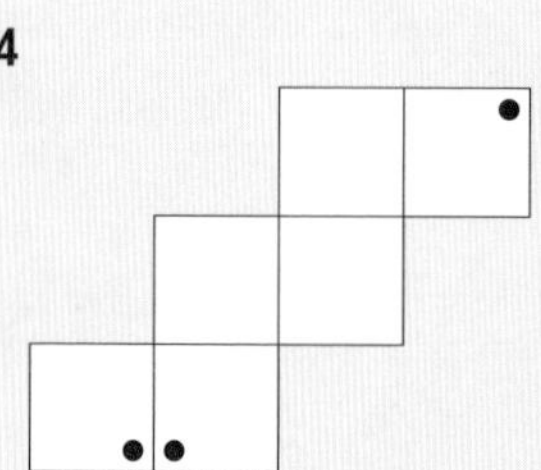

5

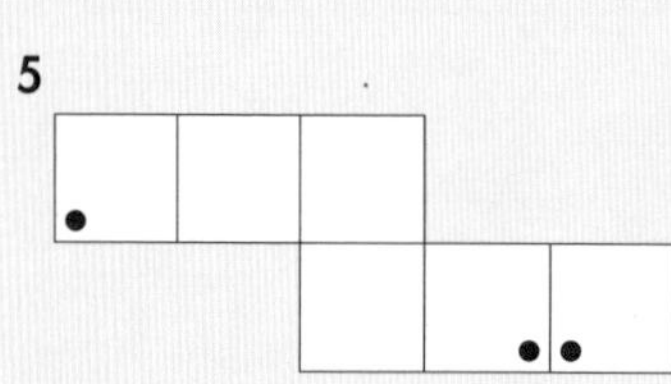

例題を解く前に、まず基本知識を確認ニャ！

STUDY 正六面体と展開図

下の左の図のように、正方形６個で空間を囲んだ立体を**正六面体**（立方体）といいます。

立体の辺を切り開いて平面状にしたものを**展開図**といい、切り開く前の立体の形がわかるように描かれた図を**見取図**といいます。特に指示がない場合は、立体の表側に出ていた面が展開図となります。

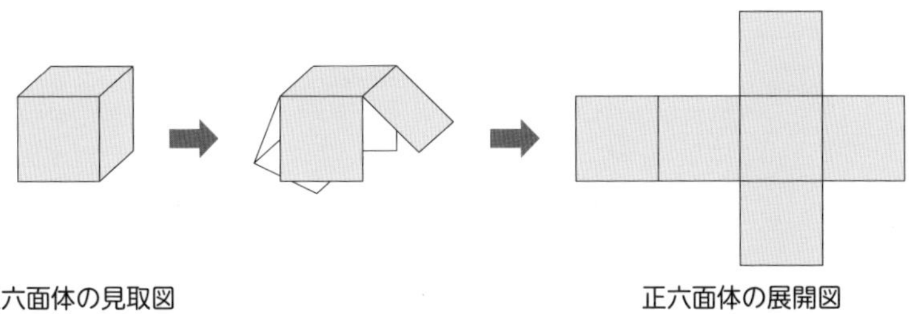

正六面体の見取図　　　　正六面体の展開図

見取図と展開図はわかったニャ！ でも実際に切り取って組み立てないと正解がわからないニャ…。

頂点に注目すると、組み立てなくても正解がわかるニャ！

正六面体の１つの頂点は、**３つの面の頂点が重なってできています**。

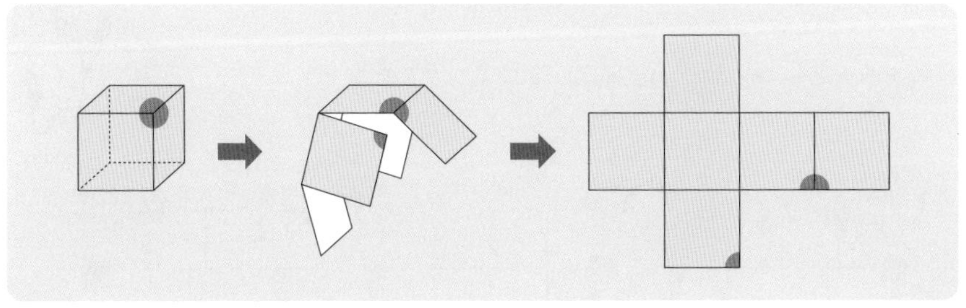

このことを利用して、展開図において重なる頂点がどこかわかれば、組み立てたときの模様の見え方がわかります。

STUDY　正六面体の重なる頂点Ⅰ

正六面体の展開図上で90°開いた辺どうしは、組み立てると接し、頂点が重なります。

一例として、**図1**の頂点A、**図2**の頂点Bがそれぞれ重なります。

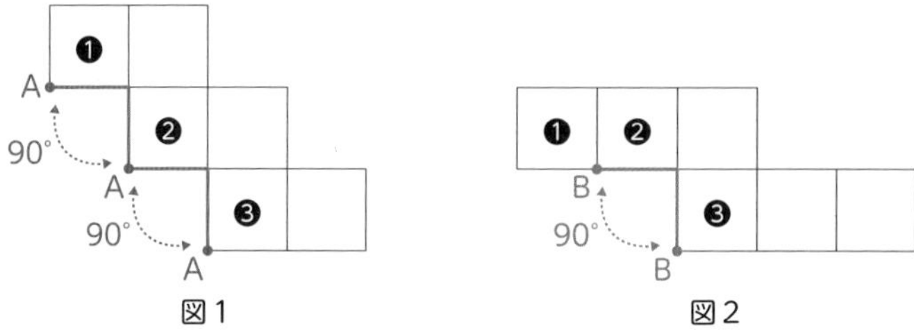

図1　　図2

いずれも❶～❸の３面の頂点が重なったので、これ以外に別の頂点と重なることはありません。

この知識を使うと、例題の展開図であり得ないものがわかるニャ！

例題の見取図は、●印が**3つとも1つの頂点に集まっている**ので、展開図で「●印がある頂点」と「●印のない頂点」が重なるものは誤りです。

ニャるほど！ あり得ない展開図が３つ見つかったニャ！

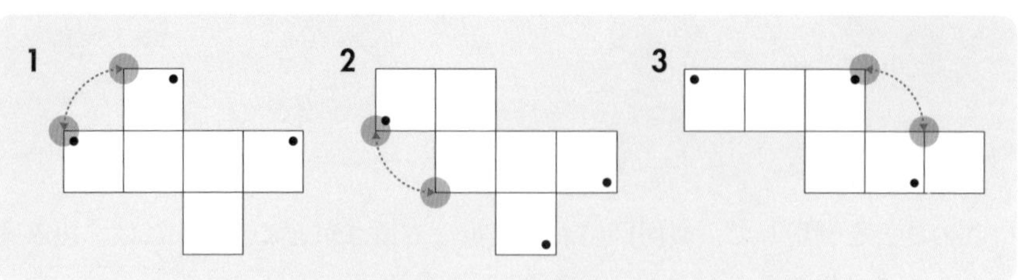

1～**3**は、●印のある頂点が●印のない頂点と重なるので誤りです。

でも、残りの２つのうちどっちが正解かわからないニャ…。

もう１つ、別の方法を教えるニャ！

STUDY　正六面体の重なる頂点Ⅱ

図１の見取図において、頂点Ａと頂点Ｂは互いに最も遠い位置にあります。これを切り開いて展開図にすると**図２**のようになりますが、それぞれ着色した面は正方形２面でできています。

これを１つの長方形と見て、頂点Ａから長方形の対角線に沿って対頂点（対角線上の反対側の頂点）へ移動すると頂点Ｂに達し、そこから別の色の長方形の対頂点へ移動すると**展開図における別の頂点Aに至る**ことがわかります。

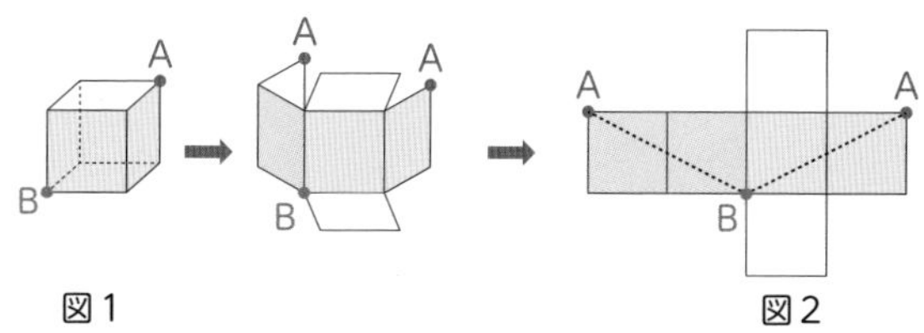

図１　図２

つまり、展開図におけるある頂点から、**「正方形２面でできた長方形」の対頂点への移動を２回繰り返して至った頂点は、最初の頂点と重なる**ことがわかります。

これを使うと、残った２つのうちどちらが正解かわかるニャ！
斜め移動を２回した先に●印があれば正解ニャ！

4、**5**の展開図で「●印が２つ集まっている頂点」を頂点Ａ、頂点Ａから最も離れている頂点を頂点Ｂとし、●印が３つ重なるかどうか調べてみましょう。

4は下図のように、頂点Aどうしが重なります。頂点Aに**●印が３つ集まっている**ので、組み立てると問題の見取図と等しくなります。

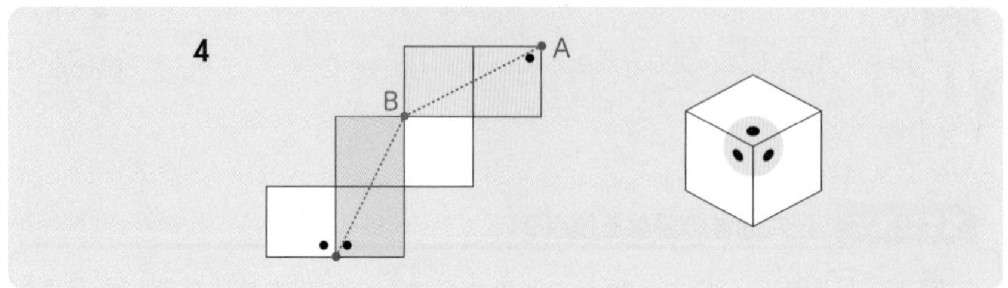

一方、**5**は下図のように、**「●印のある頂点」と「●印のない頂点」が重なってしまう**ので誤りです。組み立てると、下図のように１つの頂点に●印が３つ集まりません。

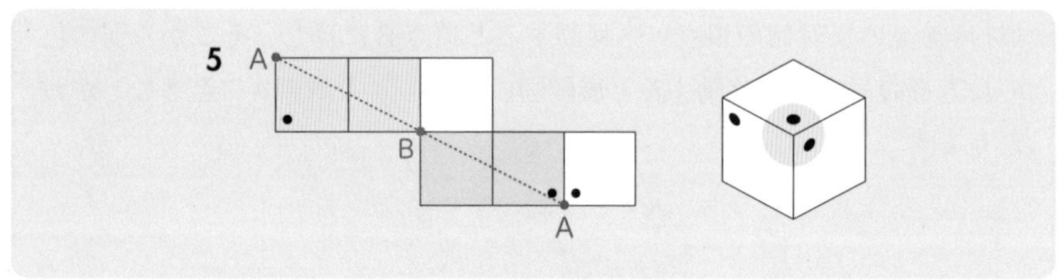

正　解　**4**

例題42

正六面体のうち3つの面に、右の図のように●印が描かれている。この正六面体の展開図としてあり得るのはどれか。

オリジナル

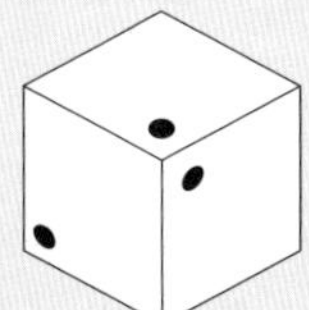

1

2

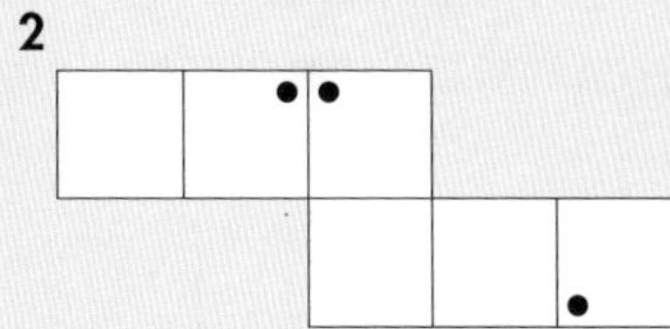

3

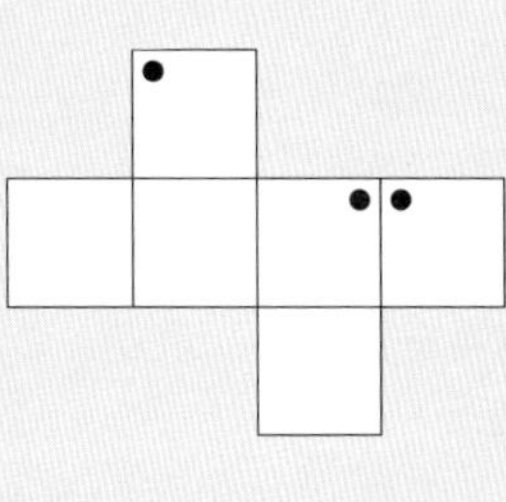

4

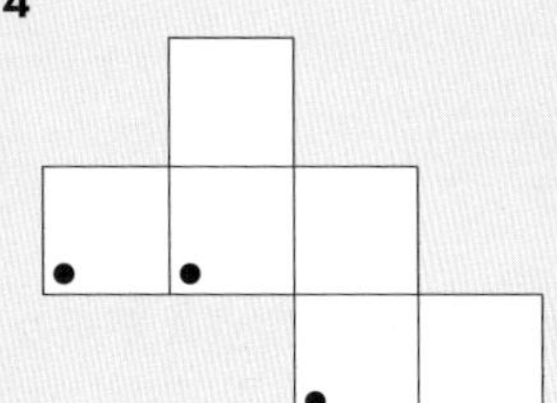

5

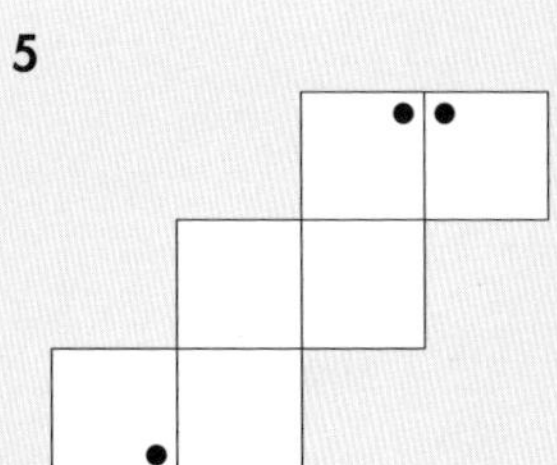

もう1問チャレンジするニャ！

今度は3つめの●印がちょっとズレてるニャ…。

今回は●印が２つ集まる頂点の対頂点の位置に、３つ目の●印があります。

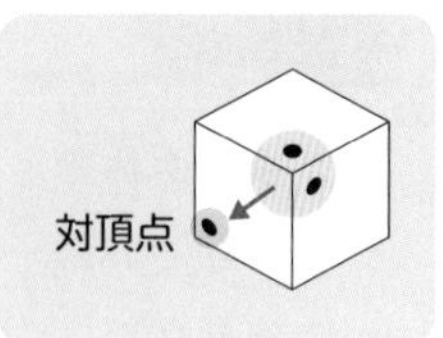

1 ✕ **図1**のように頂点Aどうしが重なります。**図2**を見ると、左上の面の頂点Aの対頂点に●印がないので誤りです。

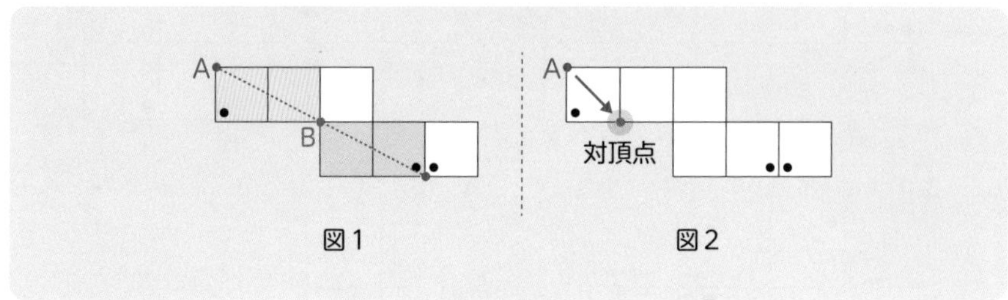

図1　図2

2 ○ **図3**のように頂点Aが重なります。**図4**を見ると、頂点Aの対頂点に●印があるので、あり得る展開図となります。

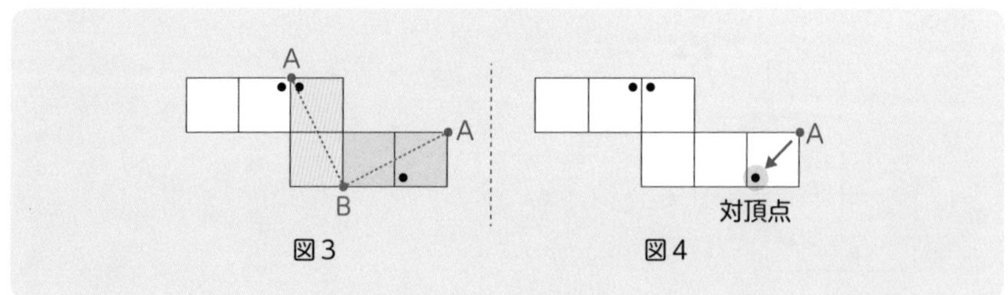

図3　図4

3 ✕ **図5**の●印が２つ集まっている頂点Aと90°離れている頂点が重なります。**図6**を見ると、頂点Aの対頂点に●印がないので誤りです。

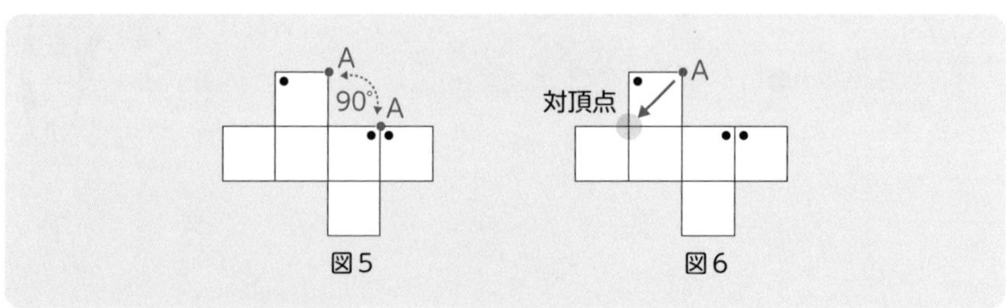

図5　図6

4　×　**図7**の90°離れている２つの頂点Ａが重なり、頂点Ａに２つの●印が集まります。**図8**を見ると、頂点Ａの対頂点に●印がないので誤りです。

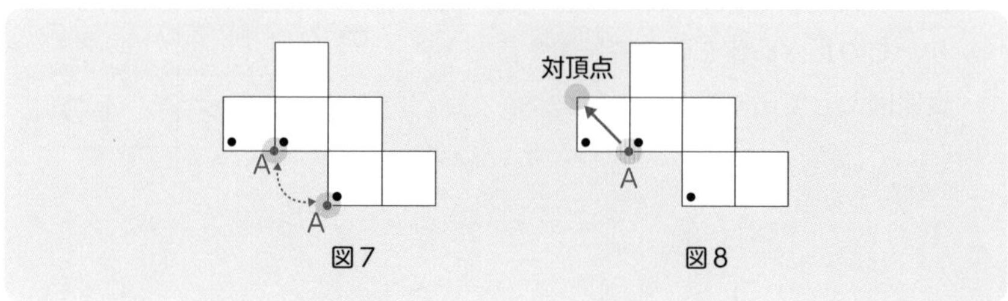

図7　図8

5　×　**図9**のように頂点Ａが重なります。**図10**を見ると、頂点Ａの対頂点に●印がないので誤りです。

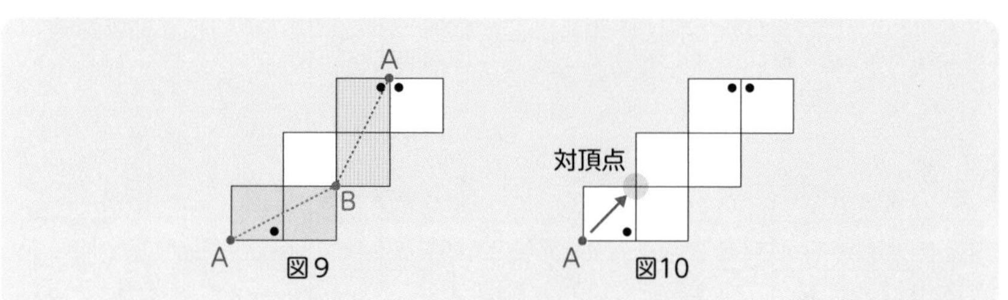

図9　図10

正　解　**2**

第2編　第1章　展開図

例題43

右の展開図を組み立てて正六面体を作り、その正六面体を改めて展開するとき、展開図としてあり得るのはどれか。

オリジナル

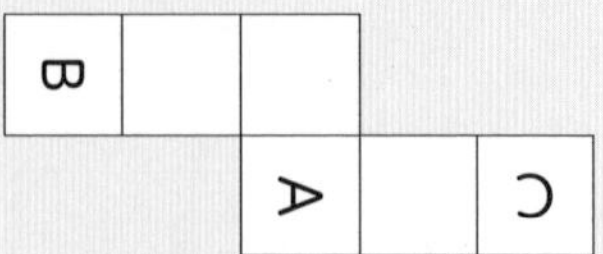

1

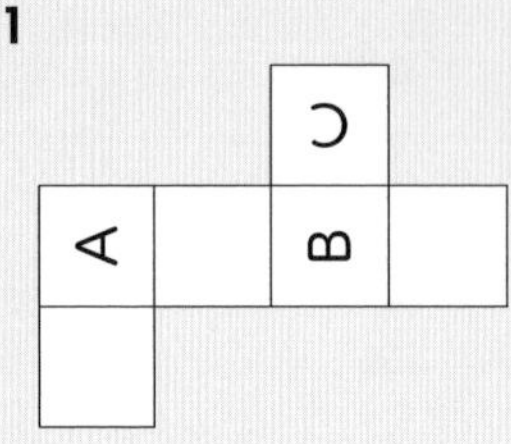

2

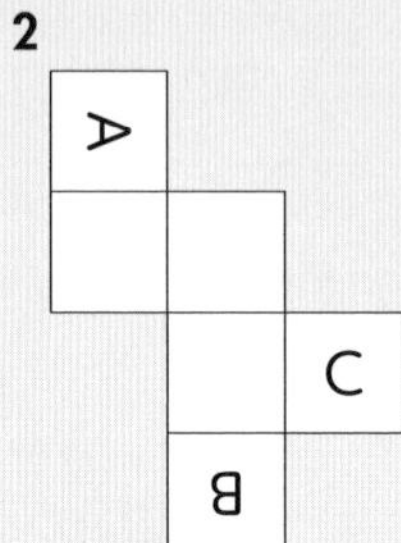

3

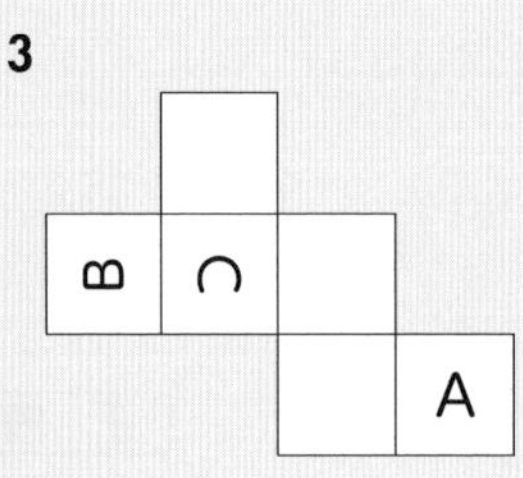

4

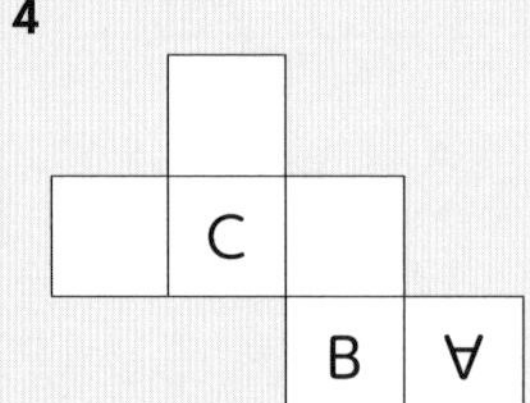

5

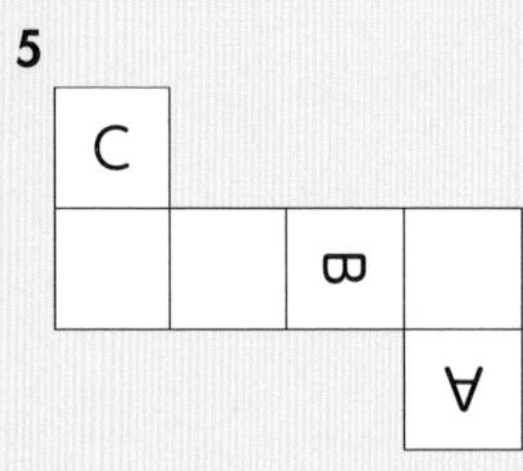

アルファベットがいろんな方向を向いててややこしいニャ…。

これも、正六面体の展開図の性質を知っていれば解けるニャ！

STUDY 正六面体の平行面

見取図を見るとわかるとおり、正六面体は「上面と下面」、「右面と左面」、「前面と後面」がそれぞれ平行です。

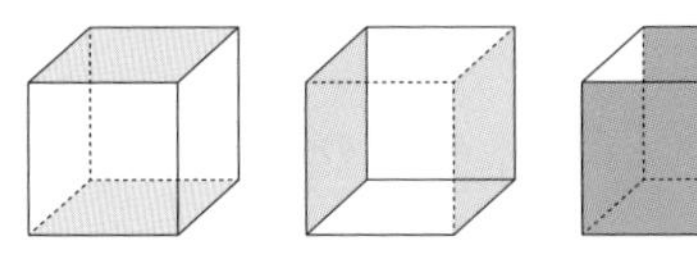

これを展開図上で見ると、一列に３つ並んだ面の両端が平行な２面のペアとなります。

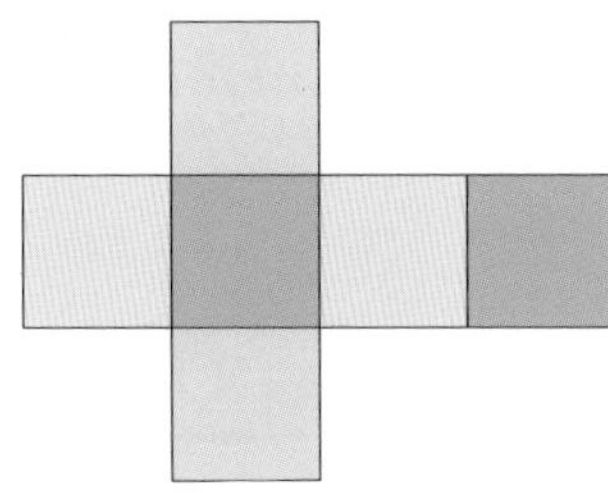

一方、見取図においては平行な面の一方は見えない位置にあり、平行な２面のペアを同時に見ることはできません。

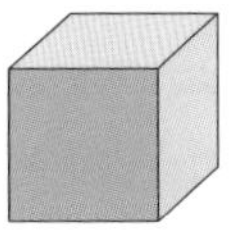

まずは、この知識を使って判断できるものを探すニャ！

冒頭の展開図では、ＡとＣの面が平行だということがわかります。

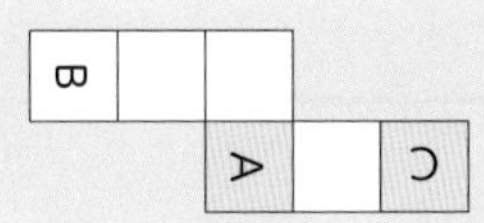

第２編 第１章 展開図

ところが、**1**の展開図を見るとAとCの面が平行でないため誤りです。

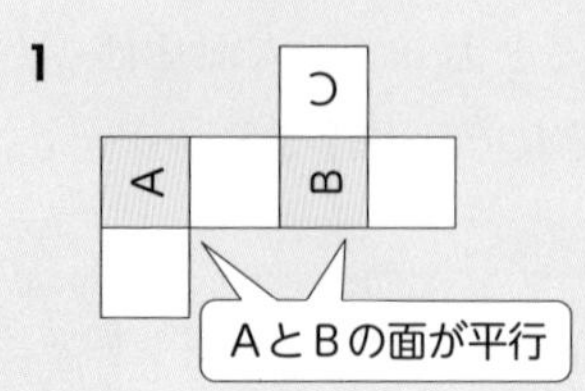

ニャるほど！ でも他の選択肢はこのままだと確かめられないニャ…。

そこで、今度は展開図を変形してみるニャ！

STUDY 正六面体の展開図の変形Ⅰ

正六面体の展開図において、90°開いているために組み立てると接する面は、下のように**回転して移動させることができます。**

例えば面に文字や模様があれば、その向きも変わります。

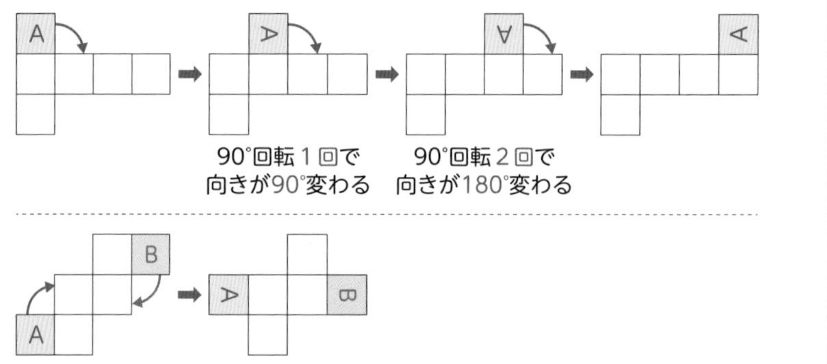

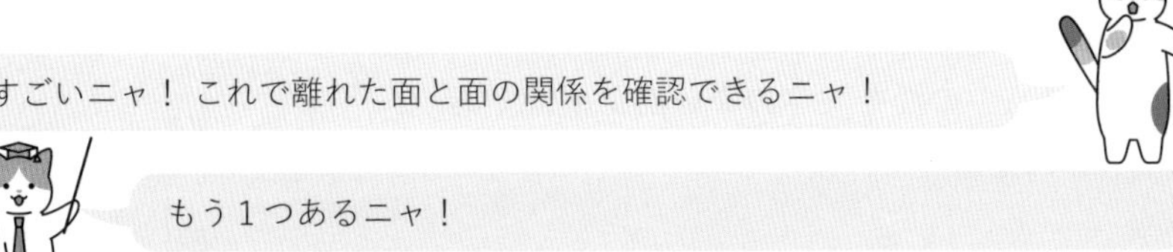

STUDY 正六面体の展開図の変形Ⅱ

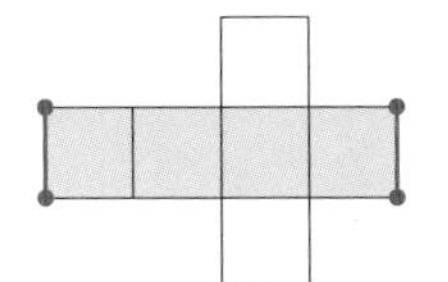

正六面体の展開図において**４面の正方形が一列に並んだとき**、右のように４面の両端の辺・頂点は重なります。

これを踏まえて、一部の面を反対側へ**平行移動**させることができます。

この場合は回転するわけではないので、面に文字や模様があっても、向きが変わりません。

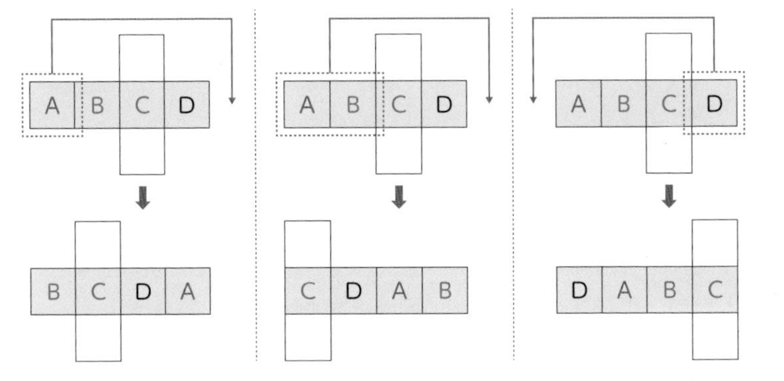

この知識も使って選択肢の展開図を見てみるニャ！

2 は、「A」の面を右のように90°回転移動させると、「A」の面と文字のない面が平行であることがわかるため、誤りです。

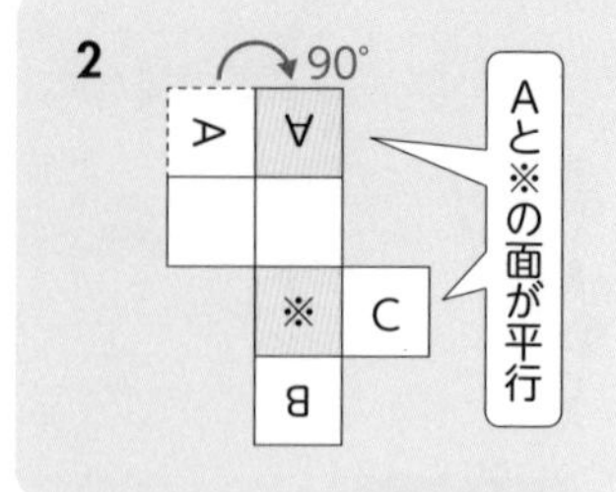

残りの選択肢はアルファベットの向きに注目するニャ！

冒頭の展開図では「A」の文字の尖った部分が「C」の環の開いた部分を向いています。

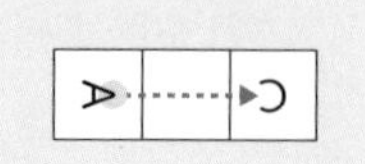

3 は、「A」の面を右のように90°回転移動させると、「∩　　A」という並びが現れます。一方、冒頭に提示された展開図から同じ部分を同じ向きで抜き出すと「C　　A」であるため、異なる展開図であることがわかります。

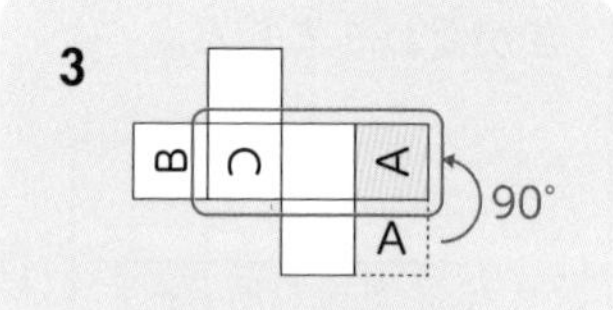

4 は、「A」の面を90°回転移動させた後、一列に4面並んでいる右端の「A」の面を左端に平行移動させると「A　　C」という並びが現れます。

これも冒頭に提示された展開図の向きと異なるため、誤りです。

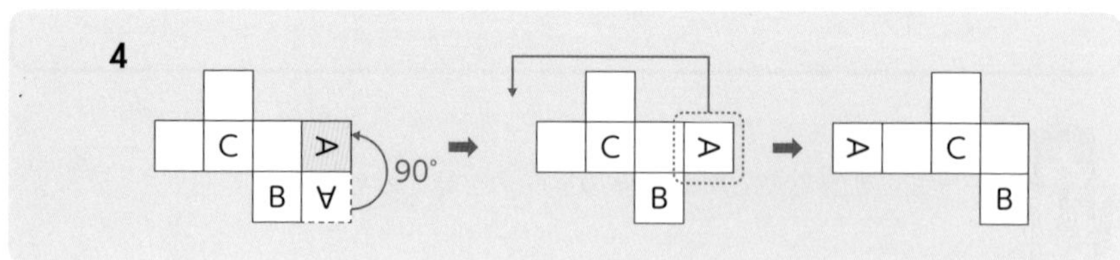

これで４つの選択肢が誤りとわかったから、消去法で**5**に決定ニャ！

そうニャ！ 展開図が正しいことを確認するのは難しいこともあるから、そんなときは**消去法を意識する**といいニャ！

そういえば、文字や模様のある面を回転するとき、向きを間違えてしまいそうニャ…。

重なる辺に着目して、文字や模様の特徴的な部分を手がかりにするといいニャ！

回転移動させるときは、重なる「辺」に着目すると、回転した後の面の方向がつかみやすいでしょう。

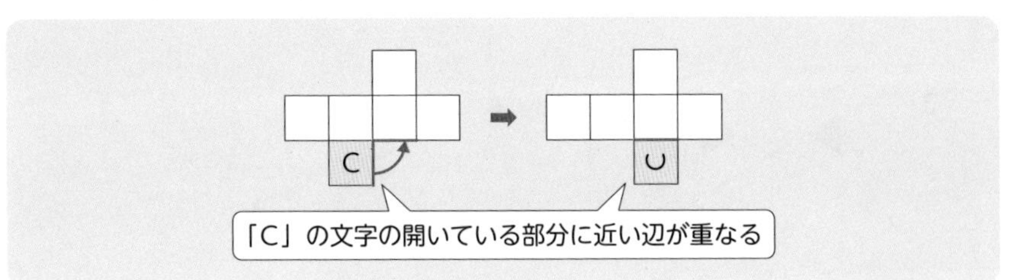

正　解　**5**

重要度 ★★★

第2節 正八面体の展開図

次は正八面体を扱います。正六面体のときに学習した知識やテクニックと同じような手法が登場します。

例題44

右の図のように、２つの面のみが一部着色された正八面体がある。この正八面体の展開図として、あり得るのはどれか。

オリジナル

1

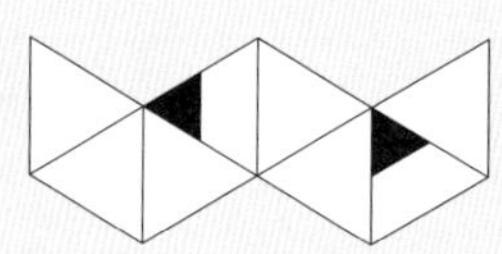

2

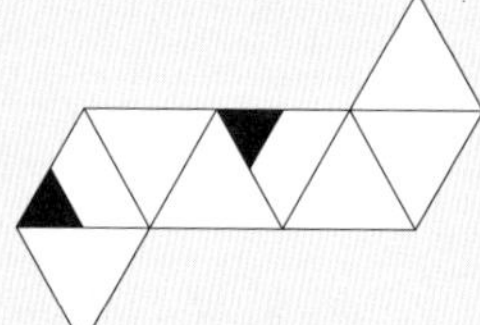

3

4

5

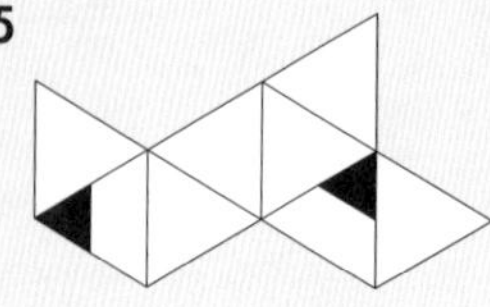

まずは、正八面体という立体について確認ニャ！

STUDY 正八面体

左の図のように、正三角形8個で空間を囲んだ立体を**正八面体**（せいはちめんたい）といいます。２つに分割するとピラミッドのような立体になります。

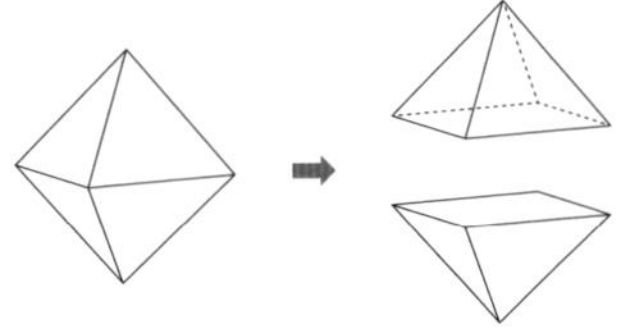

8面もあるから展開図が複雑になりそうニャ…。

正六面体のときに覚えたことと似てるから大丈夫ニャ！

STUDY 正八面体の平行面

正八面体においては、展開図上で一列に４つ並んだ面の両端が平行な２面のペアとなります。

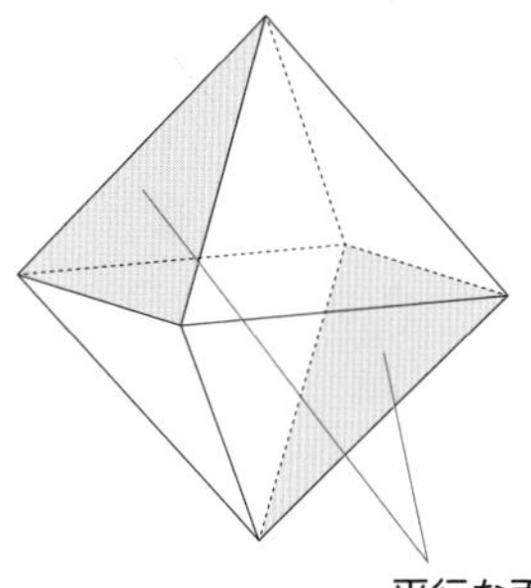

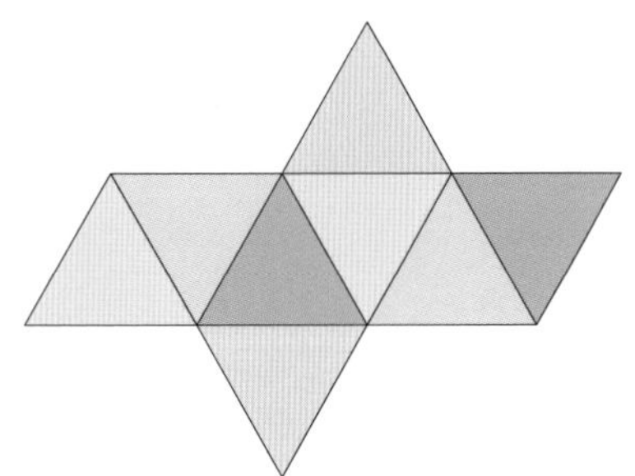

正八面体を見取図で見ると、同時に見える面は最大で４面です。このとき、平行な面の一方は見えない位置にあり、平行な２面のペアを同時に見ることはできません。

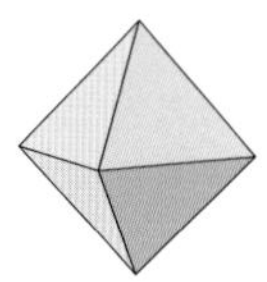

第2編 第1章 展開図

わかったニャ！ 冒頭の見取図では着色された２面が平行でないのに、選択肢の中に着色された２面が平行なものがあったら誤りニャ！

そのとおりニャ！ 平行面の確認を最初にするといいニャ！

展開図で平行な２面は一列に４つ並んだ面の両端なので、その２面が着色されている **1** と **2** は誤りです。

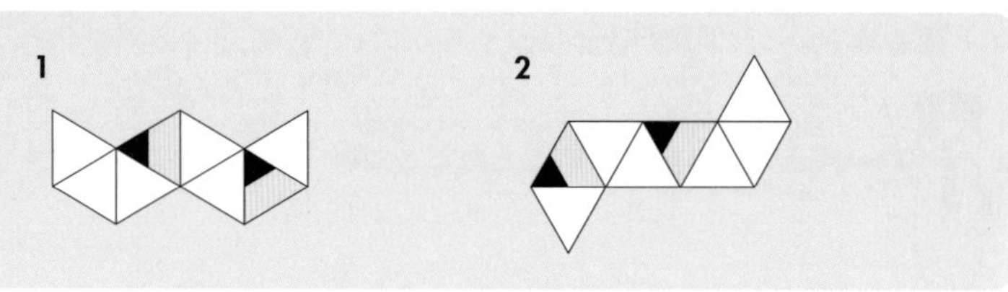

残りの選択肢もチェックするために、重なる頂点の見つけ方も押さえるニャ！

STUDY 正八面体の重なる頂点

正八面体の展開図上で120°開いた辺どうしは、組み立てると接し、頂点が重なります。

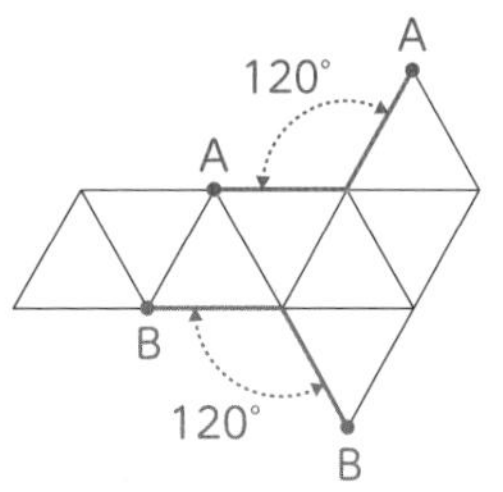

また、正六面体と同様、最も遠い位置にある頂点を利用して探すこともできます。

図1の見取図において、頂点Aと頂点Bは互いに最も遠い位置にあります。

これを切り開いて展開図にすると**図2**のようになりますが、それぞれ着色した面は正三角形２面でできています。

これを１つのひし形と見て、頂点Aからひし形の対角線に沿って対頂点へ移動すると頂点Bに達し、そこから別の色のひし形の対頂点へ移動すると展開図における別の頂点Aに至ることがわかります。

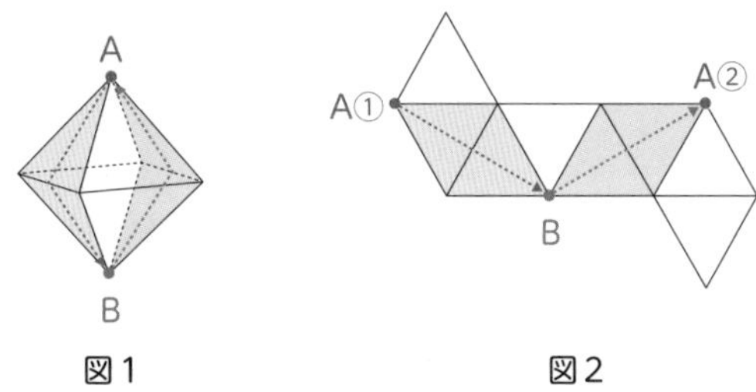

図1　　図2

つまり、展開図におけるある頂点から、「正三角形２面でできたひし形」の対頂点への移動を２回繰り返して至った頂点は、最初の頂点と重なることがわかります。

3と**4**は、着色された頂点どうしが重なり、冒頭の見取図とは異なるため誤りとわかり、消去法により正解は**5**です。

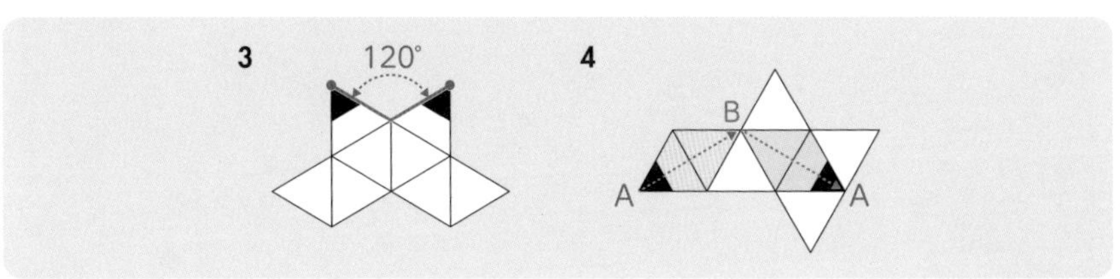

正　解　**5**

右の正八面体の展開図を、●印と矢印が描かれた面を外側にして組み立てたとき、あり得る図はどれか。

オリジナル

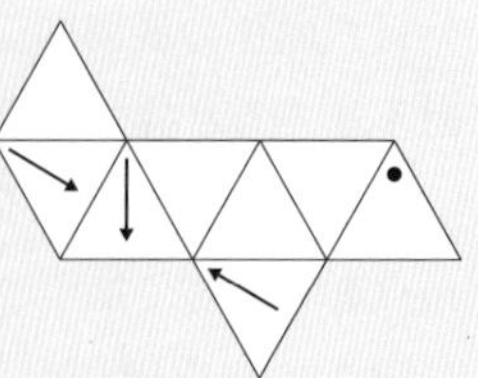

1

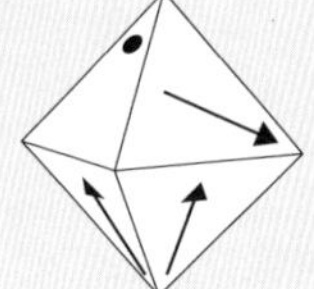

2

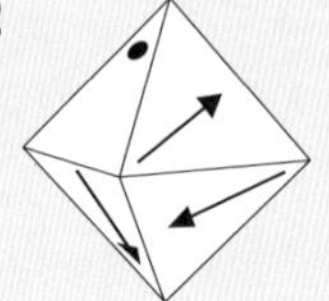

3

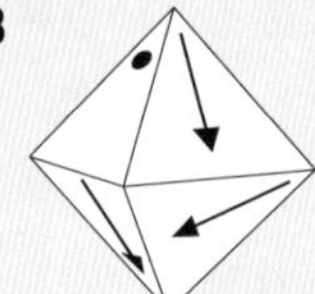

4

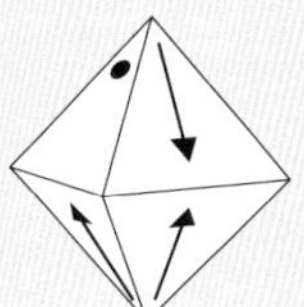

5

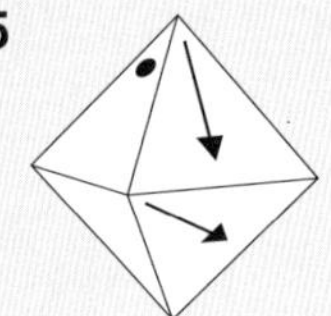

正八面体についても、面を移動させるテクニックが重要ニャ！

STUDY 正八面体の展開図の変形

正八面体の展開図において、120°開いているために組み立てると接する面は、下のように回転して移動させることができます。

例えば面に文字や模様があれば、その向きも変わります。

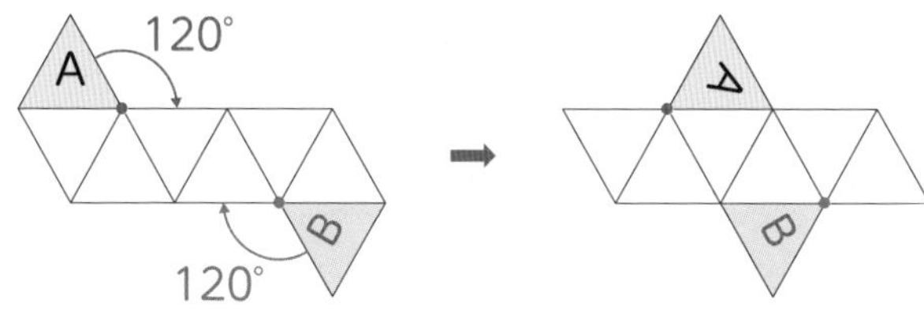

また、6面の正三角形が一列に並んだとき、一部の面を反対側に平行移動させることができます。

この場合は回転するわけではないので、面に文字や模様があっても、向きが変わりません。

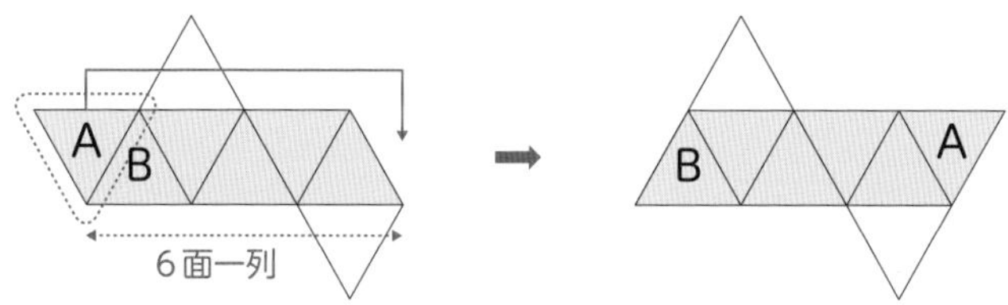

これを使って問題を解いてみるニャ！

選択肢を見ると、●印のある面がすべて左上の位置にあります。その右隣の面（下図青色の面）を確認しましょう。

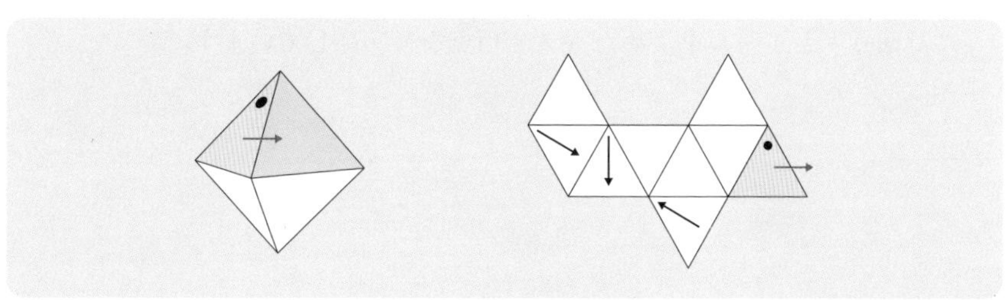

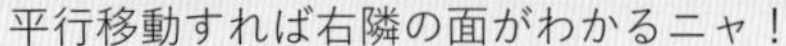

展開図は**6面が1列に並んでいる**ので、右端にある●印の面を左端に**平行移動**させましょう。

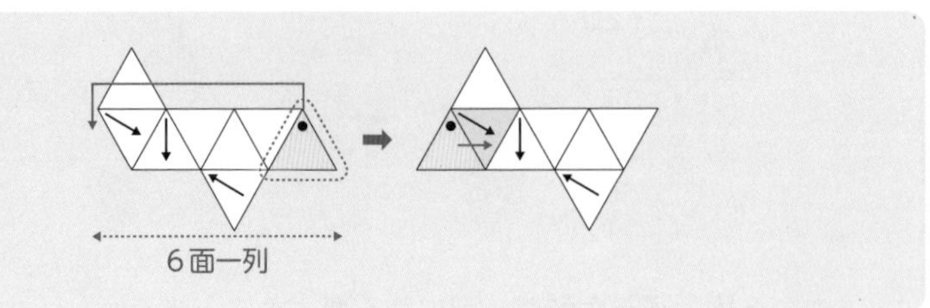

●印に近い頂点をAとすると、頂点Aから矢印が出ています。つまり組み立てたとき右の図のようになっていなければなりませんが、**1**、**2**は異なるため誤りです。

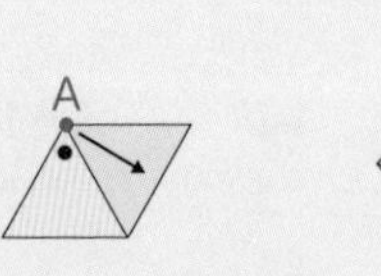

次に、いま見た右隣の面と接する面を確認するニャ！

見取図と展開図の位置関係を詳しく見るときは、ミスしないように、**ルールを決めて何か目印をつける**とよいでしょう。例えばここでは、右隣の青色の面の頂点Aから時計回りに、頂点B、頂点Cとしておきます。

「時計回り」とルールを決めたうえで頂点を目印にしています。

わかったニャ！ 冒頭の展開図では頂点Ｂから矢印が出ているニャ！

残った**3**～**5**のうち、頂点Ｂから矢印が出ているのは**3**しかありません。

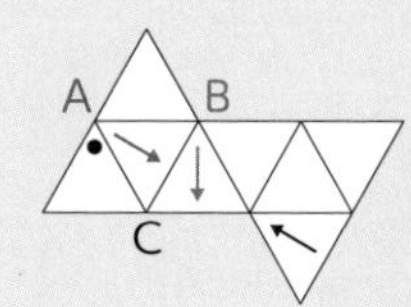

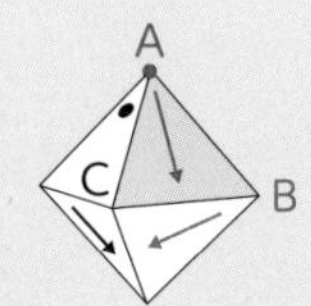

展開図

矢印の模様が描かれている問題では、**矢印がどこから出てどこを指しているのか**を、頂点や辺を目印にしてチェックするといいニャ！

正　解　**3**

□□□

問題 42

難易度 A

図は、立方体の展開図であるが、矢印が描かれた面が表側になるように組み立てたものとして正しいのはどれか。

航空管制官 2010

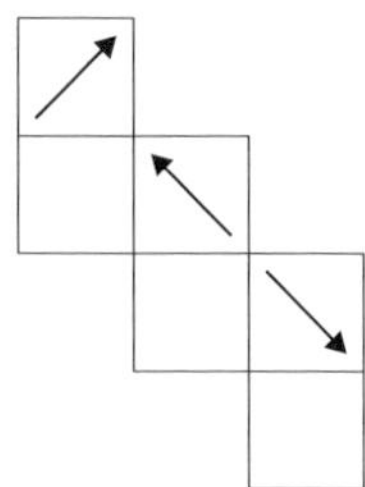

1

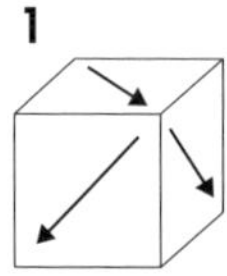

2

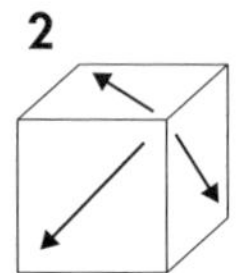

3

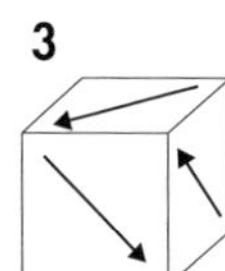

4

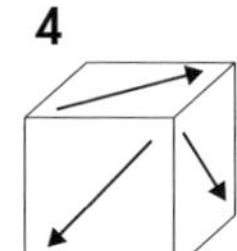

5

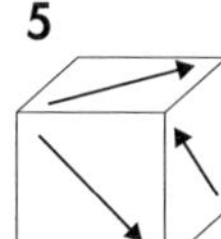

HINT 重なる頂点に着目する

正六面体の展開図では、90°開いた辺は組み立てると接し、頂点が重なります。

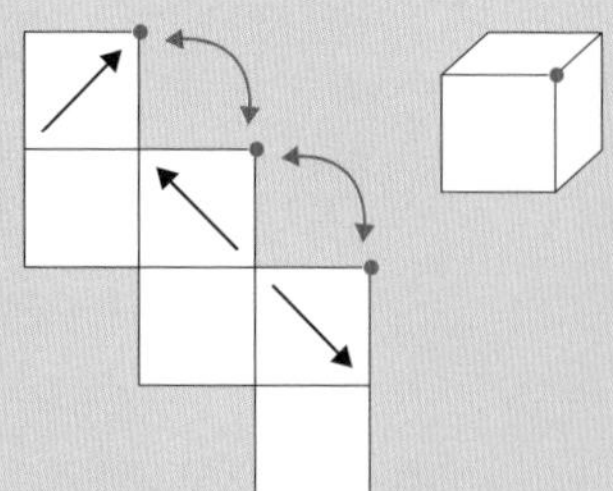

矢印のような図柄は、どこから出発してどこを指しているかチェックしましょう。

どこから出発して

どこを指しているか

解説　　　　正解 5

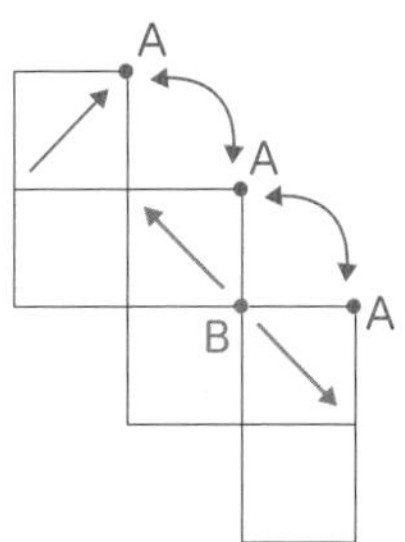

与えられた展開図において、矢印のある３面が１つに集まる頂点をＡとすると、**Ａを指す矢印**が１本あることがわかります（赤い矢印）。また、他の２本の矢印（青い矢印）は**同じ頂点から出発**しており、この頂点をＢとします。

つまり、正しい展開図は、**❶頂点Ａを指す矢印が１本ある**、**❷頂点Ａ以外の頂点から出発する矢印が２本ある**、の２つの条件を満たすものだとわかります。

３面が集まる頂点Ａを指す矢印が１本もない**2**と**4**は❶を満たさないため誤りです。

2

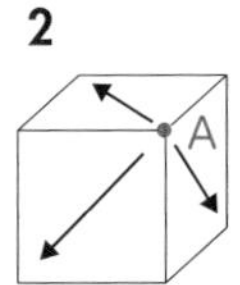

4

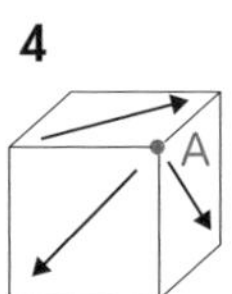

1は頂点Ａ以外の頂点から出発する矢印が１本しかなく、**3**は２本の矢印が出発する頂点がないので❷を満たさず誤りです。

5は❶、❷の条件を満たしており、正解は**5**です。

1

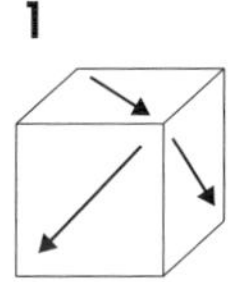

3

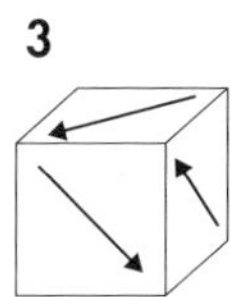

5

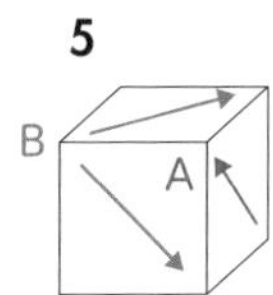

第2編　第1章　展開図

□□□

問題 43

難易度 B

次の図のように、立方体の３つの面に、それぞれの面の４分の１だけ色が塗ってある。この立方体の展開図として、誤っているのはどれか。

警視庁Ⅰ類 2011

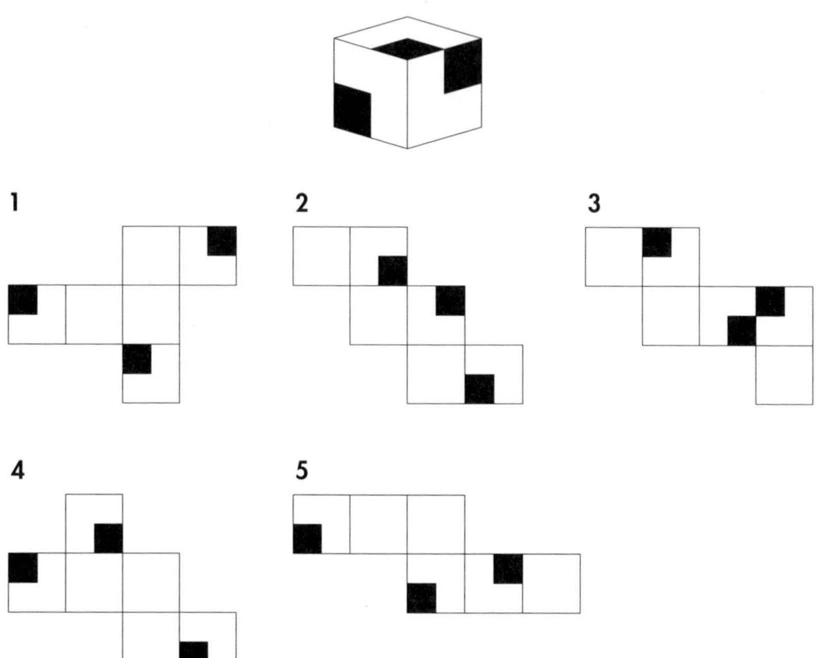

解説　　　正解 3

冒頭の見取図にある模様のある３面が集まる頂点をＡとすると、黒く塗られた模様が❶**Aの位置**、❷**Aの対頂点**、❸**Aの隣の頂点**にある面が３面あれば正しい展開図だとわかります。この問題では誤った展開図を問われているので、これらの条件を満たさないものが正解です。

3は、他の４つと異なり、❷の面がないため誤っています。よって、正解は**3**です。

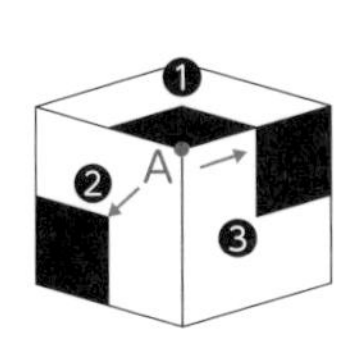

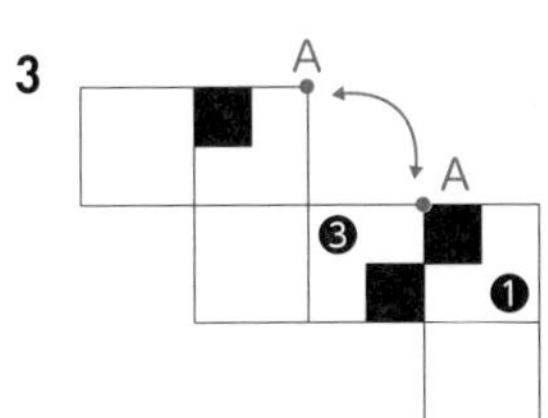

1、**2**、**4**、**5**は、問題の見取図と同じく❶、❷、❸の３面がすべて揃っています。模様のある３面が集まる頂点をＡ、立体に組み立てたときＡから最も離れた頂点をＢとすると、以下のとおりです。

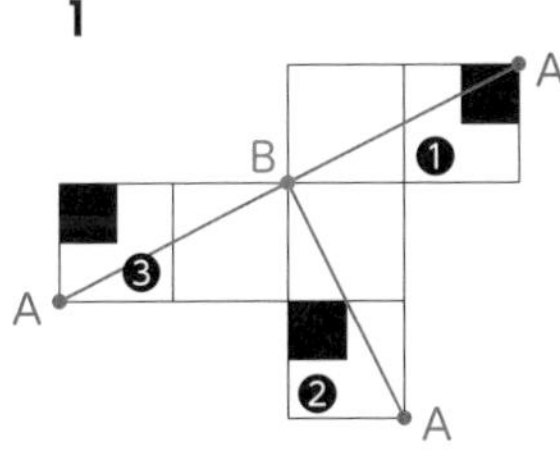

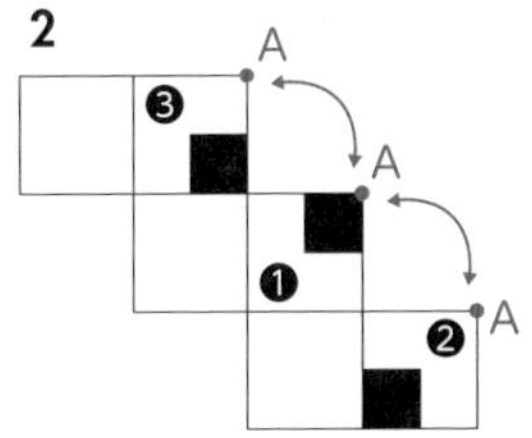

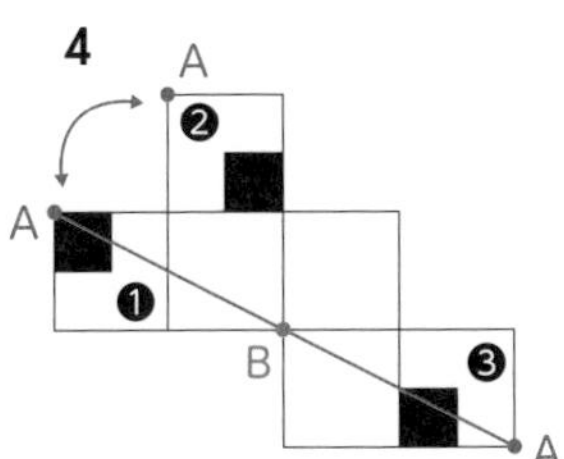

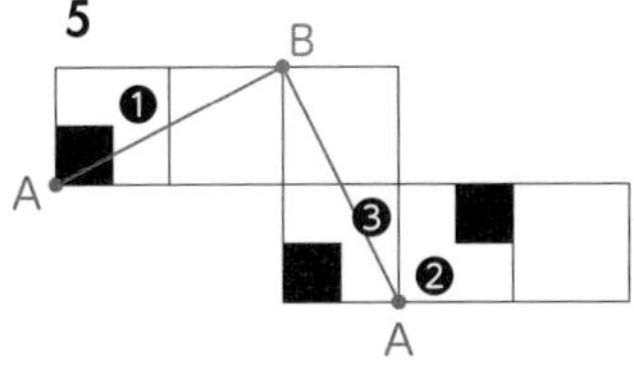

□□□

問題 44

難易度 B

下の図は、ある立方体の展開図である。この立方体と同じになる展開図として、最も妥当なのはどれか。

東京消防庁Ⅱ類 2015

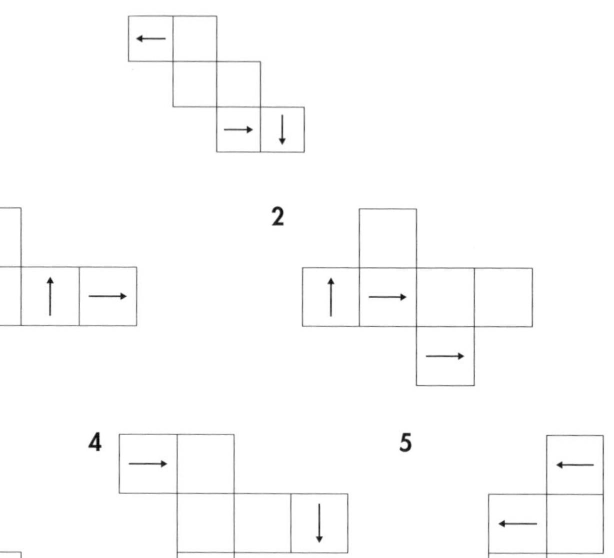

HINT 矢印の方向

矢印のような図柄がある問題では、矢印がどこから出発してどこを指しているかを確かめます。

解　説　　　正　解　5

冒頭に与えられた展開図を見ると、矢印のある３つの面は、下図のとおり１つの頂点に集まることがわかり、この点をＡとします。それぞれの矢印と頂点Ａの位置関係を確かめると、❶～❸にあるとおりすべて**矢印を上向きにしたときの右上の位置**とわかります。

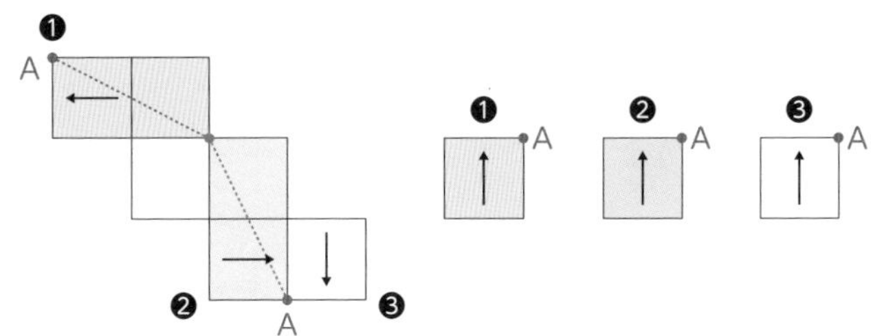

選択肢の展開図上で矢印のある面の、矢印を上向きにしたときの右上の位置に❶～❸の点をおきます。**正しい展開図ならこの３点はすべて１つに重なる**はずですが、下図のように❶と❷が重ならない **1** ～ **4** は誤りです。**5** のみ、❶～❸が１つになるので、正解は **5** です。

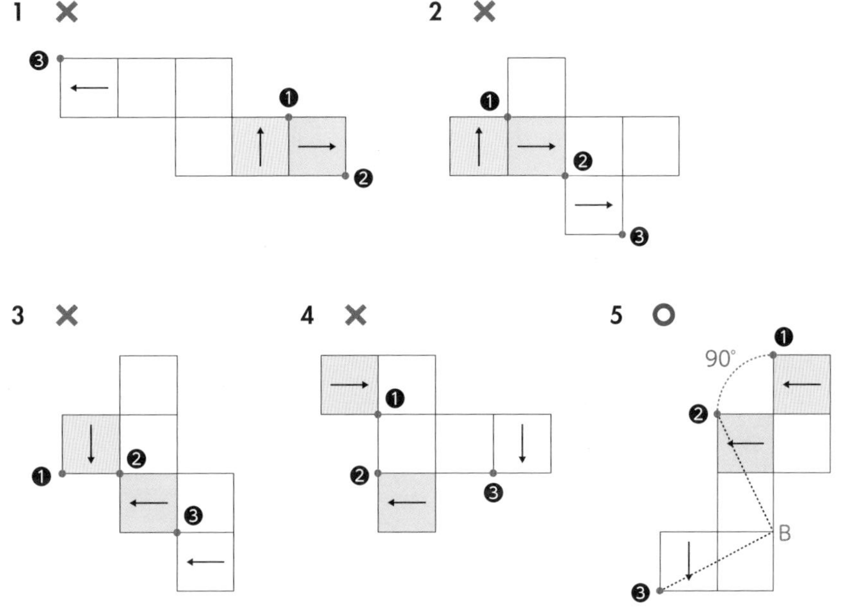

□□□

問題45

難易度 B

次の図のような展開図を立方体に組み立て、その立方体をあらためて展開したとき、同一の展開図となるのはどれか。

特別区Ⅰ類 2018

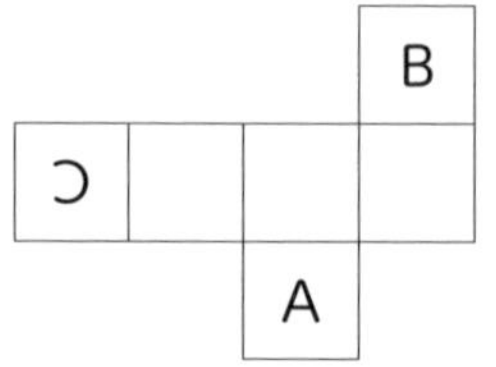

1

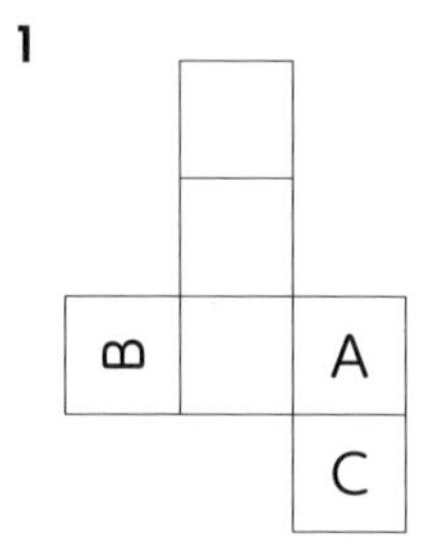

2

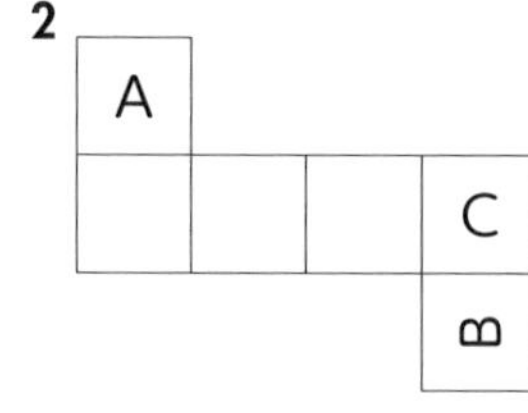

3

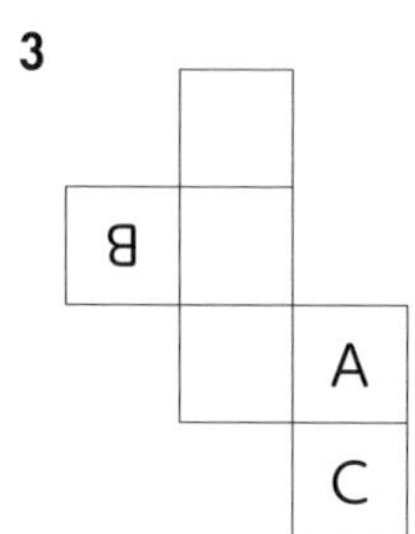

4

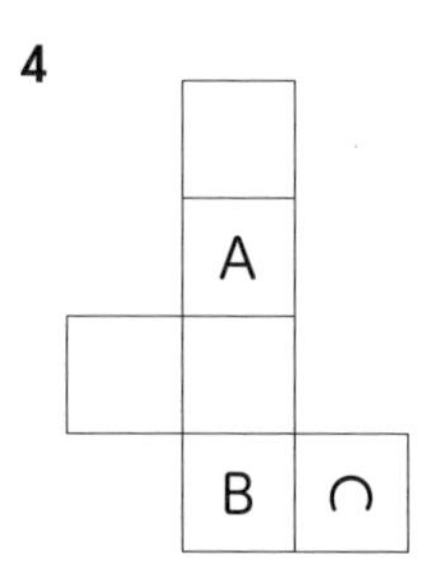

5

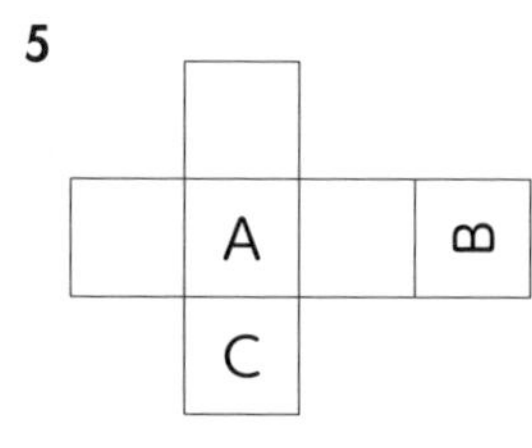

HINT 展開図の変形

正六面体の展開図において90°開いている面は回転移動させることができます。

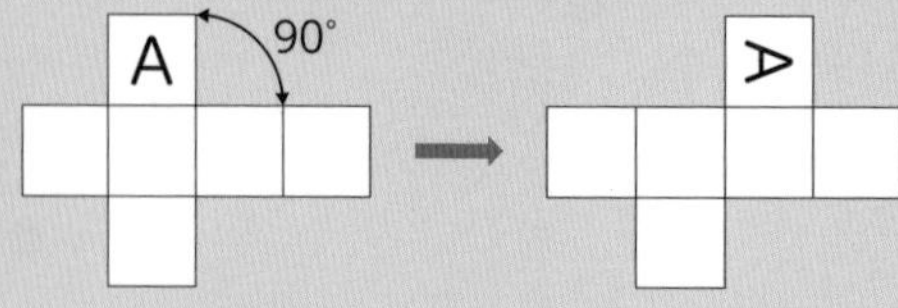

解説

正解 3

冒頭に示された展開図は次のように変形することができ、書かれた**文字の隣り合い方や文字の向き**を確かめることができます（**図1**・**図2**）。

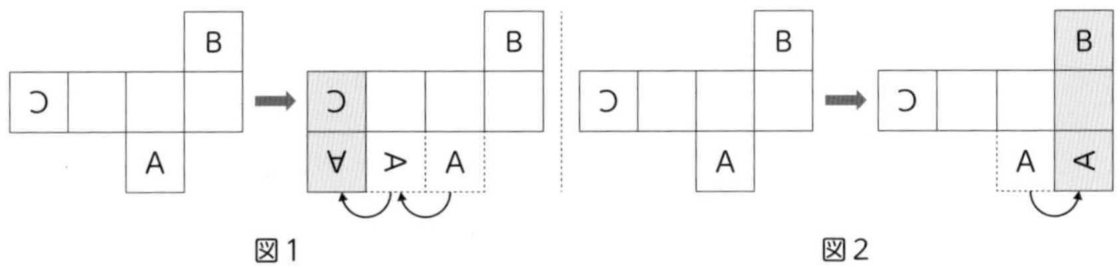

図1　　図2

図1を見ると「A／C」という並びが確認できますが、**2**、**4**には「A／（空白）」という並びがあるため誤りです。

また**図2**を見ると「A　　B」という並びが確認できますが、**1**は「∀　　B」、**5**は「A　　B」という並びがあるため誤りです。

よって、正解は**3**です。

なお、**3**の展開図を次のように変形すると、問題の展開図と一致します。

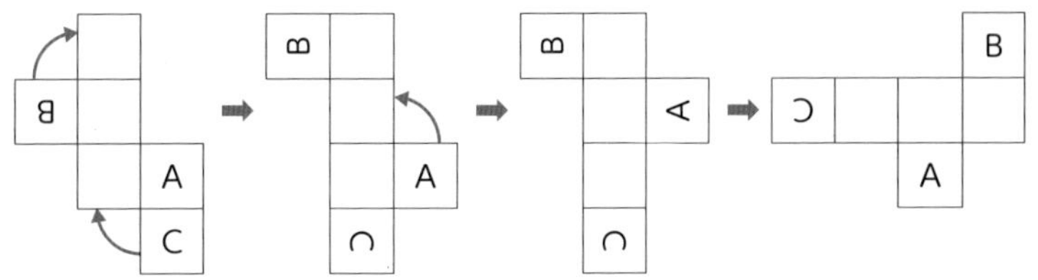

□□□

問題46

難易度 A

次は、正八面体の展開図であるが、これらのうち、組み立てたときに点Aと点Bが重なるのはどれか。

国家専門職 2015

1

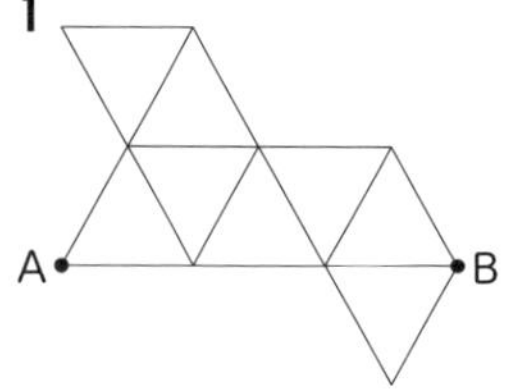

2

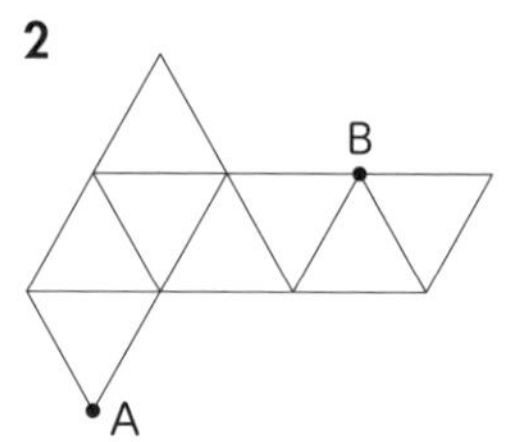

3

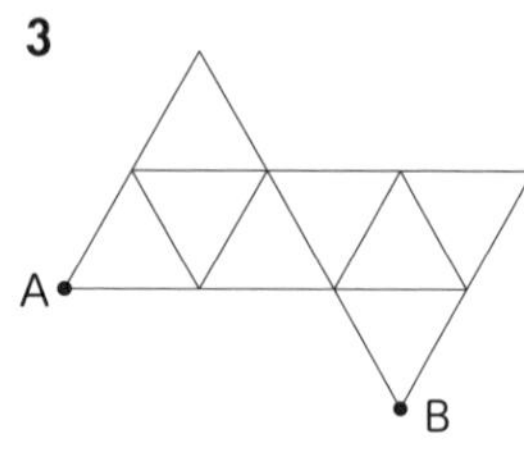

4

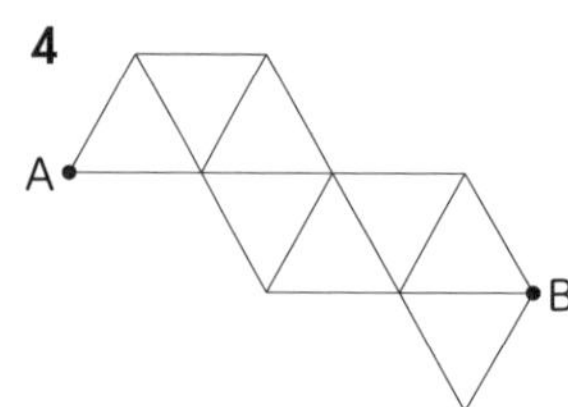

5

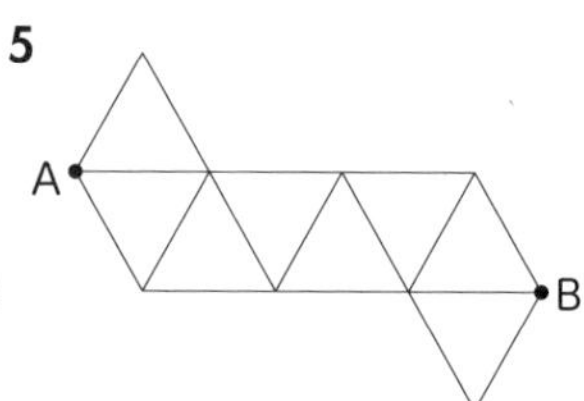

HINT 正八面体の展開図

正八面体の展開図において120°開いている面は回転移動させることができます。

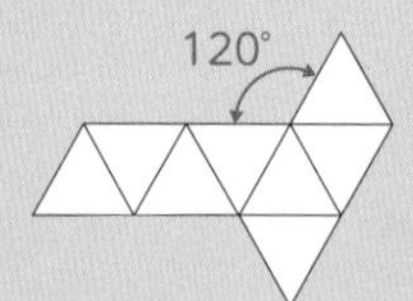

また、展開図上で6面の正三角形が一列に並んでいるとき、一部の面を反対側に平行移動させることができます。

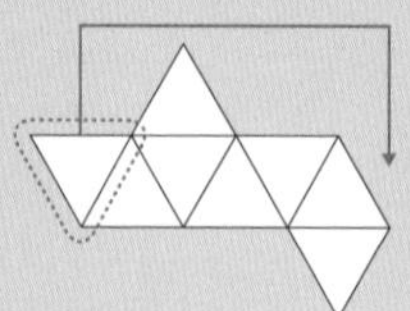

解説　　　　正解 1

1の展開図を次のように変形すると、点Aと点Bが重なることがわかります。

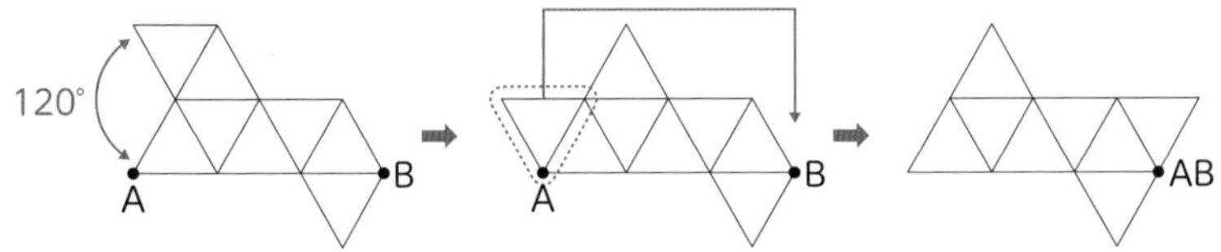

よって、正解は**1**です。

もしくは、**1**を組み立てたときにAから最も遠い頂点をCとすると、Bから最も遠い頂点もCになります。この方法でも、頂点AとBが1つに重なることを確かめられます。

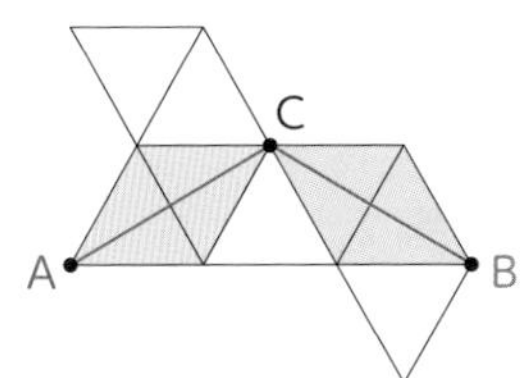

□□□

問題 47

難易度 A

次の図は、正八面体の展開図のうちの１つの面に●印、３つの面に矢印を描いたものであるが、この展開図を各印が描かれた面を外側にして組み立てたとき、正八面体の見え方として、有り得るのはどれか。　特別区Ⅰ類 2019

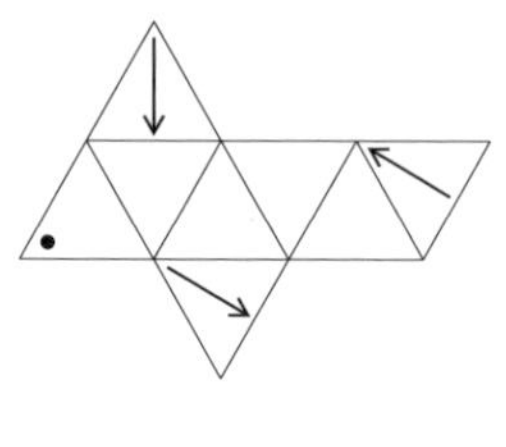

1
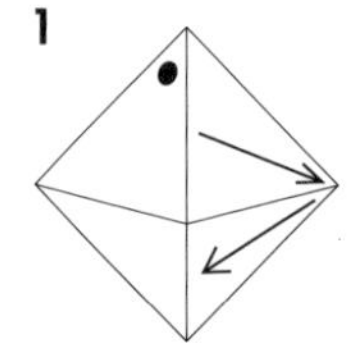

2
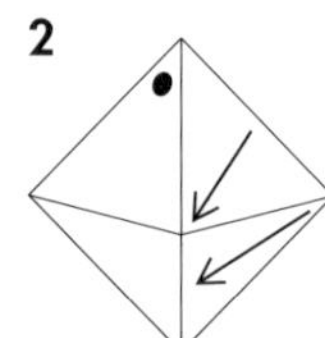

3
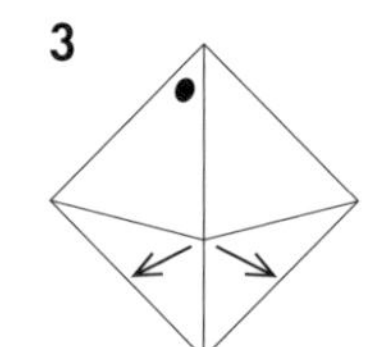

4
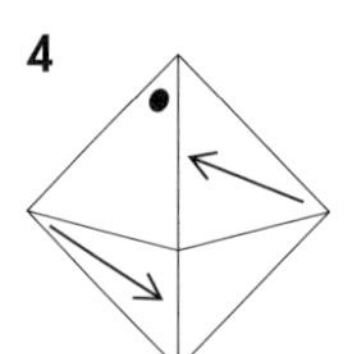

5
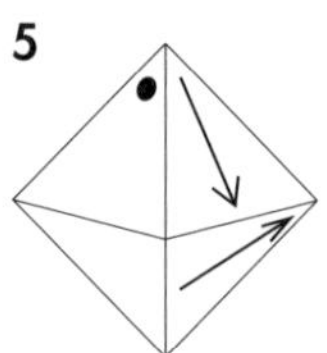

HINT　正八面体の展開図の変形

平行移動や120°回転移動をして、●印の面の周りに矢印のある面を集めましょう。

解　説　　　　正　解　1

冒頭に与えられた展開図においては、**6面の正三角形が横一列に並んでいます**。この右端の面を左端に**平行移動**すると**図1**のようになります。

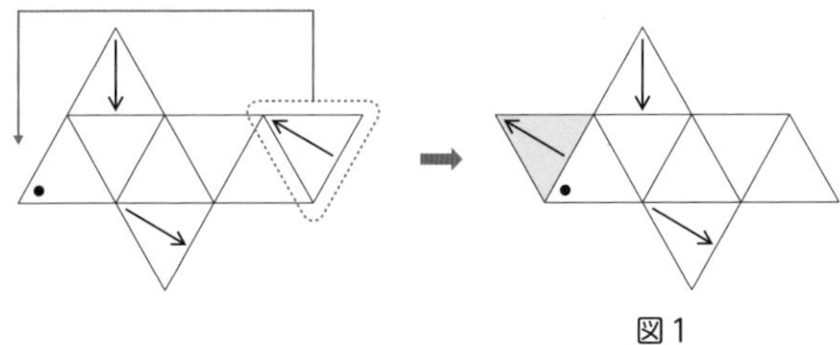
図1

このとき、着色された面は選択肢の見取図において、●印のある面の右隣の面だとわかります。この着色された面の頂点を、●印がある頂点から時計回りにA～Cとします（**図2**）。

ACの辺の中点から矢印が出発し、頂点Bを指していることがわかります（**図3**）。

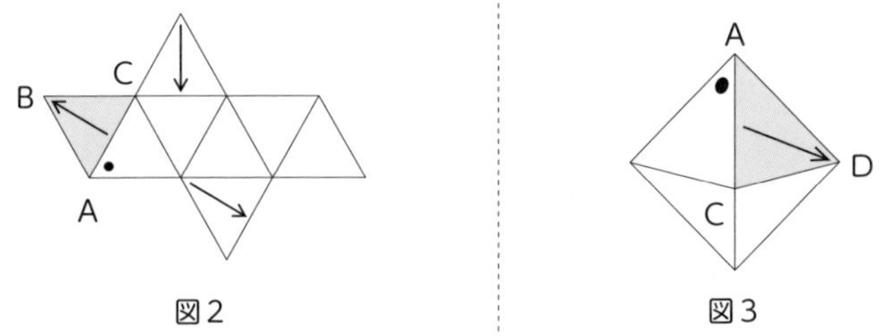

図2　図3

このような矢印があるのは**1**のみです。よって、正解は**1**です。

第2編

空間把握

第2章

サイコロと小立方体

重要度 ★★★

サイコロ

サイコロの見えない面や、何回か転がしたあとの出目を考える問題などが出題されます。

例題46

次の**図Ⅰ**の展開図を組み立てたサイコロを、**図Ⅱ**のように配置した。**図Ⅱ**のサイコロにおいてA面に位置する目は何か。　　オリジナル

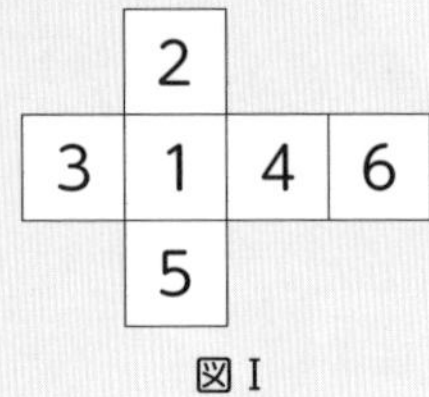

図Ⅰ

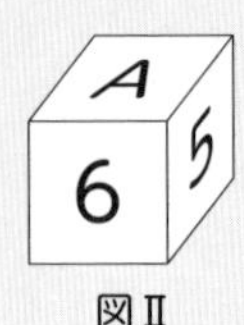

図Ⅱ

正六面体の展開図の知識が使えそうニャ！

ここでは、五面図の使い方をチェックするニャ！

展開図は6面すべてを見ることができますが、離れた面どうしが組み立てるとどうなるかイメージしにくいという難点があります。

見取図は同時に3面までしか見ることができません。

サイコロの目を表現するもう1つの方法として、**五面図**(ごめんず)があります。五面図はサイコロを上から押しつぶしたような図で、5面まで同時に見ることができます。組み立てたときの面の配置をつかみやすいので、サイコロの問題で利用するとよいでしょう。

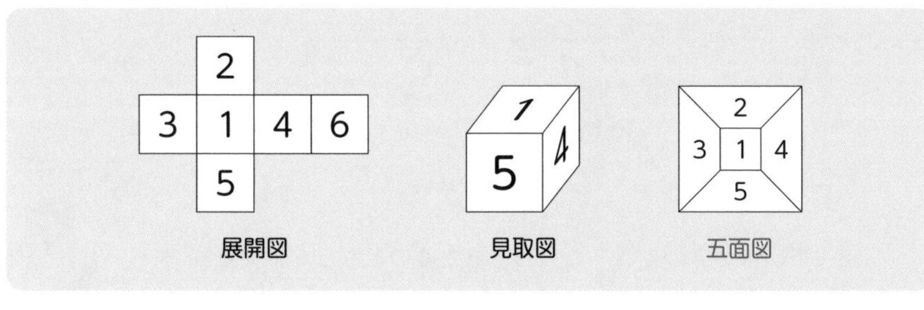

下の面だけは見えないので、（　）の中に書き入れます。

問題の解き方を順に見ていくニャ！

図Ⅰの展開図では、**1と6、2と5、3と4の面がそれぞれ平行**です。この展開図を組み立てて、6の面が前、5の面が右にくるように置いたのが**図Ⅱ**です。

平行面の目の和が**7にならない場合もある**から注意ニャ！

次に、見取図と平行関係からわかることを五面図に書き入れます。

問題の**図Ⅱ**によると、前が6、右が5なので、これを五面図に書き入れます。また、展開図によると、6と平行な面は1、5と平行な面は2なので、これらも五面図に書き入れます。

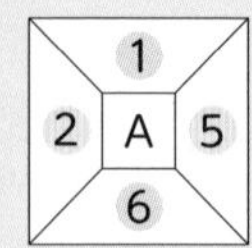

1、2、5、6の4つが入ったから、**3か4のどちらか**まで絞れたニャ！

3か4のどちらか調べるのに、2通りの方法を紹介するニャ！

五面図を見ると、上面のAを囲む4面は、時計回りに**2→1→5→6の順**に並んでいます。

展開図を見ると、この「2→1→5→6」の並びは、**4を中心に反時計回り**に現れているため、Aが4ではないことがわかります。よって、Aは3に決まります。

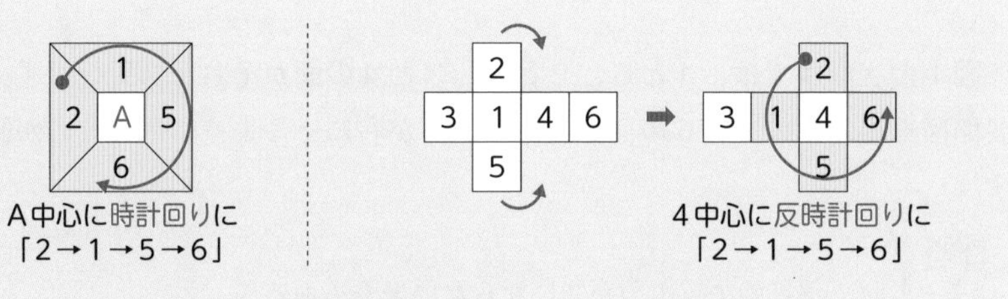

もう1つは、L字型の3面の並びに注目する方法ニャ！

Aが３か４のどちらかを確かめるとき、展開図において、**３か４を含み、Ｌ字型になっている３面**に着目する方法もあります。今回は、右に示す３面で確かめてみましょう。

L字型の３面を選ぶ

選んだ３面に共通する頂点を中心と見て**「1、2、3」の３面の並び順を確認**すると、時計回りに２→１→３と並んでいることがわかります。

次に、五面図の１、２、Aの３面に共通する頂点を中心と見て同様に調べると、時計回りに２→１→Aの順に並んでいます。よって、Aの位置に３が当てはまります。

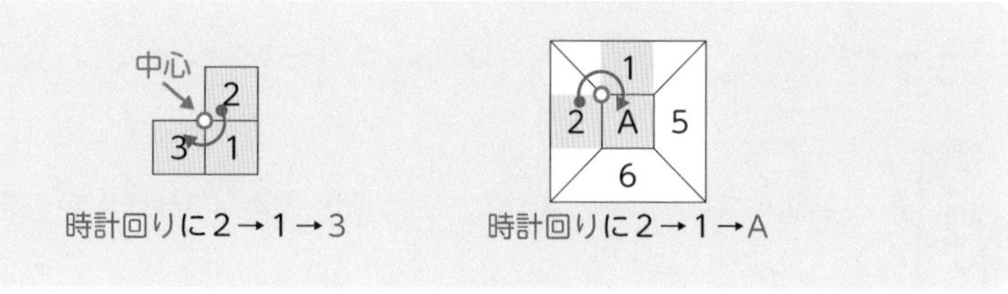

正　解　3

次の図Ⅰの展開図を組み立てたサイコロ３つを図Ⅱのように並べた。サイコロどうしが接する面の目が同じであるとき、図ⅡのＡ面に位置する目は何か。

オリジナル

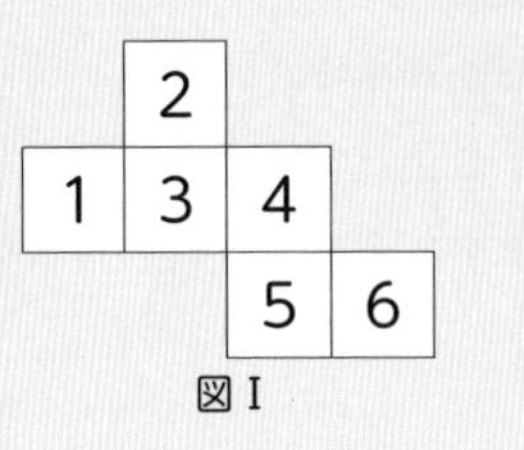

図Ⅰ

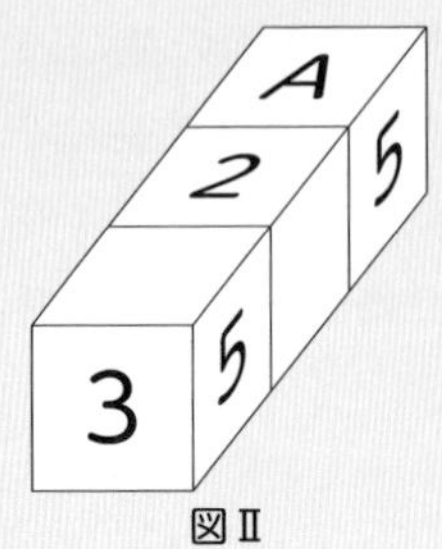

図Ⅱ

サイコロが連結していたら、五面図を３つつなげるニャ！

まず、展開図より**平行関係**を確認します。90°の回転移動をすると、１と４、２と５、３と６が平行になることがわかります。

次に、縦に五面図を３つ並べ、**図Ⅱ**の見取図で見えている面を書き入れます。さらに、展開図で確認したそれらの面と平行な面も書き入れます。「サイコロどうしが接する面の目が同じ」という条件から、接する２面、それと平行な面も書き入れます。

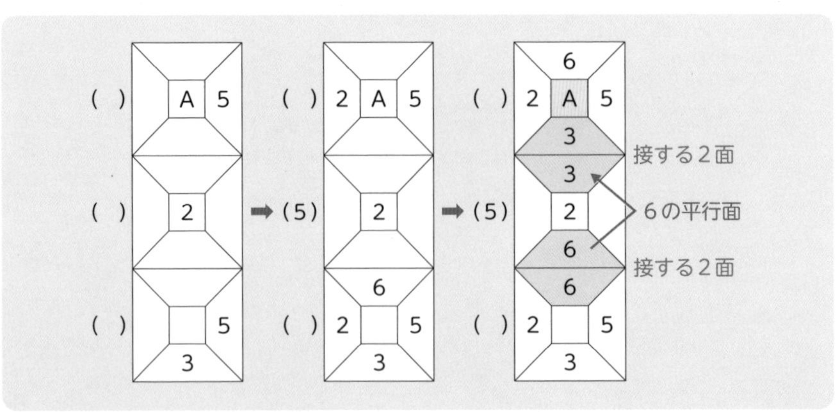

ここまで来たら、さっきの問題といっしょニャ！

一番後ろのサイコロに2、3、5、6の数が入ったので、Aは残った**1か4のどちらか**です。

五面図を見ると、Aを囲む4面は、時計回りに**3→2→6→5の順**に並んでいます。展開図でも同じく、4を中心に時計回りに**3→2→6→5の順**に並んでいます。よって、周囲の4面の並び順が等しいことから、Aが4だとわかります。

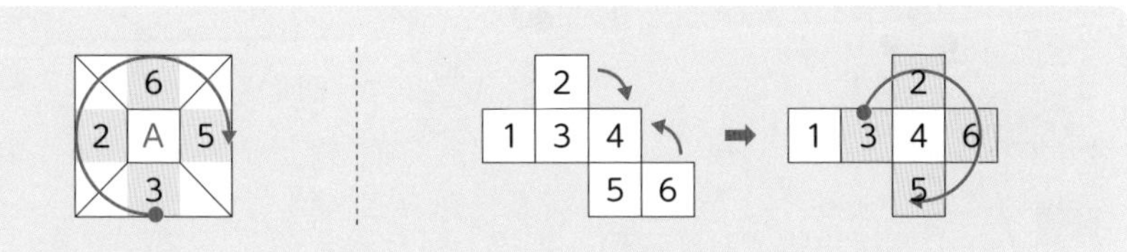

なお、展開図において、**1か4を含み、L字型になっている3面**に着目する方法もあります。展開図で2、3、4の3面で構成されるL字型の部分を見ると、時計回りに**3→2→4**と並んでいます。五面図では、時計回りに**3→2→A**と並んでいるため、Aが4だとわかります。

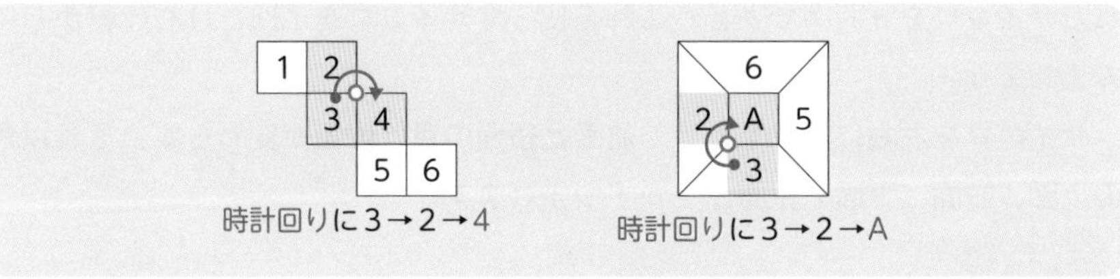

正解　4

第2編
第2章
サイコロと小立方体

次の**図Ⅰ**のような展開図を組み立てたサイコロを**図Ⅱ**のように配置し、すべることなくマス目に沿って右に5回、後方に1回転がしたとき、サイコロの上の面に見られる面の目の数は何か。　オリジナル

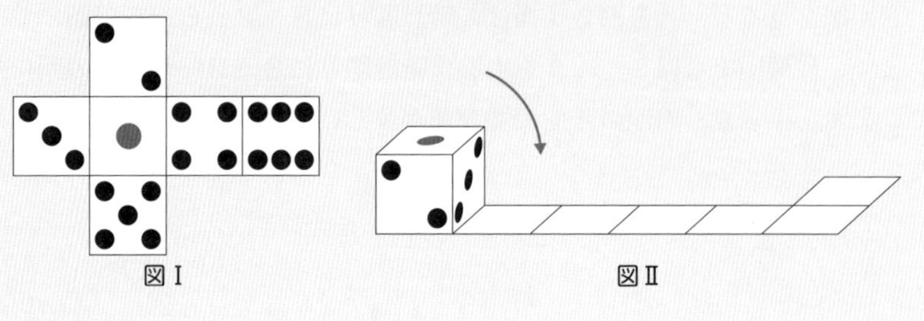

図Ⅰ　　図Ⅱ

このようなサイコロを転がす問題も、五面図を使って考えるニャ！

まず、**図Ⅰ**の展開図で平行面を確認すると、**1と6、2と5、3と4の面が平行関係にある**ことがわかります。これを踏まえて**図Ⅱ**のスタート位置に置かれたサイコロを五面図で表し、これを使ってサイコロを1回だけ右に転がしてみましょう。

サイコロを**左右に転がす**とき、**前面と後面の目は位置が変わらず、それ以外の上面、右面、下面、左面が1つずつずれます**。

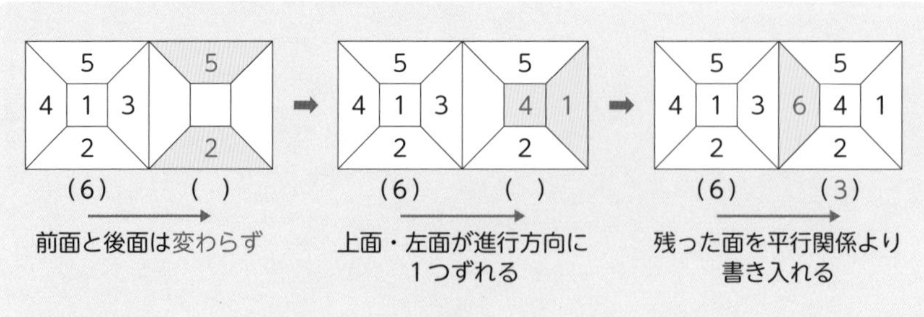

同様にしてあと4回右に転がすと、次のようになります（**図1**）。

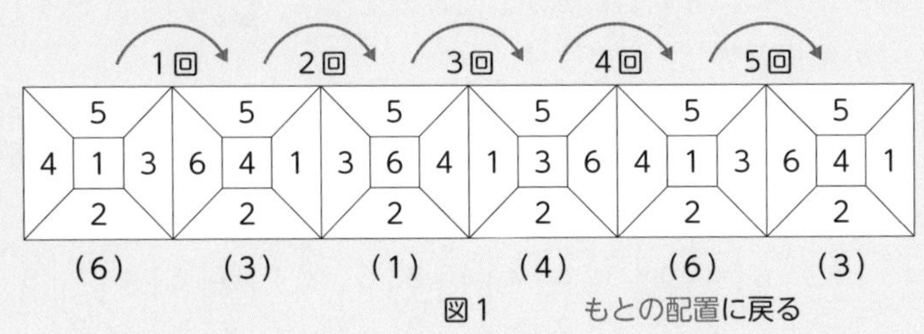

図1　もとの配置に戻る

ここからさらに後方に１回転がしたときに上に位置するのが求める面です。

サイコロを**前後に転がす**とき、**左面と右面の目は位置が変わらず、それ以外の上面、前面、下面、後面が１つずつずれます**（**図２**）。

図２からわかるとおり、上の面は２となります。

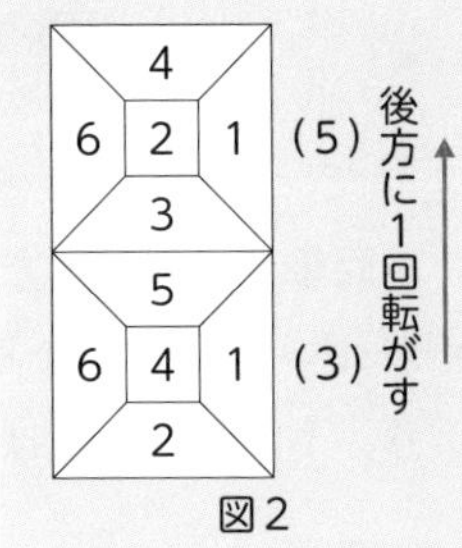

図2

でも、五面図をたくさん描くのは大変ニャ…。

サイコロの性質を知っておくと、無駄な手間を省けるときがあるニャ！

図１より、**サイコロを同じ方向に４回転がすと、もとの配置に戻っていることがわかります**。５回右に転がす五面図を描くのは大変ですが、当初の配置と４回右に転がした後の配置は同じであるため、１回右に転がすだけでいいことがわかります。

なお、同じように、３回右に転がした後の配置は、当初の配置から１回左に転がした後の配置と等しくなります。

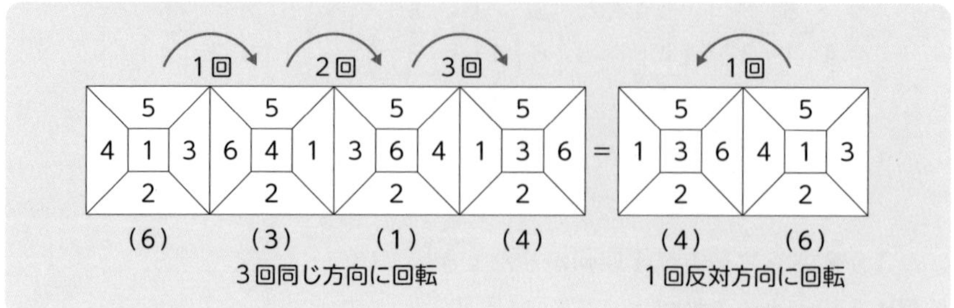

よって、実際には、１回右に転がした後、**1回後ろに転がしたときの上面の目**がわかればいいことになります（**図3**）。**図3**より、上面の目の数は「２」です。

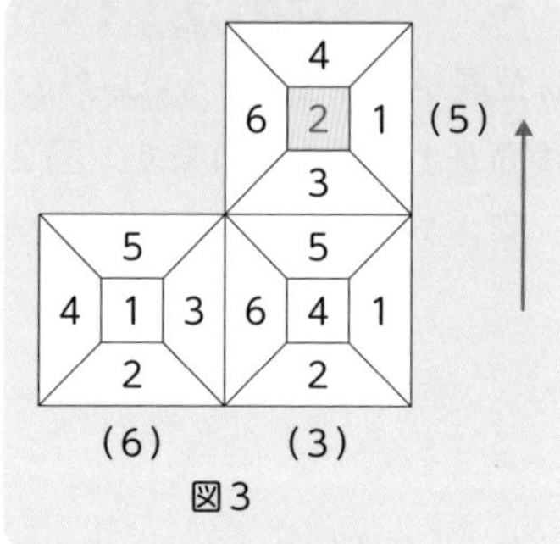

図3

正　解　2

重要度 ★★★

立体の切断

立体を指定された点で切断したときの、断面の形などを問う問題です。作図の基本的な手順をマスターしましょう。

例題49

次のア～ウの正六面体を、3点A、B、Cを通る平面で切断したときの切り口は、それぞれどのような図形か。ただし、イの点A、ウの点A～Cは、それぞれの辺の中点、それ以外の点は正六面体の頂点にあるものとする。

オリジナル

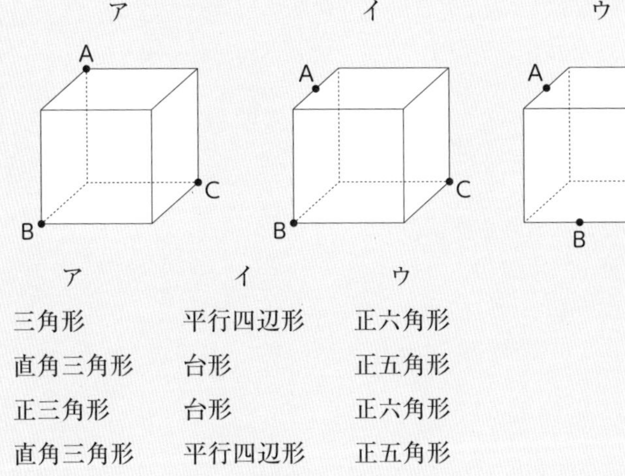

	ア	イ	ウ
1	三角形	平行四辺形	正六角形
2	直角三角形	台形	正五角形
3	正三角形	台形	正六角形
4	直角三角形	平行四辺形	正五角形
5	正三角形	直角三角形	正六角形

全く手も足も出ないニャ…。

決まった手順で作図していけばちゃんと正解できるから大丈夫ニャ！

立体の切断面を考える問題では、ルールに則って作図をしていくことが重要です。以下に示す手順に沿って練習しましょう。

❶　同一面上に２点があれば結ぶ

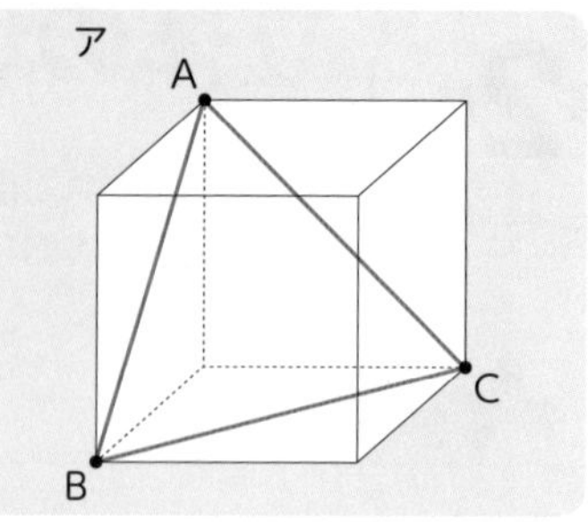

同一の面に２点があれば、これを結びます。

アの正六面体の点Ａと点Ｂは左面、点Ａと点Ｃは後面、点Ｂと点Ｃは下面と、それぞれ同一の面にある２点なので、これらを結びます。

アの切断面はこれだけで完成です。切り口の図形を見ると、**すべての辺が正方形の対角線**である三角形なので、正三角形であるとわかります。

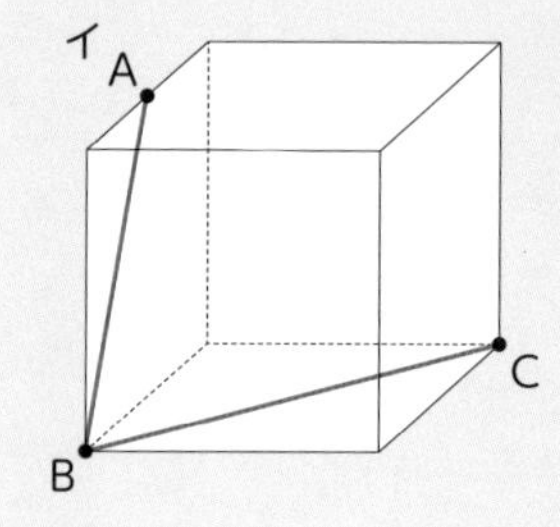

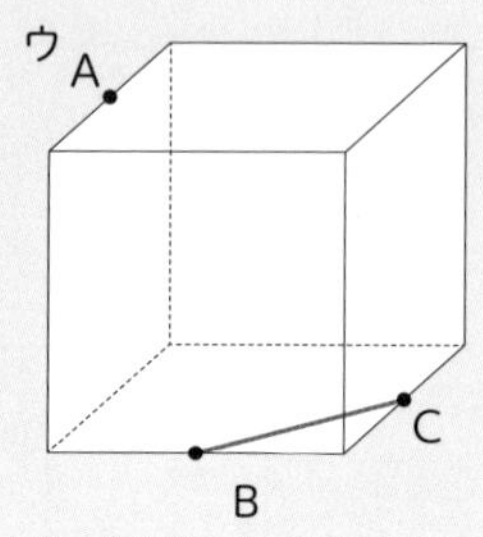

同様に、イの正六面体の点Ａと点Ｂは左面、点Ｂと点Ｃは下面にある２点なので、これらを結びます。ウの正六面体の点Ｂと点Ｃは下面にある２点なので、これらを結びます。

同一面上にない２点を結ばないように注意ニャ！
ありがちな間違いニャ！

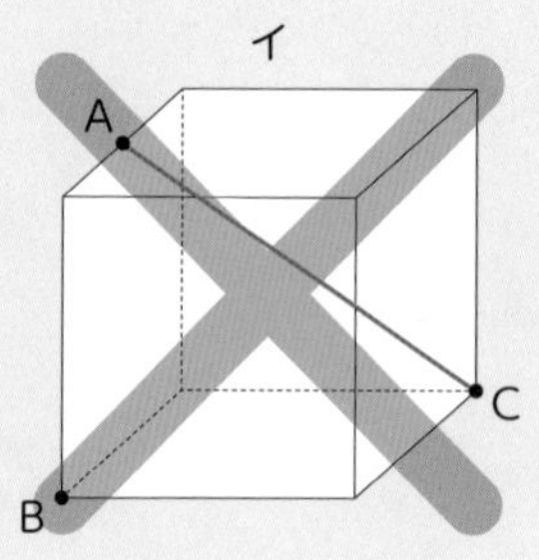

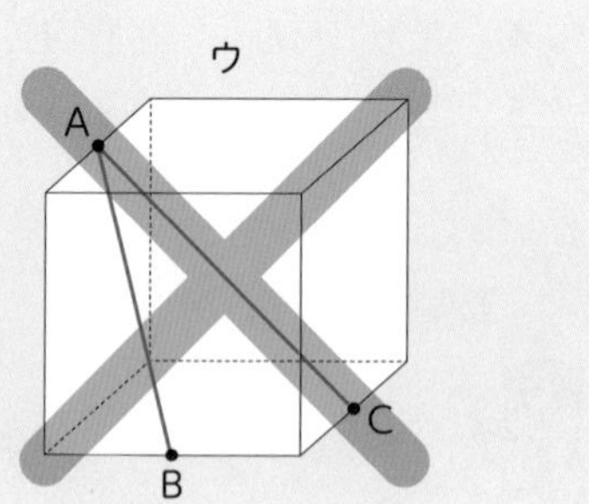

❷　ある切断線が引かれた面と平行な面に、切断される点から平行な線を引く

平行な面に現れる切断線は平行になります。

イの正六面体は、下面に切断線BCが引かれていますが、これと上面は平行関係にあります。BCと平行な線を上面の点Aから引き、後面に達した点をDとします。すると、点Cと点Dは後面にある２点なので、これらを結ぶと切断面が完成します。

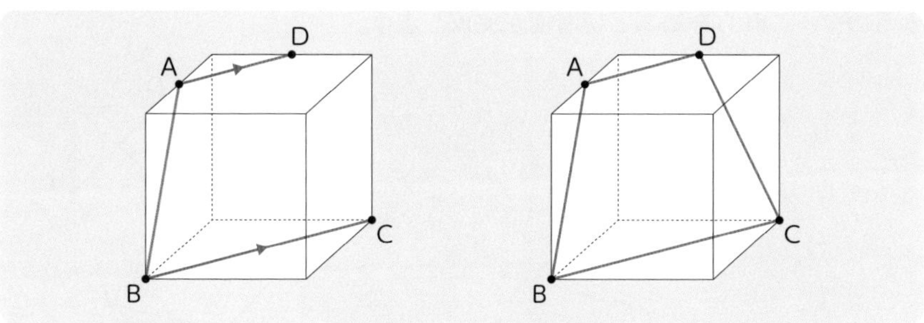

切り口の図形を見ると、**ADとBCが平行な四角形**なので、台形（等脚台形）であるとわかります。

ウの正六面体も同様に、下面に引かれた切断線BCと平行な線を上面の点Aから引き、後面に達した点をDとします。

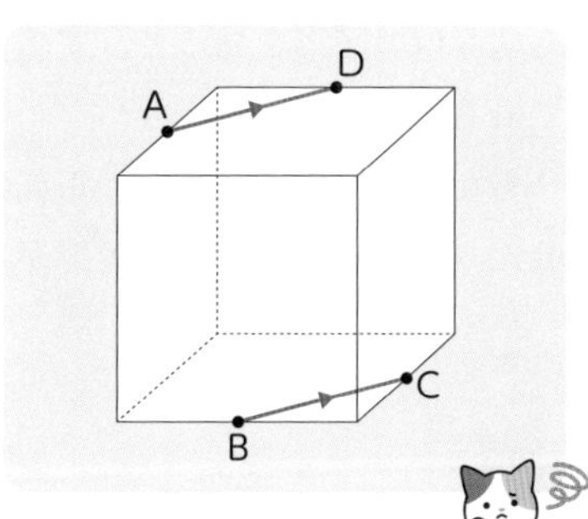

ウの正六面体はこれ以上進められないニャ…。

そんなときは次の手順を試してみるニャ！

❸　手詰まりになったら、面を延長して考える

ウの正六面体は❶、❷の手順で作図をしたものの、ここで手詰まりになってしまいました。このような場合は**面を延長して同一の面にある点を見つけます**。

左面、後面、下面を延長し、切断線BCを下面に沿って伸ばしていくと、延長した面にぶつかる点が現れます。延長した左面との交点をＥ、延長した後面との交点をＦとすると、点Ａと点Ｅはともに左面、点Ｄと点Ｆはともに後面にあることがわかるので、これらを結びます。正六面体とAE、DFとの交点を、それぞれＧ、Ｈとします。

すると、点Ｇと点Ｂはともに前面、点Ｃと点Ｈはともに右面にあることがわかるので、これらを結ぶと切断面が完成します。

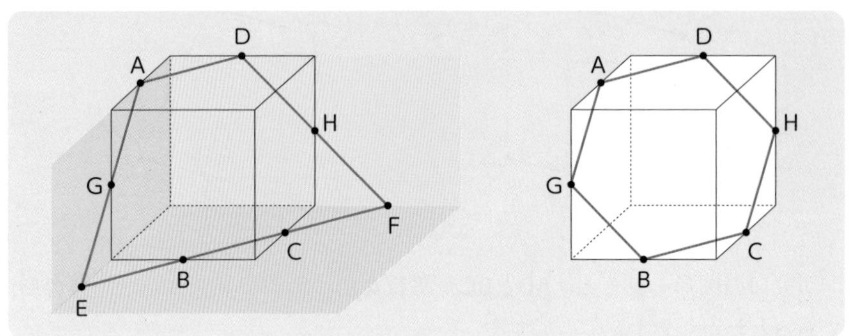

切り口の図形を見ると、**すべての辺の長さが等しい六角形**なので、正六角形であるとわかります。

ちなみに、直角三角形、正五角形が正六面体の切断面に現れることはありません（正五角形以外の五角形が現れることはあります）。

正　解　**3**

重要度 ★★★

小立方体の集まり

小さい立方体が集まって大きい立体が構成されており、外からは見えない内部の様子も含めて判断するような問題です。

次の図のような小立方体を27個積み上げてできた立方体に、それぞれの点から面に垂直に立方体の反対側まで真っ直ぐな穴をあけた。このとき、穴があいていない小立方体の個数として、正しいものはどれか。

警視庁Ⅰ類 2011

1　0個
2　1個
3　2個
4　3個
5　4個

外から見えないところがどうなってるか、イメージしづらいニャ…。

一段ずつ横にスライスして考えると簡単ニャ！

立方体を**横にスライス**して３段に分解し、上から１段目、２段目、３段目とします。上面から開けた穴は、１段目、２段目、３段目のすべてを貫通しています。

前面と右面から開けた穴は、それぞれの段ごとに考えます。

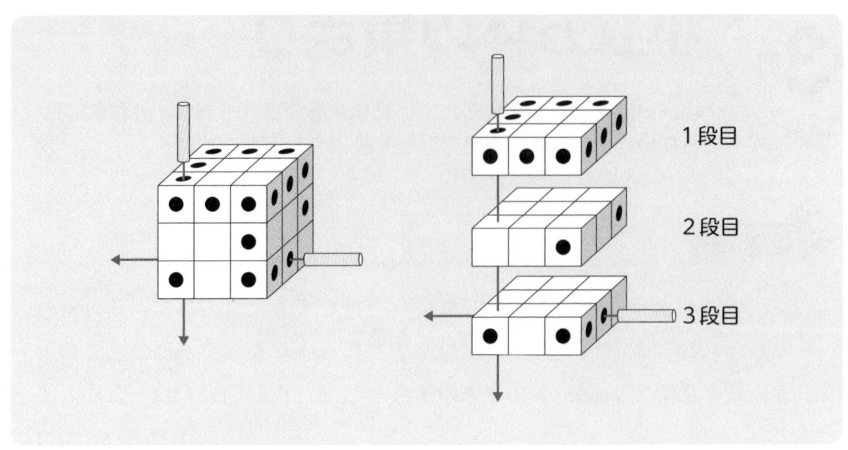

1段目に**上面から開けた穴**は、２段目、３段目も貫通するため上から見て同じ位置に穴が開きます。穴が開いた小立方体に印をつけます。

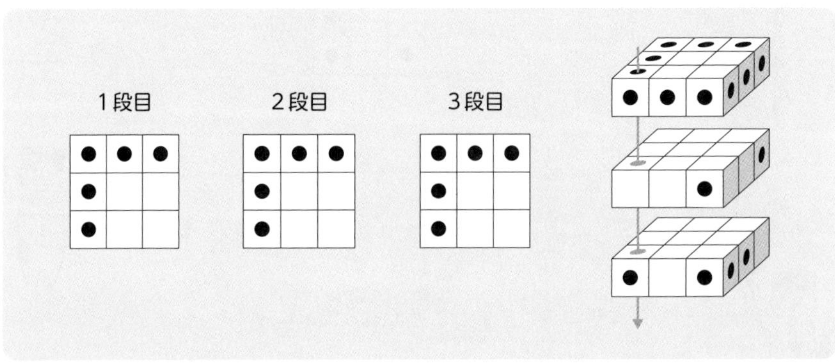

次に、**右面から開けた穴**によって新たに穴の開いた小立方体に印をつけます。

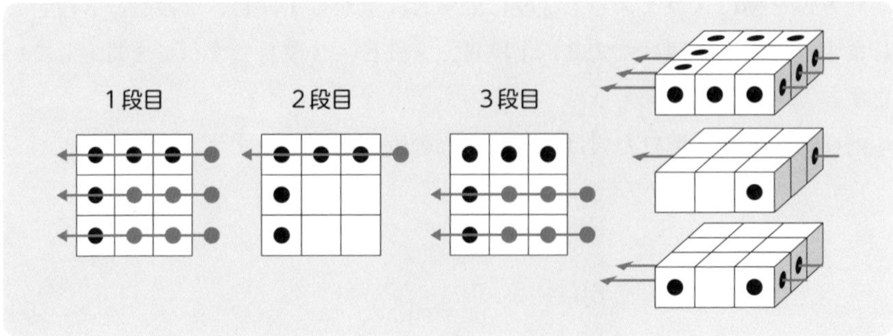

さらに、**前面から開けた穴**によって新たに穴の開いた小立方体に印をつけます。

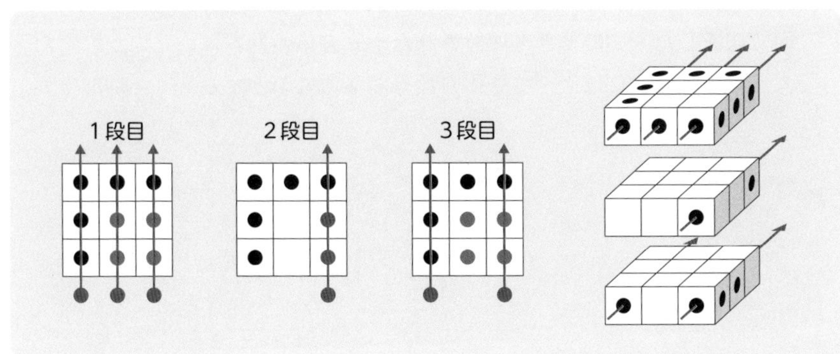

3方向から開けた穴にすべて印をつけたので、**この段階で印がついていない小立方体には穴が開いていません**。数えると2個とわかります。

正　解　**3**

例題51

図のように小立方体を27個積み上げた立体を、点A、B、Cを通る平面で切断した。このとき、切断された小立方体の個数はいくつか。ただし、点A、B、Cはすべて立体の頂点であるものとする。　　オリジナル

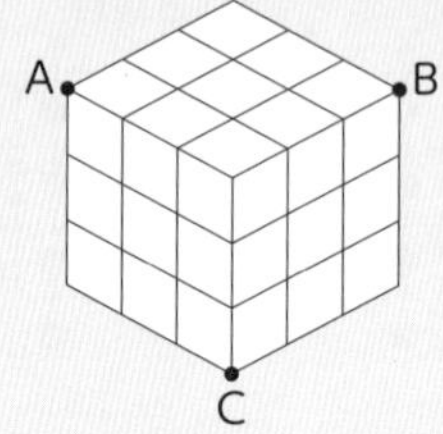

切断面については前に教わったからわかるニャ！

今回は、切断面の形じゃなくて、**小立方体がいくつ切断されるか**を考えるニャ！

まず、点A、B、Cを通るように立体を切断します。点Aと点B、点Aと点C、点Bと点Cは**同じ面上にあるのでこれらを結ぶ**と切断線ができあがります。切断線AC、BC上にある小立方体の頂点を点D～Gとします（**図1**）。

切り口に現れる図形は三角形（正三角形）とわかり（**図2**）、立体を横にスライスして3段に分解し、切り口を段ごとに見ると、上から**1段目と2段目は台形、3段目は三角形**となっています（**図3**）。

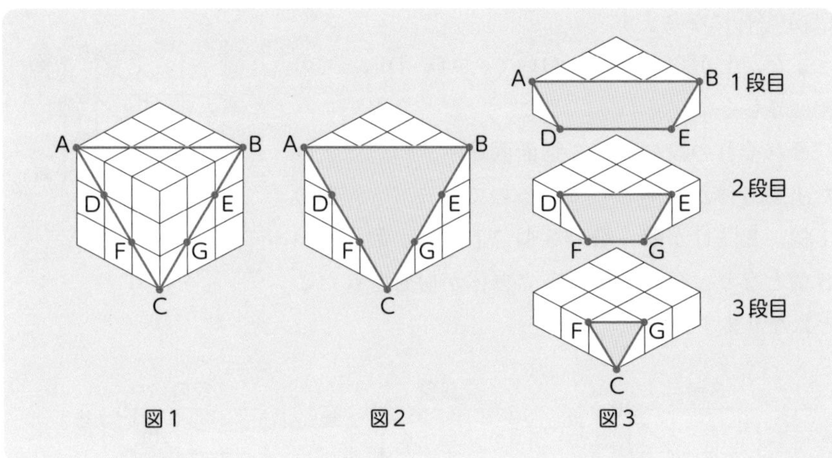

図1　図2　図3

ここから切断された小立方体を考えるのが難しいニャ…。

切断されたのは**切断面が通過している小立方体**なので、１段ずつ切断面を詳しく見ていきます。

まず、今回は、一番下の３段目から順に見ていきましょう。３段目は、点F、G、Cで囲まれた三角形が切り口です（**図4**）。例えば下のように左右、前後を決めておき（**図5**）、**３段目の上端と下端の点**を上から見た図にまとめます（**図6**）。

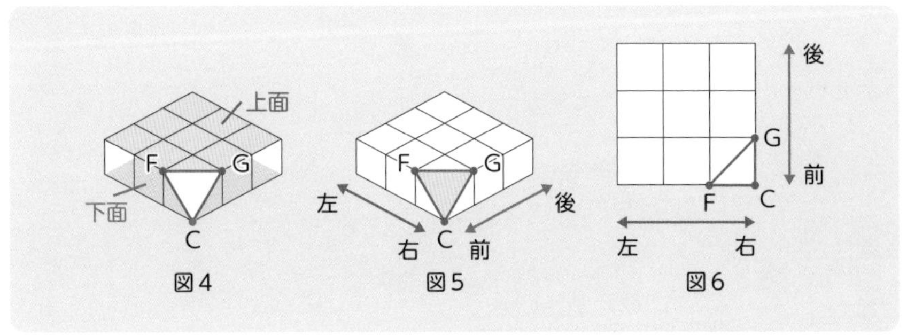

図4　図5　図6

２段目、１段目についても同様に切り口を書き込んでいきます。

それぞれの段の上端には同じ傾きの切断線ができるので、線分AB、DE、

FGが平行になります。

また、上から見た図において、AD、DF、FCの幅は等しくなります。

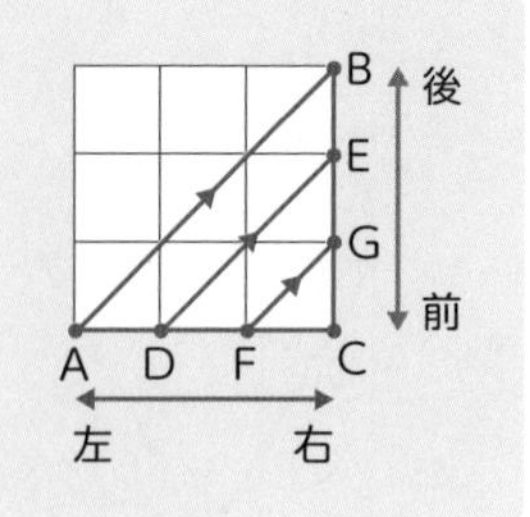

それぞれの段において**切断面を示す線で囲まれた小立方体が切断されている**ので、3段目が❶の1個、2段目が❷～❹の3個、1段目が❺～❾の5個となり、合計9個の小立方体が切断されたことになります。

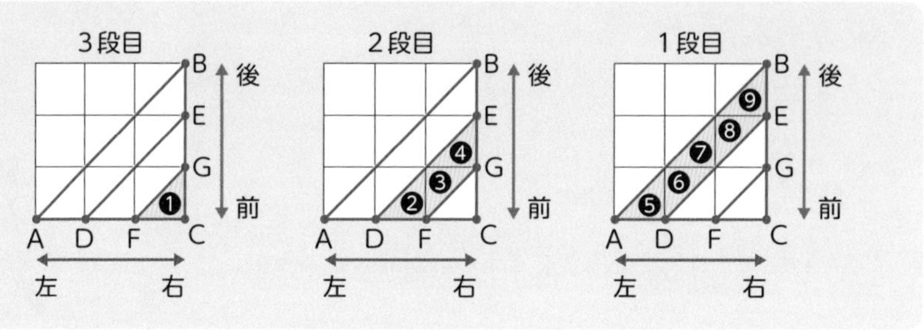

正 解　**9個**

□□□

問題 48

難易度 A

次の図Ⅰのような展開図のサイコロがある。このサイコロを図Ⅱのとおり、互いに接する面の目の数が同じになるように4個並べたとき、A、B、Cの位置にくる目の数の和はどれか。

特別区Ⅰ類 2017

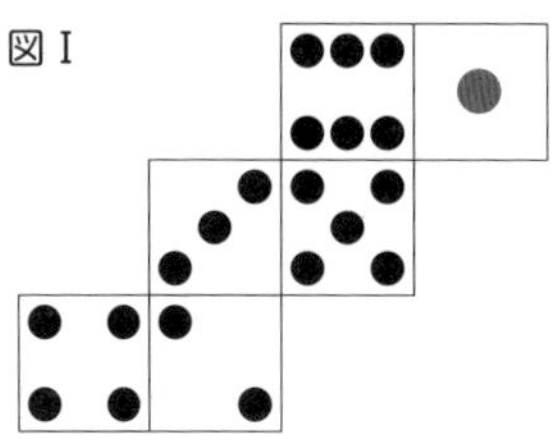

1 7
2 9
3 11
4 13
5 15

HINT サイコロの目を求める問題

サイコロの目を求める問題は、ある程度決まった手順で解くことができます。

❶ 展開図で平行な面を確認する
❷ 見取図や平行関係、条件からわかる目を五面図に書き入れる
❸ 求めたい面を周囲の面との関係から確定する

解説　　　　正解 2

図Ⅰを変形すると、**1と3、2と6、4と5の面が平行**であることがわかります。

サイコロ4個分の五面図を作り、図Ⅱで**見えている目とその平行面の目**を書き入れます。また、サイコロどうしが接する面が同じ目となるように、**接する面とその平行面の目**を書き入れます（**図1**）。

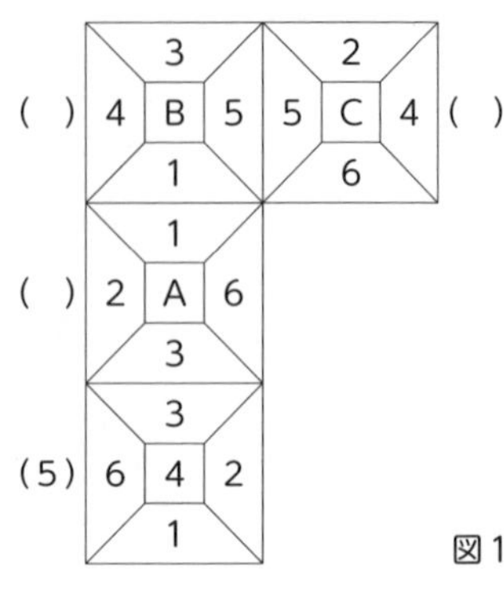

図1

A、B、Cが書かれた3つのサイコロは4面まで配置が確定しており、**Aは4か5、Bは2か6、Cは1か3**となります。

問題の図Ⅰの展開図で左下のL字型の部分に着目すると、時計回りに2→4→3の順に並んでいるので（**図2**）、五面図でA、B、Cの周囲の面に、時計回りに2→4→3の順に目の数が当てはまるかどうか確認します（**図3**）。

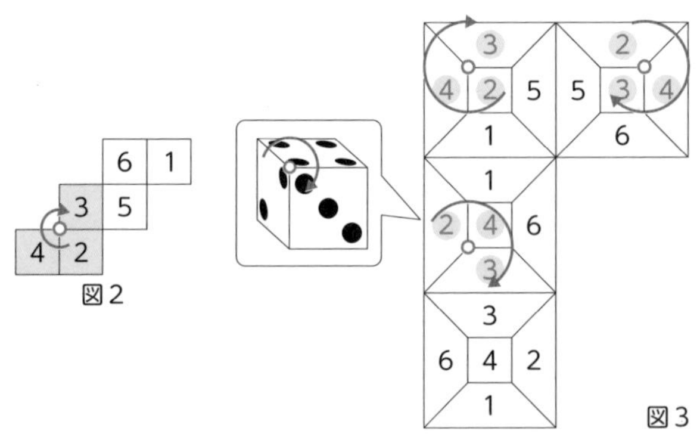

図3

図3のように、A=4、B=2、C=3が当てはまったので、A+B+C=4+2+3=9となり、正解は**2**です。

□□□

問題 49

難易度 B

向かい合った面の目の和が7になるサイコロが5つある。このサイコロを、接する面の数の和が6になるように下の図のように貼り合わせた。このとき、Xの面の目はいくつか。

裁判所 2016

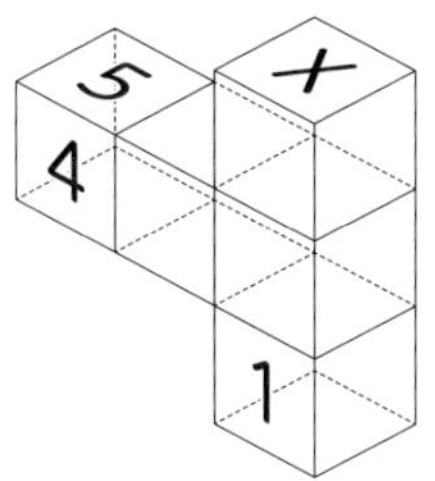

1 2

2 3

3 4

4 5

5 6

HINT 接する面の数の和が6

他のサイコロと接する面が6だと、接する2面の和を6にすることができません。よって、接する面に6は入りません。

合計6にできない

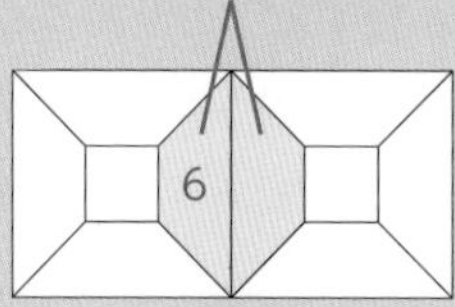

接する面に6が入らない

解説　　　　正解 5

Xの面を上面として3段に分けて五面図を作り、見取図と平行関係からわかることを書き入れます（**図1**）。着色された面の数の和は6となります。

図1の左端のサイコロで未定の目は1と6ですが、隣のサイコロと接する**右面を6としてしまうと接する面の数の和が6にならない**ため、右面が1、左面が6とわかります。これを受けて平行面、隣のサイコロと接する面の数をさらに書き入れます。また、説明のため3つの面をA～Cとします（**図2**）。

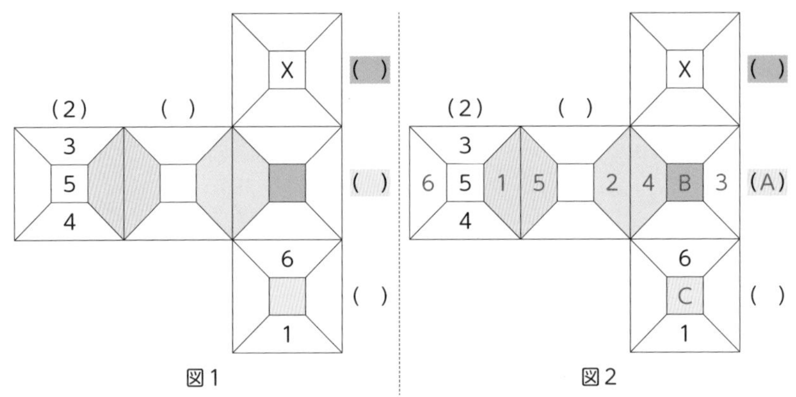

図1　図2

この段階で、隣のサイコロと接する面の数が2組決まっておらず、和が6であるという条件から絞り込むことを考えます。**図2**のAとBの面を含むサイコロは3、4の目の配置が決まっているため、Aの面は**1、2、5、6のいずれか**となります。

Aの面を1とするとその平行面であるBの面は6となりますが、Bの面も上のサイコロと接する面であるため6とすることができず、不適です（**図3**）。

Aの面を2とするとその平行面であるBの面は5となり、Xを含むサイコロの下面が1となるため、平行面のXが6となります（**図4**）。

Aの面を5とすると、それと接する下のサイコロのCの面が1となりますが、下のサイコロにはすでに1の面が配置されているため不適です（**図5**）。

Aの面は下のサイコロと接する面であるため、6とすることはできず不適です（**図6**）。

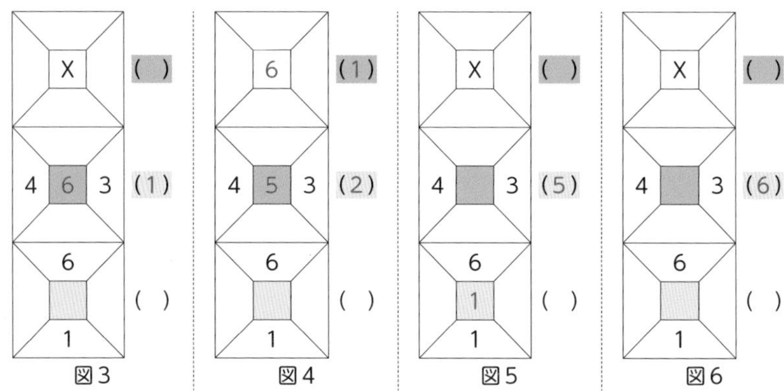

よって、A＝2の場合のみ成立し、Xの面は6となるため正解は **5** です。

□□□

問題 50

難易度 A

次の図1のような展開図を用いて作ったサイコロを、図2のようにマス目上に置いた。その後、マス目に沿ってAの位置まで滑ることなく転がしたとき、矢印の方向から見た図として、最も妥当なのはどれか。ただし、マス目の大きさとサイコロの面の大きさは同じとする。

東京消防庁Ⅱ類 2010

図1

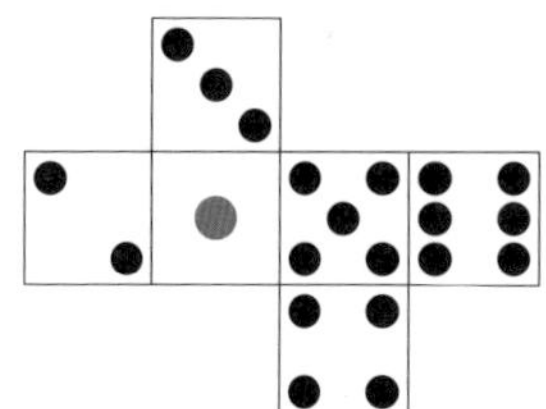

図2

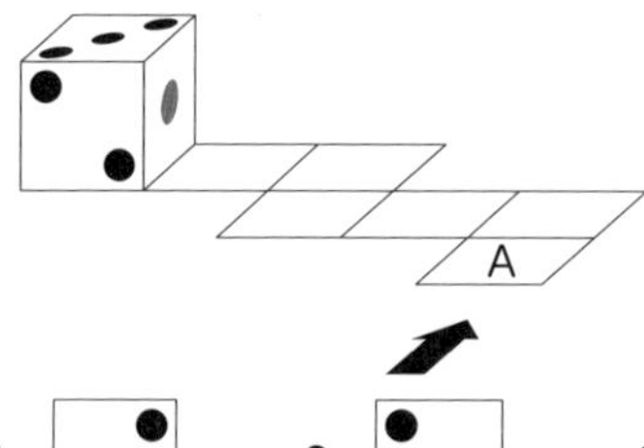

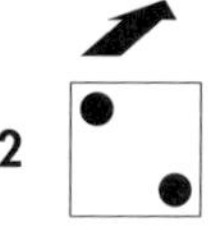

1　2　3　4　5

HINT サイコロの回転

サイコロを左右に転がすとき、前後の目は変わらずそれ以外の4面が1つずつずれていきます。

前後に転がすとき、左右の目は変わらずそれ以外の4面が1つずつずれていきます。

進行方向

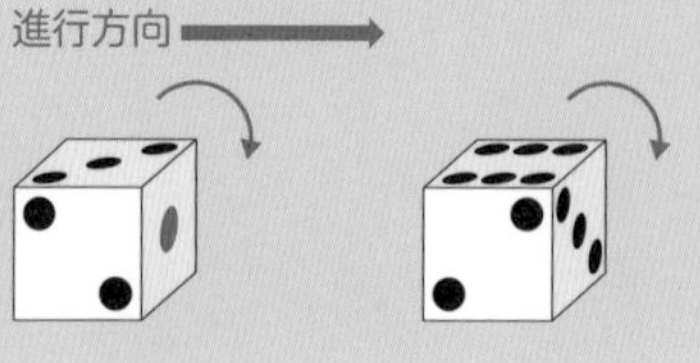

解　説　　　　　　　　　　　　　　　　正　解　2

図1の展開図で平行な2面を確認すると、**1と6、2と5、3と4の面が平行**であることがわかります。

図2のマスの配置に合わせて❶～❼の7個の五面図を描き、❶の五面図に**見えている面とその平行面の目の数を書き入れます**。

❸まで2回、右方向に転がします。右方向に移動する間は**前面の2と後面の5は変わらず、それ以外の4面が1つずつずれていきます**。

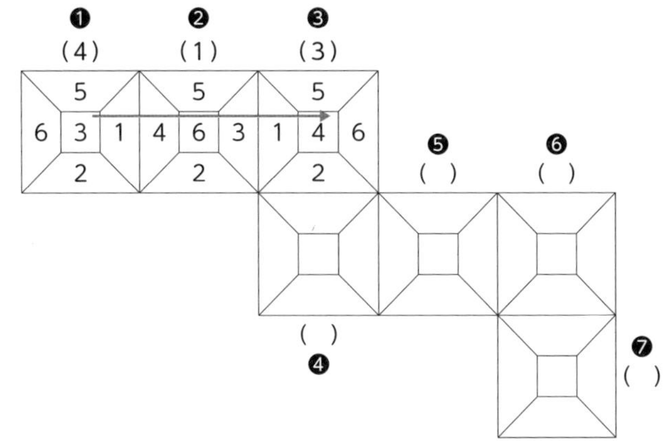

❸から❹へ1回、サイコロを前方向に転がします。前方向への移動では**左面の1と右面の6は変わらず、それ以外の4面が1つずつずれます**。

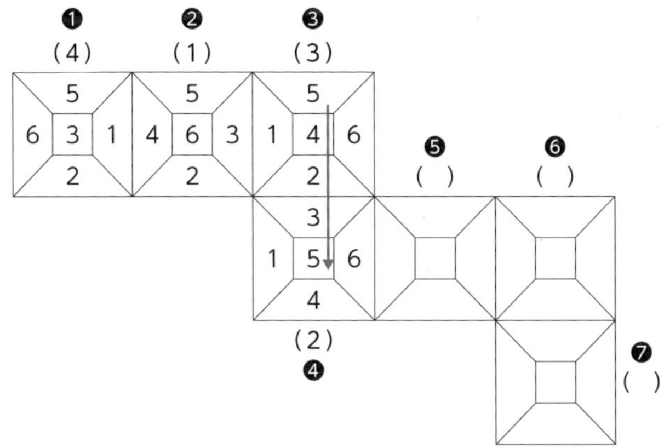

同様に、❼の位置まで転がします。

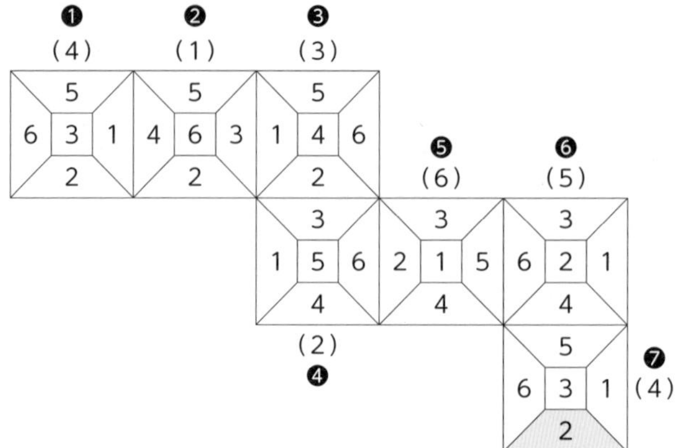

❼、つまりAの位置まで来たサイコロは前面が2、右面が1、上面が3なので、**問題の図2で示されたサイコロの配置と等しくなります**。

問われているのは前面なので、目の数は2です。

1と**2**がともに2ですが、問題の**図2**と目の向きまで等しいものを選ぶと、**2**が正解です。

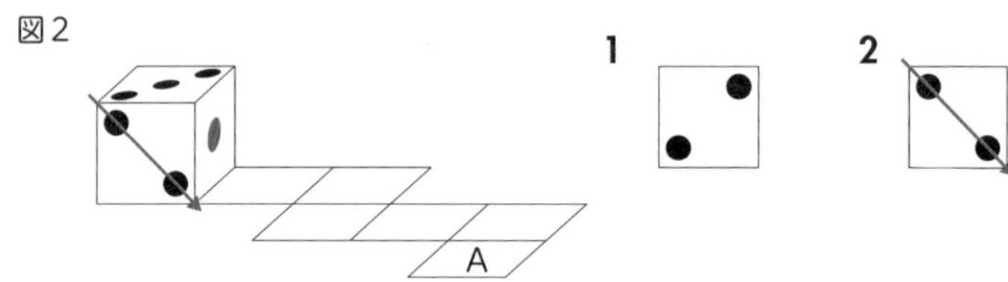

□□□

問題51

難易度 A

下の図のように、矢印が１つの面だけに描かれている立方体を、滑ることなくマス目の上をＡ～Ｓの順に回転させ、最初にＳの位置にきたときの立方体の状態を描いた図として、妥当なのはどれか。

東京都Ⅰ類 2023

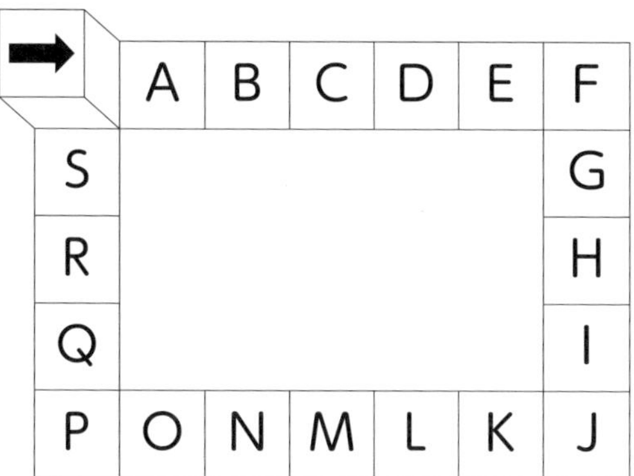

1 

2 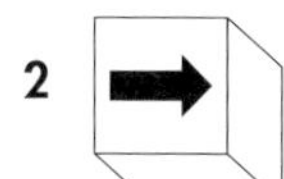

3 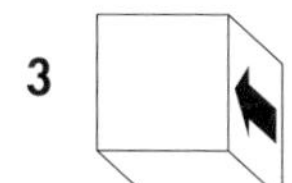

4 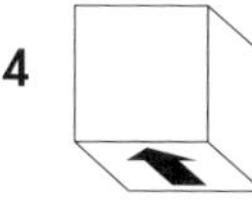

5 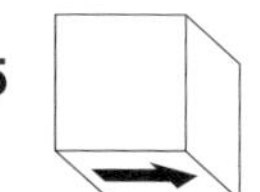

HINT サイコロを転がす問題

サイコロを同じ方向に続けて４回転がすと、目の配置はもとに戻ります。また、同じ方向に続けて３回転がした配置と、逆方向に１回転がした配置は等しくなります。

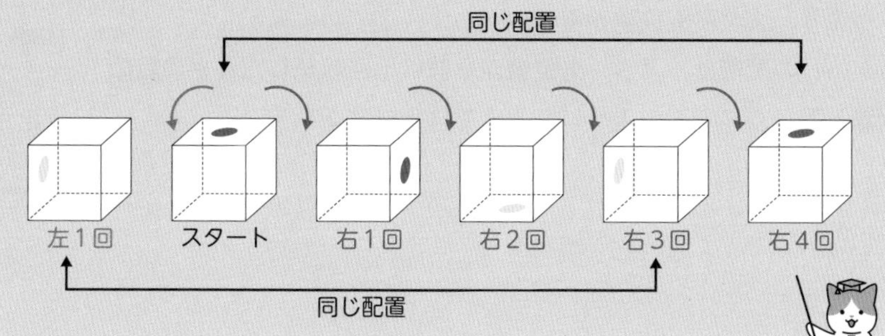

解説　　正解 5

スタート位置から「S」のマスに至るには、右に6回、前に4回、左に6回、後ろに3回サイコロを転がします。

サイコロは同じ方向に続けて4回転がすと、目の配置がもとに戻るので、ここで**前に4回転がすのは一切転がさないのと同じ**です。

また、**右に6回転がした配置は右に2回転がした配置と等しくなります**。

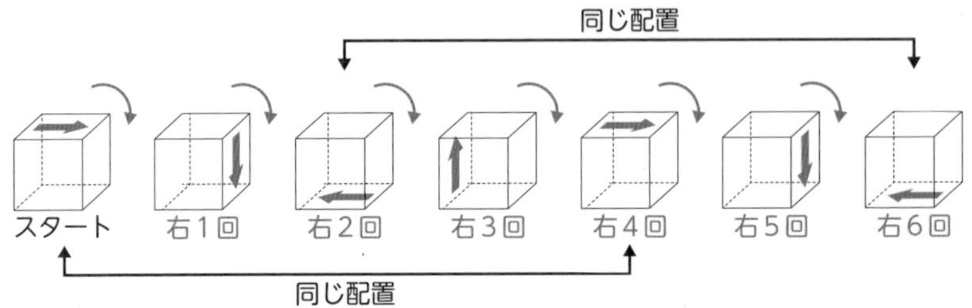

さらに、**後ろに3回転がした配置は前に1回転がした配置と等しくなります**。

よって、右に6回、前に4回、左に6回、後ろに3回転がした配置は、右に2回、左に2回、前に1回転がした配置と等しくなります。

右に2回転がして、すぐに左に2回サイコロを転がすと目の配置がもとに戻るので、右に2回、左に2回、前に1回転がした配置は、前に1回転がした配置と等しくなります。

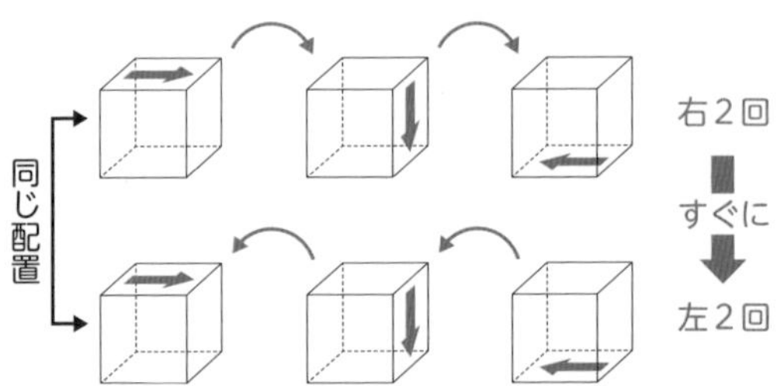

つまり、スタート位置から「S」のマスまで順に転がしていったときの目の配置は、**スタート位置から前に1回転がしたときの目の配置と等しく**、下図のようになるので、正解は**5**です。

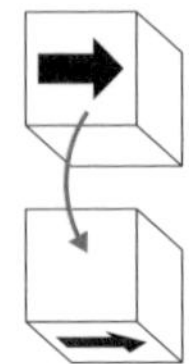

問題 52

難易度 A

下の図は立方体を３つ積み上げたものである。A、B、Cの３つの頂点を通る平面で切断したときの断面の様子として、最も妥当なのはどれか。

東京消防庁Ⅰ類 2021

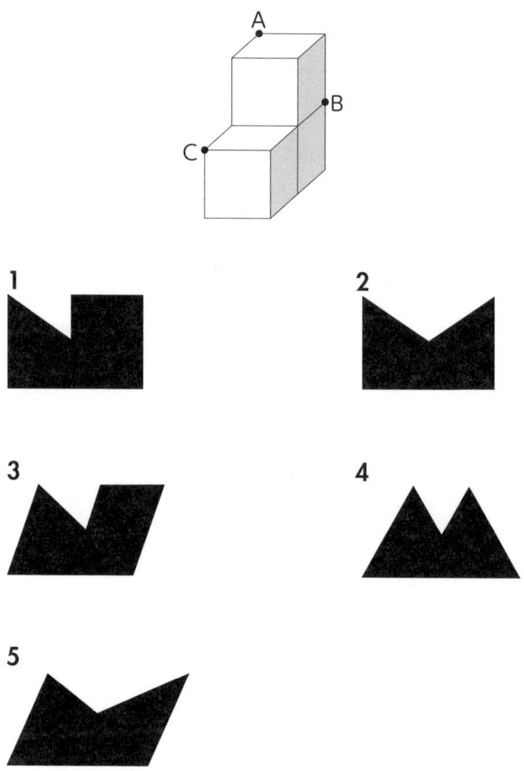

解説　　正解 3

まず、A、Bの２点は**ともにこの立体の後面にある**ため、２点を結びます。後面と前面は平行なので、**点Cから線分ABの平行線を引き**、その平行線が下面と交わる点をDとします。すると、B、Dの２点は**ともにこの立体の右面にある**ため、２点を結びます（**図1**）。

次に、延長面を設けて検討を続けます。左面に延長面を設けると、A、Cの２点が**ともにこの立体の左面にある**ため、２点を結び、この線が立体の辺と交わる点をEとします（**図2**）。

点Eから、前面のCDや後面のABと平行になるように線を引き、その平行線が立体の上面と交わる点をFとします。C、Fの２点が**ともにこの立体の上面にある**ため、２点を結びます（**図3**）。

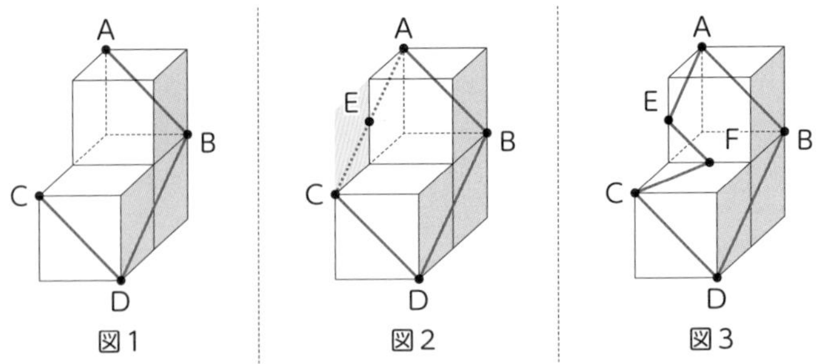

断面の形を見ると、正解は**3**です。

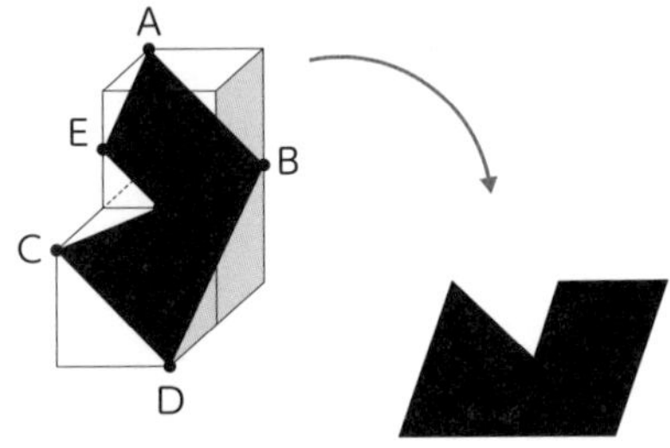

□□□

問題53

難易度 B

図のような、合計125個の黒い小立方体と白い小立方体を積み上げて作った大立方体がある。黒い小立方体が見えているところは、反対の面まで連続して黒い小立方体が並んでいるものとする。このとき、**白い**小立方体の数はいくらか。

国家専門職 2010

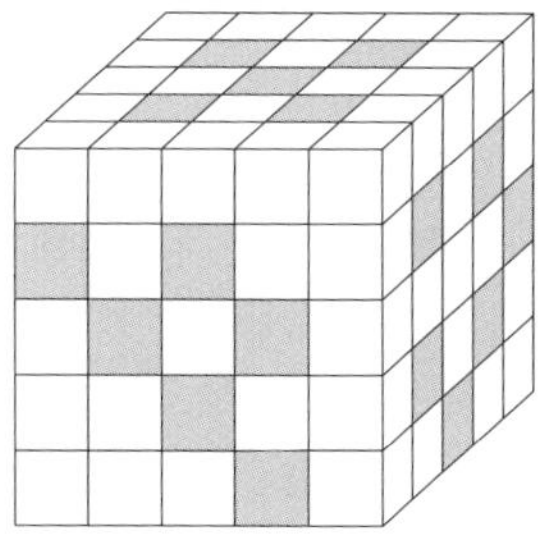

1 51個
2 55個
3 57個
4 61個
5 66個

HINT 貫通する穴を開ける問題と同じように考える

「黒い小立方体が見えているところは、反対の面まで連続して黒い小立方体が並んでいる」ので、黒い立方体が見えているところから面に対して垂直に槍のようなものを貫通させ、穴が開いていない小立方体の数を数えるイメージで解くとよいでしょう。

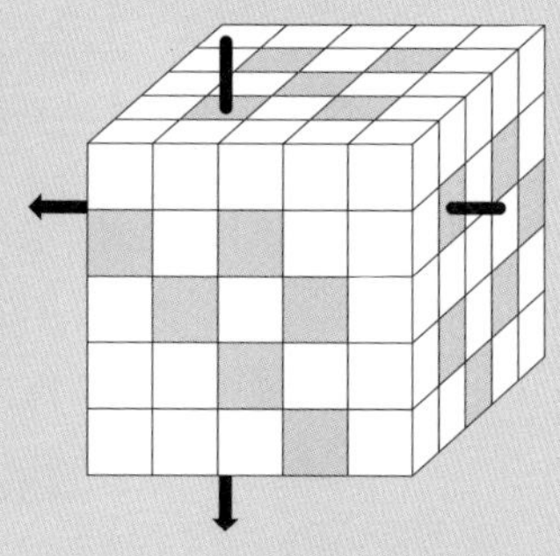

解　説　　　　正　解　5

大立方体を**横にスライス**して５段に分解し、上から１段目～５段目とします。

各段を上から見た図で考えると、１段目に見えている黒い小立方体は５段目まで同じ位置にあるので、これを各段において示すと以下のようになります。

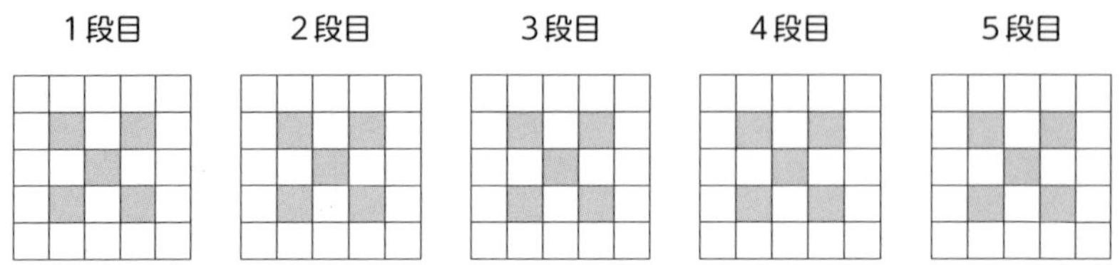

次に、この図に右面に見えている黒い小立方体と、反対面まで連続する黒い小立方体を加えます。

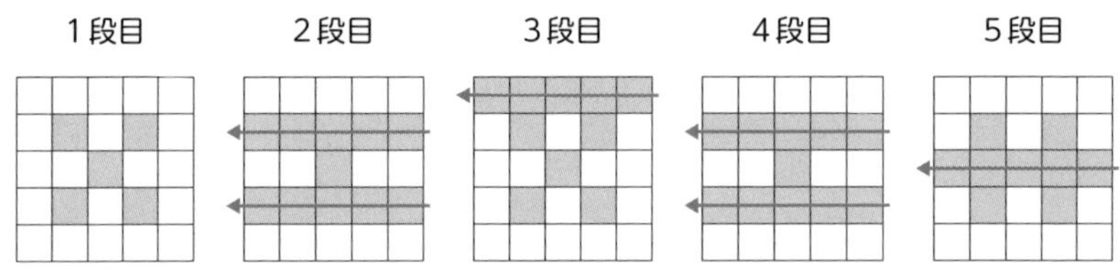

さらに、この図に前面に見えている黒い小立方体と、反対面まで連続する黒い小立方体を加えます。

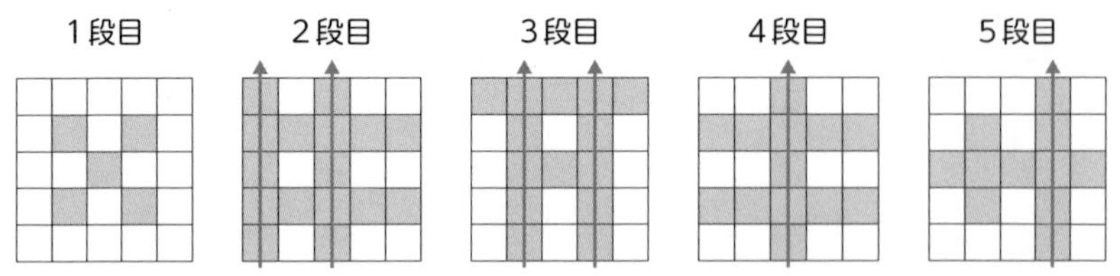

ここで白い小立方体を数えると、１段目に20個、２段目に９個、３段目に11個、４段目に12個、５段目に14個あり、合計で66個となるので、正解は**5**です。

□□□

問題 54

難易度 B

図のような、同じ大きさの白と黒の小立方体の計64個を交互に積み上げて作った立方体がある。この立方体を、頂点A、B、Cを通る平面で切断するとき、切断される黒の小立方体の数はいくつか。

国家一般職高卒 2016

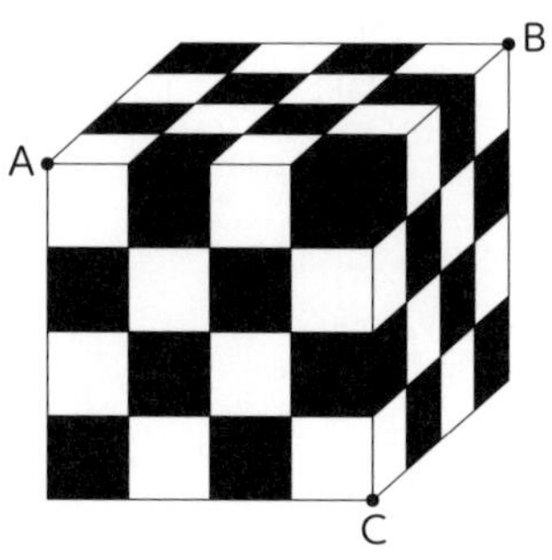

1 6個

2 8個

3 10個

4 12個

5 14個

HINT 1段ずつスライスして切断面を考える

切断面がわかったら、立方体を横にスライスして各段の切断線の通り方を順に検討していきます。

白と黒の小立方体が交互に配置されている点に注意します。

解　説　　　正　解　1

切断面はA、B、Cの３点を結んだ正三角形となります。立方体を横にスライスして４段に分解し、上から１段目～４段目とします。切断面は各段の上端から下端に及ぶので、１段目の下端をDE、２段目の下端をFG、３段目の下端をHIとします（**図１**）。

切断面の三角形ABCを上から見ると、**図２**のようになります。**同一面上の線は平行**になるので、線分AB、DE、FG、HIは同じ傾きとなります。また、小立方体の各辺の長さは等しいので、AD、DF、FH、HCの幅が等しくなります。

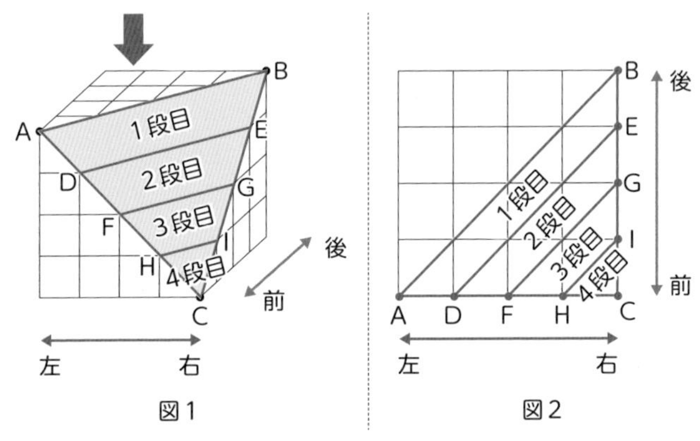

白と黒の小立方体が交互に配置されているため、各段の配置パターンは、「１段目・３段目」と「２段目・４段目」の２つに分かれます。これをそれぞれ数えると、切断される黒の小立方体の合計は６個となります。よって、正解は**1**です。

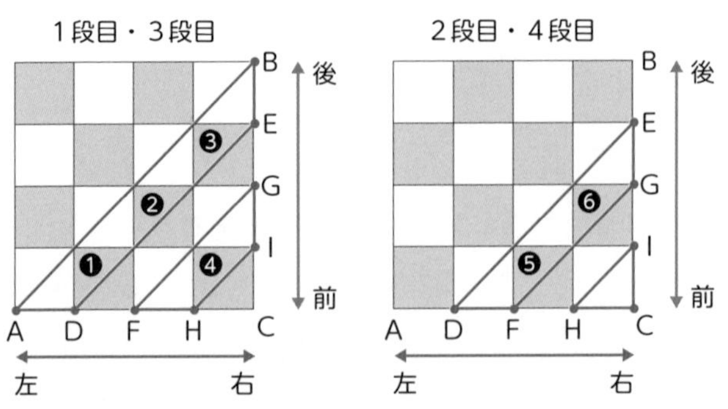

第2編

空間把握

第3章

図形の移動

重要度 ★★★

軌　跡

図形が回転するときの動きを追う問題です。実際に回転させて軌跡を確かめる方法と、いくつかのポイントを確認して解く方法があります。

図のような長方形が、直線に沿って滑らずに１回転するときの、点Pの軌跡として正しいのはどれか。

オリジナル

どれも似たような形に見えて区別がつかないニャ…。

まずは、点の軌跡がどのように作られるのかじっくり見てみるニャ！

長方形は**右方向**に回転していくので、直線に接している図形の**右端**の頂点を動かないように固定するイメージを持ってみましょう。ここが長方形が**回転する際の支点**となります。下図のように、点Pは支点を中心として**扇形の弧**を描きます。

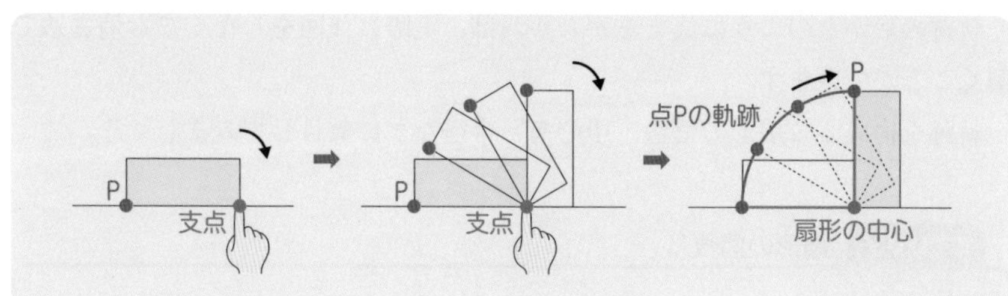

そこからさらに、下図のように右下の頂点を２つ目の支点として回転させます。このようにして、長方形を回転させたときの点Ｐの軌跡は、次々と**扇形の弧がつながった図**になります。

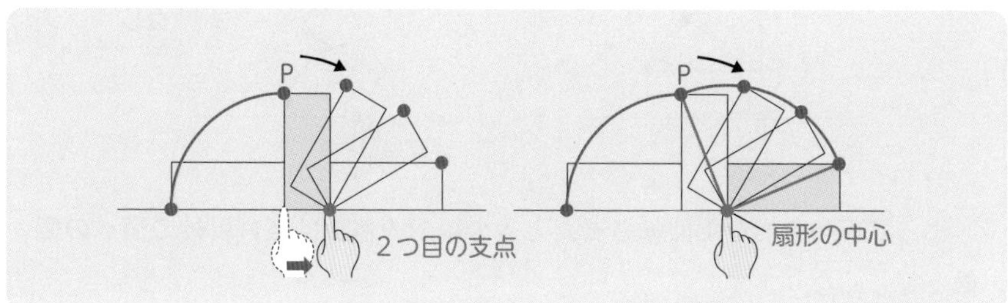

この作業を繰り返して長方形を１回転させると、点Ｐの軌跡は以下のようになります。

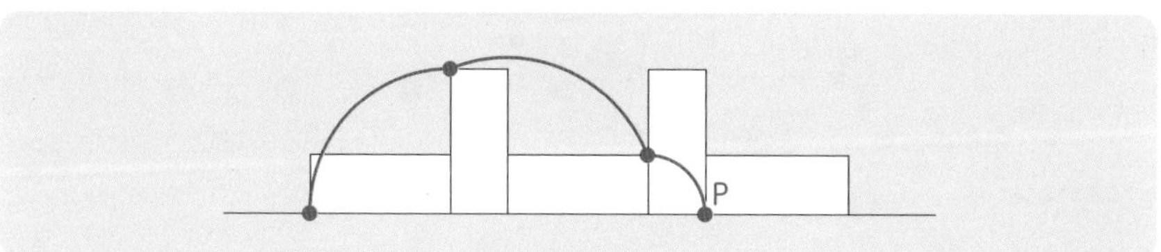

正解はわかったけど、自分でこの軌跡の図を描ける気がしないニャ…。

作図ができなくてもポイントを押さえれば間違った軌跡がわかるニャ！

第2編
第3章
図形の移動

軌跡の形がどのように決まるかわかれば、実際に作図をしなくても**消去法で解く**ことができます。

軌跡を構成する扇形の個数、**中心角**、**半径**などに着目してみましょう。

STUDY 扇形の個数

まず、回転の際、扇形の軌跡が現れる場合と現れない場合があります。

- 支点が点P以外：支点を中心とした扇形の軌跡が現れる
- 支点が点P　　：点Pが固定されるので扇形の軌跡が現れない

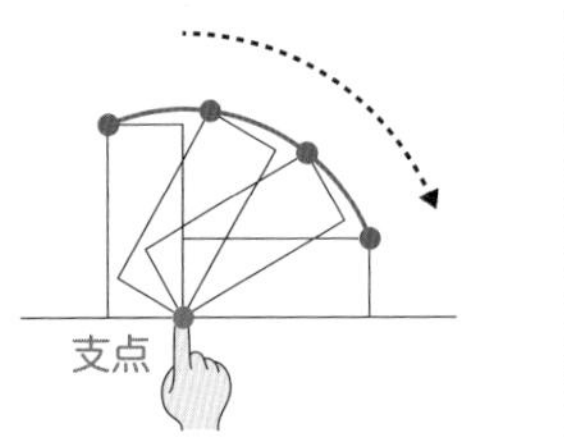

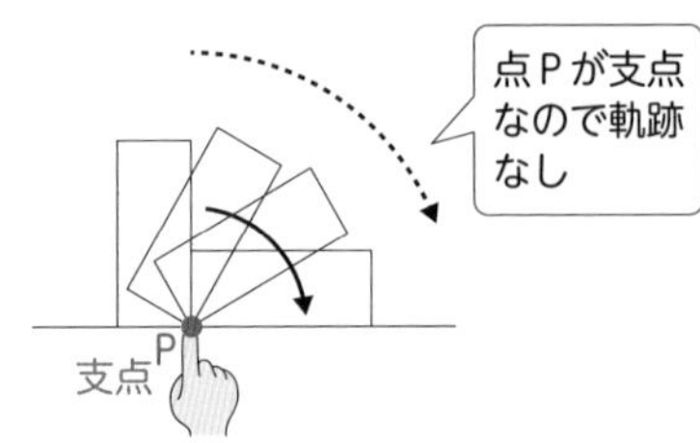

よって、多角形を1回転させたときの扇形の個数は点P以外の頂点の個数と等しくなります。

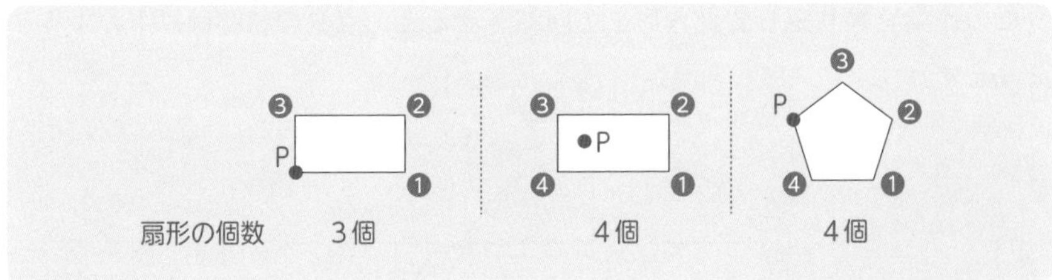

例題の長方形は点P以外の頂点が3個なので、扇形の個数も3個です。よって、扇形が4個ある**1**は誤りです。

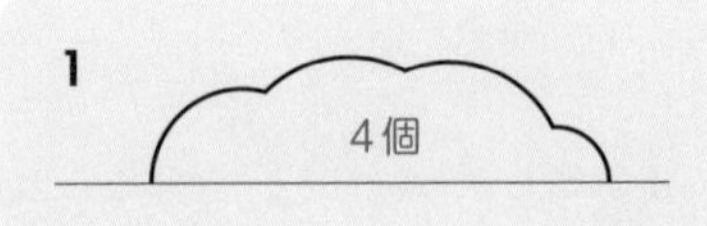

点の位置を見ただけで1つ誤りがわかったニャ！

次は角度に注目ニャ！

STUDY 扇形の中心角

扇形の中心角は、図形と直線の間の角度と等しくなります。

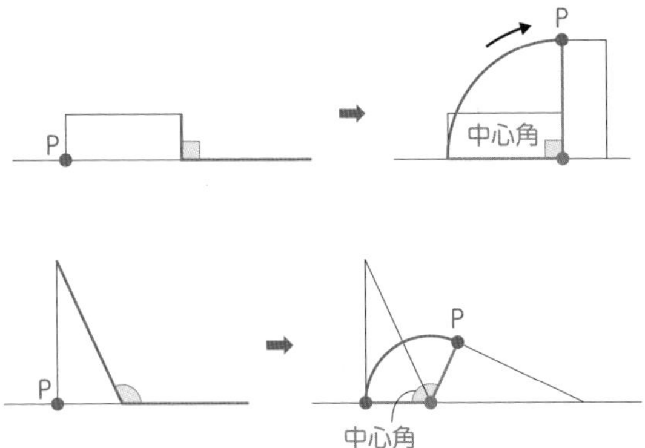

軌跡が与えられている場合に中心角を調べるには、

❶ 扇形の弧の両端を結び、その線分の垂直二等分線を引く
❷ ❶の垂直二等分線と下の直線との交点が扇形の中心となる
❸ 弧の両端から、扇形の中心に線をつなぐと中心角ができる

例題の図形は長方形なので、軌跡に現れるすべての扇形の中心角は90°になるはずですが、**2**の軌跡について調べてみると、１つ目の扇形は中心角が90°よりも大きいので誤りとわかります。

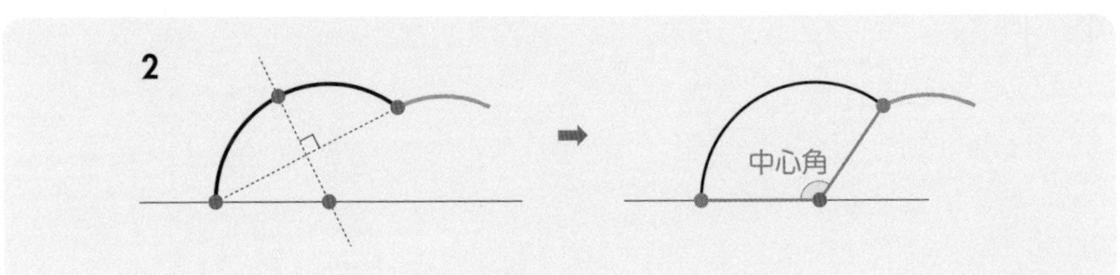

同様に、**3**の２つ目の扇形は中心角が90°よりも大きいので誤りです。

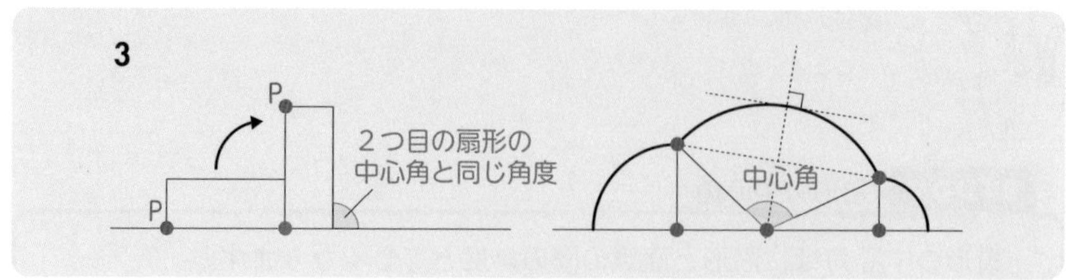

それぞれの扇形の中心角は、実際に図形を回転させて確かめなくても**図形の辺の延長線と図形の間の角度**から確認することができます。

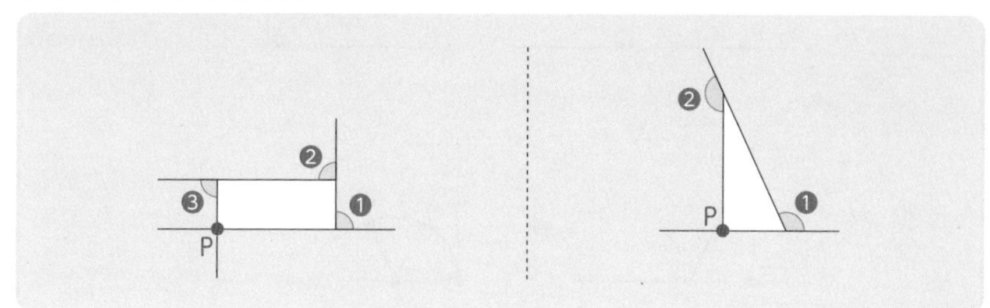

4と**5**は３つとも中心角が90°だから決められないニャ…。

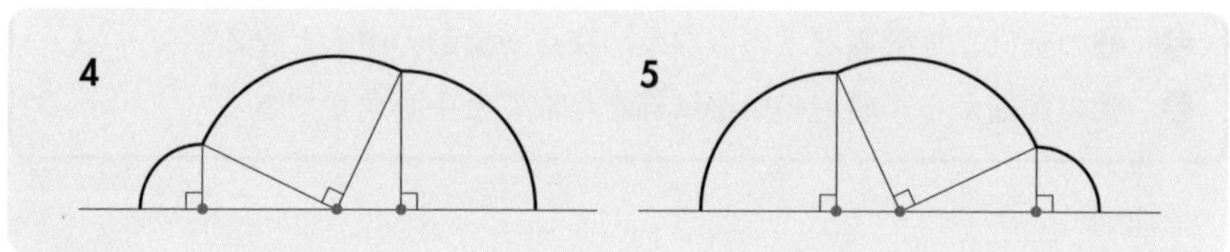

最後の手がかりとして、扇形の半径があるニャ！

STUDY　扇形の半径

軌跡を構成する扇形の半径は、回転する際の支点（扇形の中心）となる頂点と点Pを結んだ長さに当たります。

多角形を右方向に回転させる場合、当初の配置で右下に位置する頂点から、反時計回りに支点になります。下のように順に番号を与えると、半径が最も長い扇形や最も短い扇形を把握しやすくなります。

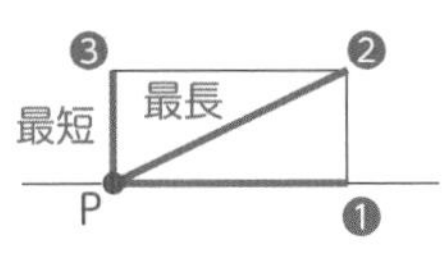

正しい軌跡は３つ目の扇形の半径が最も短いので、**5** が正解です。

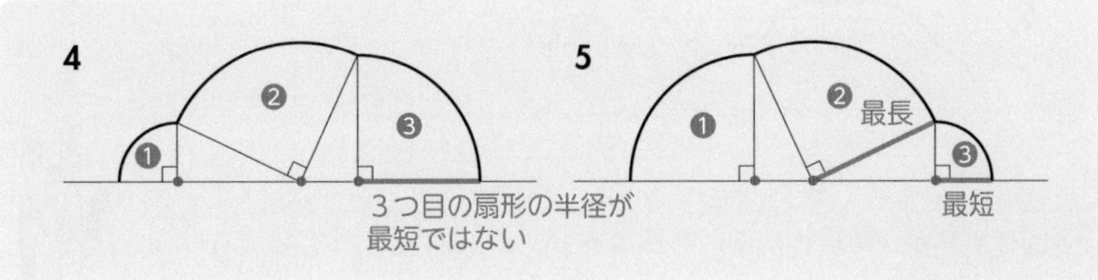

正　解　**5**

図のような四角形が直線に沿って滑らずに1回転するときの点Pの軌跡として、最も妥当なのはどれか。　東京消防庁Ⅰ類 2012

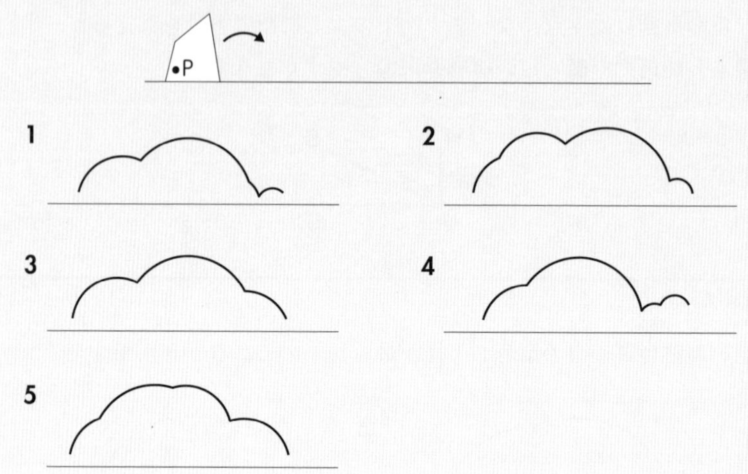

今回は点Pが四角形の内側にあるニャ！

落ち着いてさっきやったとおりに見ていけば解けるニャ！

各選択肢の軌跡について、扇形の個数、中心角、半径を確認してみましょう。

まず、**扇形の個数は、点P以外の頂点の数と等しくなる**ので、正しい軌跡の扇形は4個となります。**3**は扇形が3個なので誤りです。

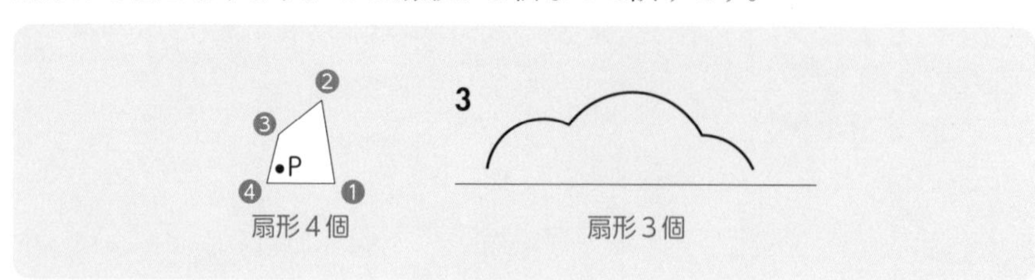

次に、扇形の中心角を確認します。四角形の辺を延長すると、**四角形と延長線との間の角度が扇形の中心角と等しくなります**。3つ目の扇形の中心角のみ角度が小さくなります。

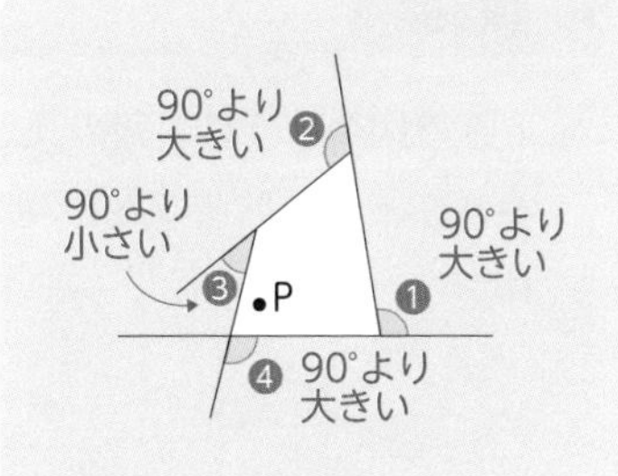

2、**4**、**5**は、下記のように中心角の異なる扇形があるので誤りです。よって、消去法より、正解は**1**です。

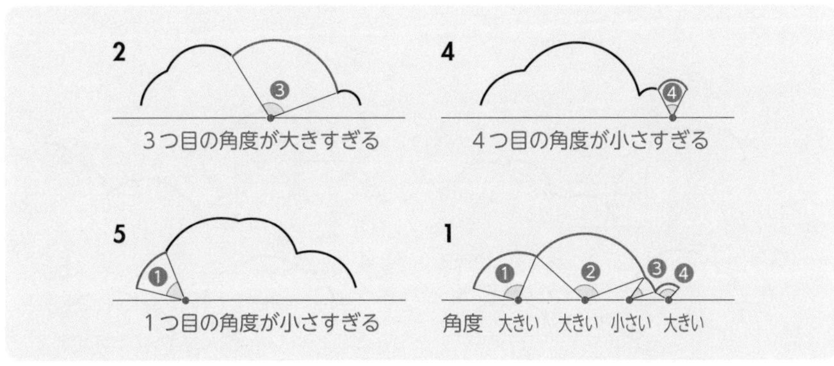

今回は扇形の個数と中心角のみで正解が出ましたが、扇形の半径についても確認してみましょう。

直線に接する頂点の順に❶～❹とし、それぞれを点Pと結んだ線の長さを確認すると、**2つ目の扇形の半径が最も長く、4つ目の扇形の半径が最も短くなる**ことがわかります。**1**の軌跡はこの条件を満たしています。

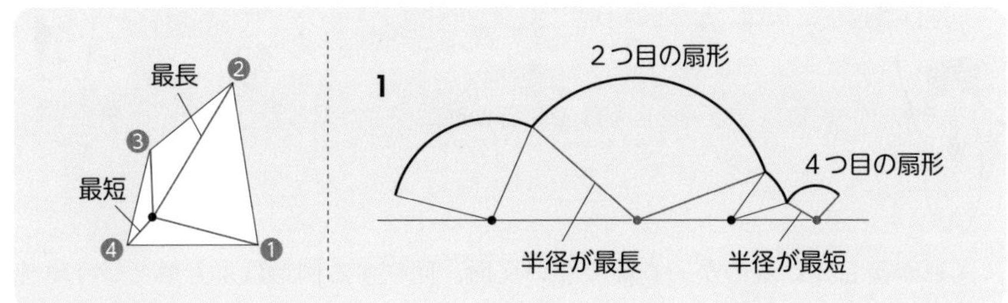

正　解　**1**

例題54

下の図のように、辺の長さが１の正方形が矢印の方向に滑らずに転がるとき、正方形上の点Ｐの軌跡を表したものとして、最も妥当なのはどれか。

東京消防庁Ⅰ類 2017

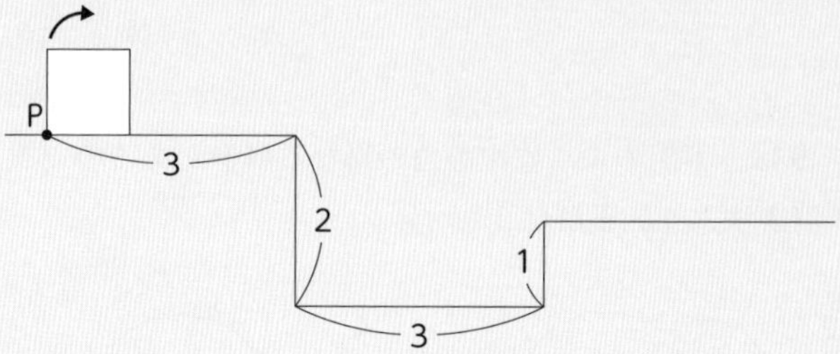

P
3
2
1
3

1

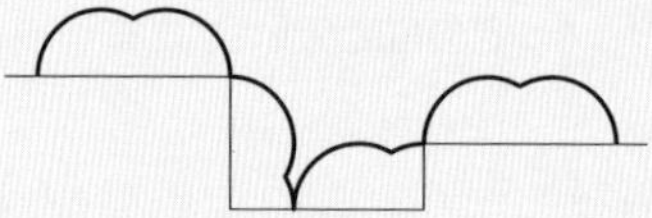

2

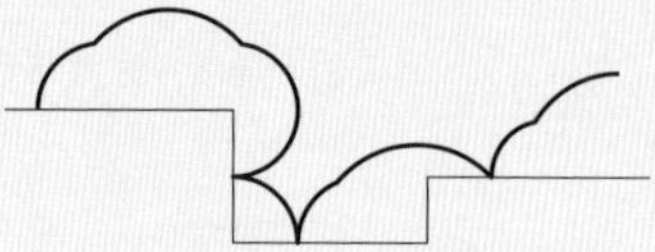

3

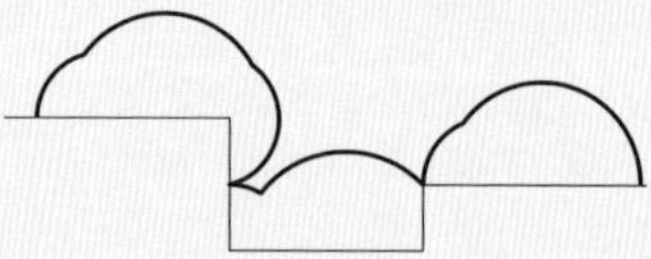

4

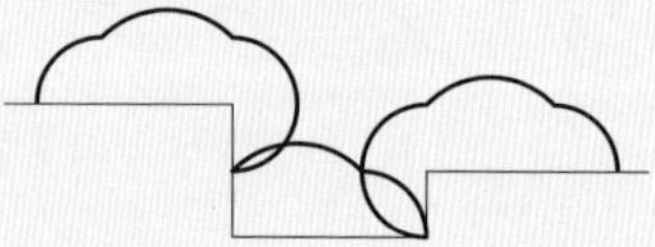

5

今度は道がデコボコしてるニャ！

一直線上以外を回転する場合に軌跡がどうなるか見ておくニャ！

図形が接しているのが一直線でない反面、回転する図形は正方形という単純な形で、正方形の一辺や直線上の長さもきりのいいものになっているのがポイントです。

まずは、**点Pが直線に接する位置**を確認してみましょう。

頂点が直線に接する順に次のように番号をつけると、Pは❹です。

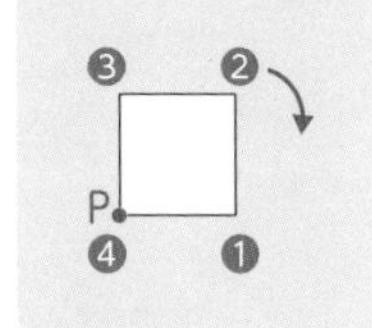

正方形の１辺の幅ごとに、❶～❹の順に図形の頂点が直線に触れるので、番号を繰り返し書き込んでいきます。

❹と書かれたところに点Pが接することになります。

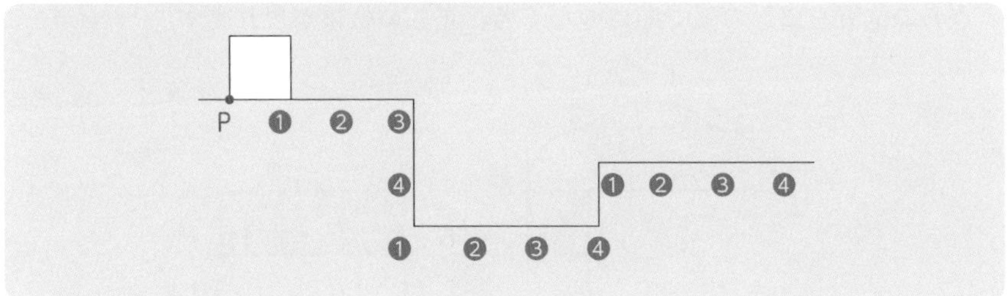

ここで選択肢を見ると、❹と書かれた３か所すべてに軌跡が接しているのは**4**のみです。よって、正解は**4**です。

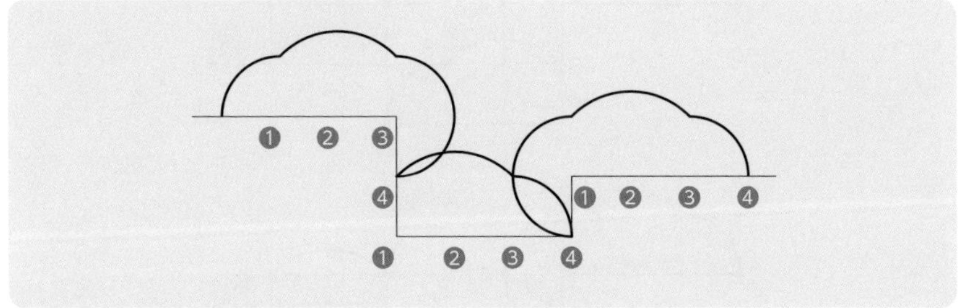

実際に点Pの軌跡を書き込んでみましょう。

まず、正方形が転がっていくときの点Pの位置を書き込んでいきます。

点Pの位置は、90°回転するたびに「左下→左上→右上→右下→左下…」と、**時計回りに移動**していきます。このとき、直線に接していない位置（次の図で着色のない位置）にも正方形を描いておくと、点Pの位置を考えやすいでしょう。

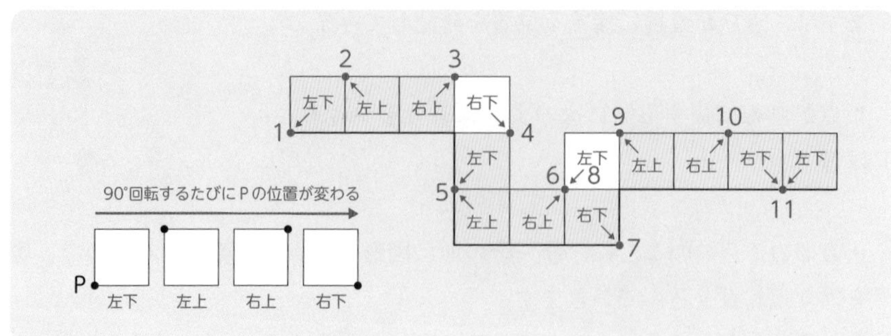

点Pの位置を扇形の弧で順につなぐと、正しい軌跡が現れます。

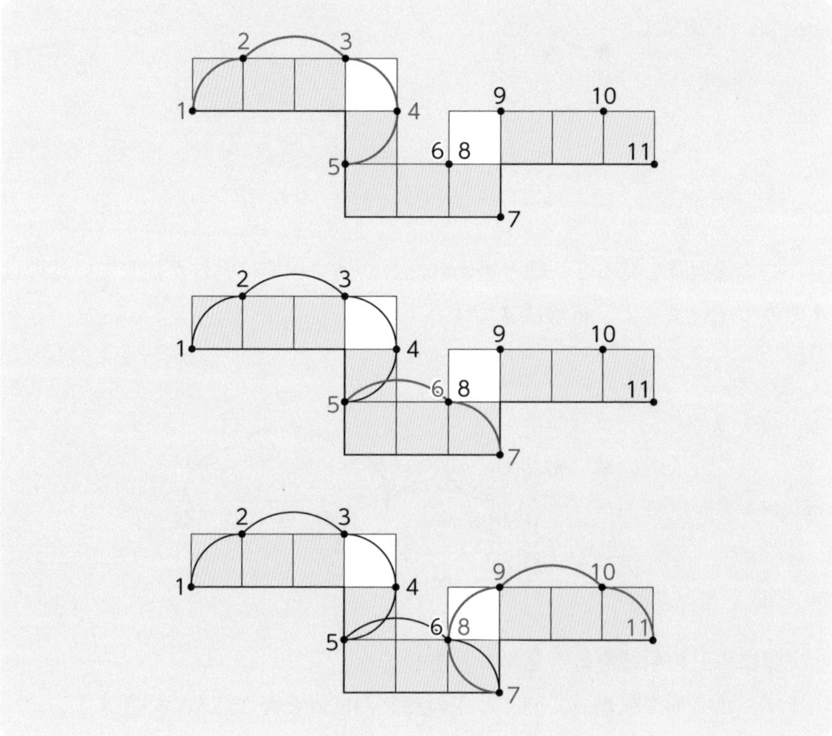

正　解　**4**

例題55

次の図のように、半径３の大円の内側を、半径１の小円が円周に沿って滑ることなく矢印の方向に回転している。小円がもとの位置に戻るまでに点Ｐが描く軌跡はどれか。

オリジナル

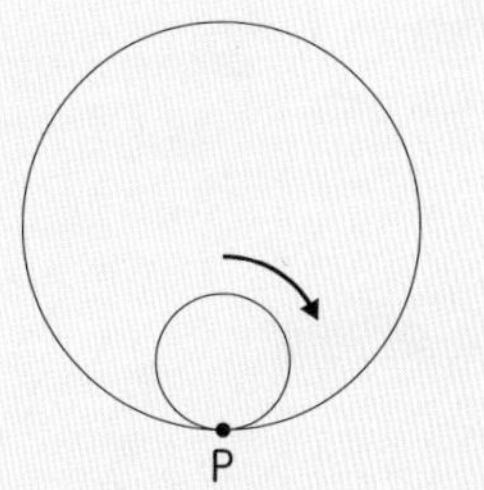

1
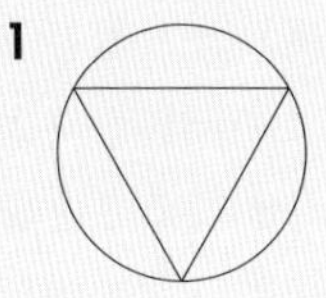

2

3
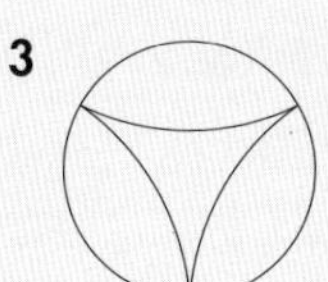

4
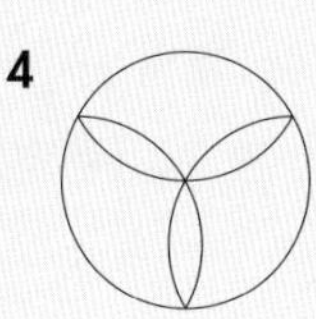

5
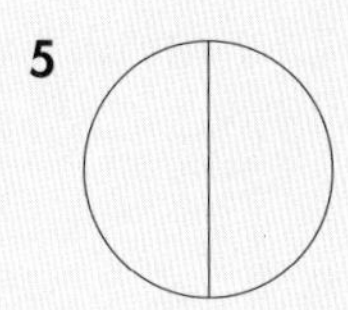

これは単純に、形を覚えてしまえばいいだけニャ！

小円を大円の内周上で滑らせずに回転させたとき、小円の円周上の点Ｐの軌跡は、**大円の半径が小円の半径の何倍か**によって、以下のようになります。

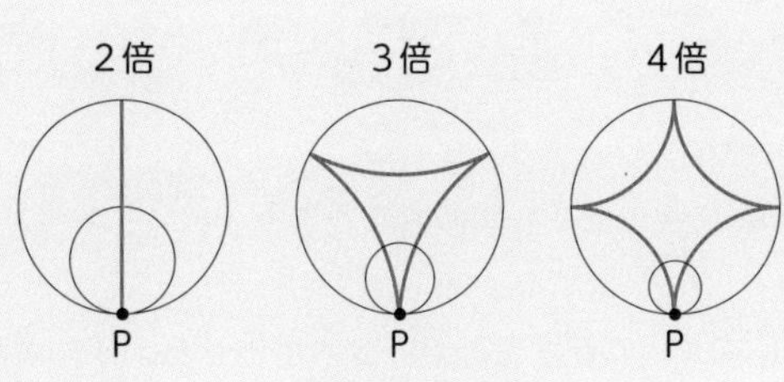

今回の問題は３倍なので、正解は **3** です。

正　解　**3**

第2編 第3章 図形の移動

円の回転数

円が別の円に接しながら回転する状況を考える問題です。公式を覚えて使えるようにしましょう。

下の図のように、同一平面上で直径 $3a$ の大きい円に、「**A**」の文字が描かれた直径 a の円盤Aが外接し、「**B**」の文字が描かれた直径 a の円盤Bが内接している。円盤Aと円盤Bがそれぞれ、アの位置から大きい円の外側と内側に接しながら、かつ、接している部分が滑ることなく矢印の方向に回転し、大きい円を半周してイの位置に来たときの円盤A及び円盤Bのそれぞれの状態を描いた図の組合せとして、妥当なのはどれか。

東京都Ⅰ類 2019

	円盤A	円盤B
1	A	B
2	A	ᗺ
3	∀	ᗺ
4	∀	B
5	ᐊ	ϖ

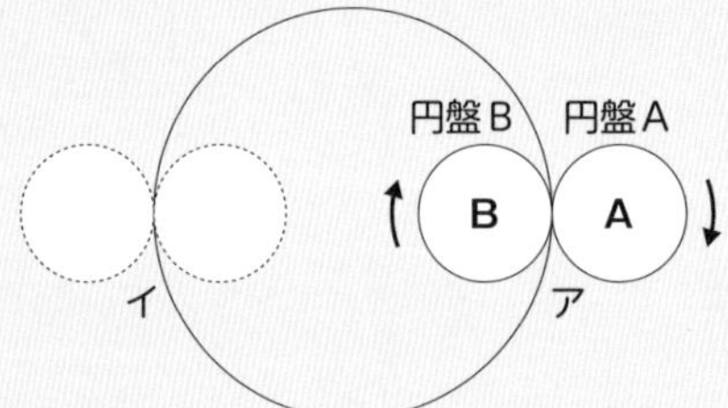

小さい円に書かれた文字の向きが問われてるニャ…。

小さい円が何回転するのか、公式で出せるようにすれば簡単ニャ！

小円が大円の周りを回転する問題では、**大円と小円との半径（または直径、円周）の比**がポイントになります。

STUDY　円の回転数

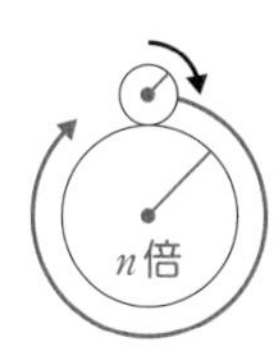

大円の半径（または直径、円周）が小円の半径（または直径、円周）の n 倍であり、小円が大円に沿って1周するときの小円の回転数

外側1周の場合＝$(n+1)$[回転]

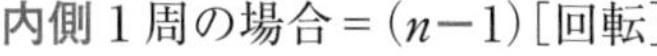

内側1周の場合＝$(n-1)$[回転]

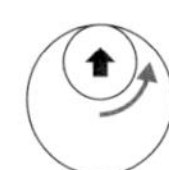

特に、半径が等しい円の外側を1周するときは(1＋1)＝2［回転］となります。

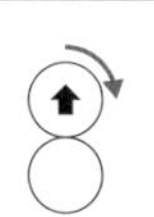

円盤の直径が a、大円の直径が $3a$ なので、大円の直径が円盤の直径の**3倍**となります。円盤Aが外接して1周すると（3＋1）＝4[回転]、円盤Bが内接して1周すると（3－1）＝2[回転]となります。

この回転数は大円の周りを**1周したとき**のものですが、円盤AもBも大円を**半周**（$\frac{1}{2}$周）しかしていないので、円盤Aは$4\times\frac{1}{2}=2$[回転]、円盤Bは$2\times\frac{1}{2}=1$[回転]となります。

最後に円盤の向きを考えますが、両方とも**回転数が整数**なので、円盤AもBも当初の向きに戻ります。

正解　1

例題57

下の図のように、半径３の円板Ａ～Ｆを並べて、円板の中心が一辺の長さが６の正六角形の頂点となるように固定する。半径３の円板Ｇが、固定した円板Ａ～Ｆと接しながら、かつ接している部分が滑ることなく、矢印の方向に回転し、１周して元の位置に戻るとき、円板Ｇの回転数として、正しいのはどれか。

東京都Ⅰ類 2020

1　２回転
2　４回転
3　６回転
4　８回転
5　10回転

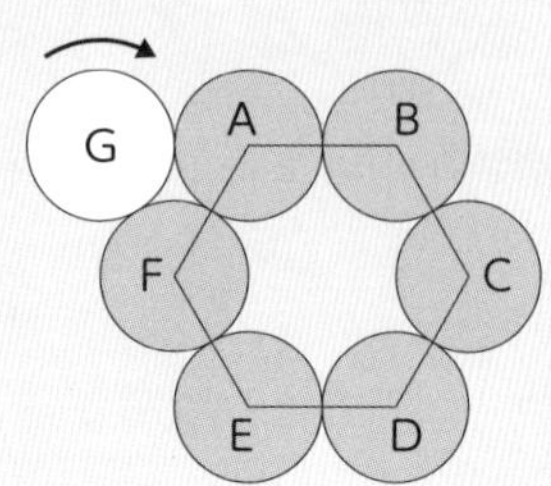

円はすべて同じ大きさだけど、６個合わさって回転面が複雑ニャ…。

円板Ｇが、**円の間のくぼみ**に挟まりながら進んでいくのがポイントニャ！

円板はすべて同じ大きさなので、６個の円板上を移動して当初の位置に戻るのが**何周分に当たるのか**がわかればいいことになります。

円板Ｇは円板Ａ～Ｆの円周の一部の上を移動し、次々に円板を乗り継いでいくように動きます。このとき、１つの円板当たりの回転数を調べるために、**移動した角度に着目**します。

例えば円板が円周のうち120°に相当する分だけ移動したなら、360°で１周なので、120°では$\frac{120}{360}=\frac{1}{3}$［周］になります。

120° $=\frac{1}{3}$

当初の状態で、円板Ｇは円板ＦとＡの間のくぼみに挟まっています。ここから右方向に移動して、円板ＡとＢの間のくぼみに挟まる位置までの移動を抽出して詳しく見てみましょう。

当初の位置における円板Gの中心をG_1、円板AとBの間のくぼみに挟まる位置における円板Gの中心をG_2として、G_1からG_2に移動する際に、円板Aの周りを何度回転したのか計算します。

ABG_2を結んで三角形を作ると、１辺がすべて円板の半径２つ分なので、$\triangle ABG_2$は**正三角形**とわかります。

正三角形の１つの内角は60°なので、G_1AG_2は、180° − 60° = 120°になります。

よって、円板Gは円板Aの周りを$\frac{120°}{360°} = \frac{1}{3}$［周］回っていることになります。

１個の円板について$\frac{1}{3}$周なので、６個の円板上を移動すると右の図のようになり、$\frac{1}{3} \times 6 = 2$［周］したことになります。

同じ大きさの円の外側を１周するときは(1＋1)＝**2［回転］**なので、２周で４回転となり、正解は**２**です。

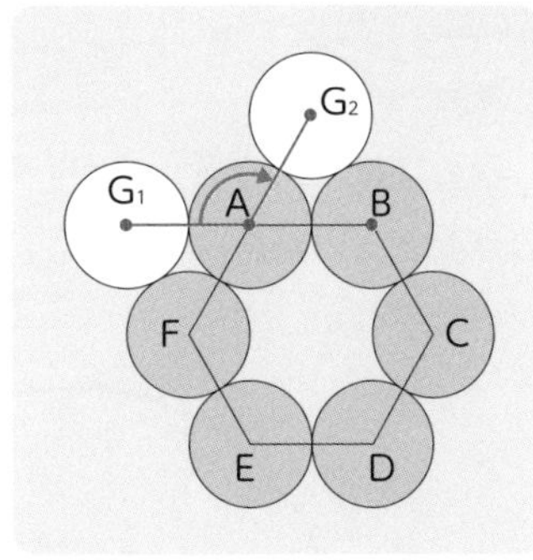

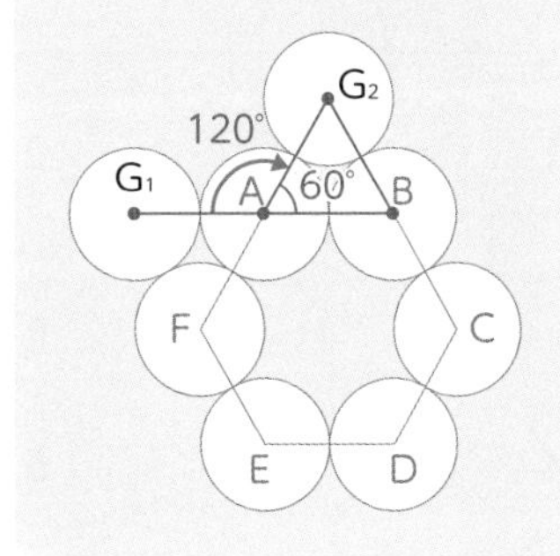

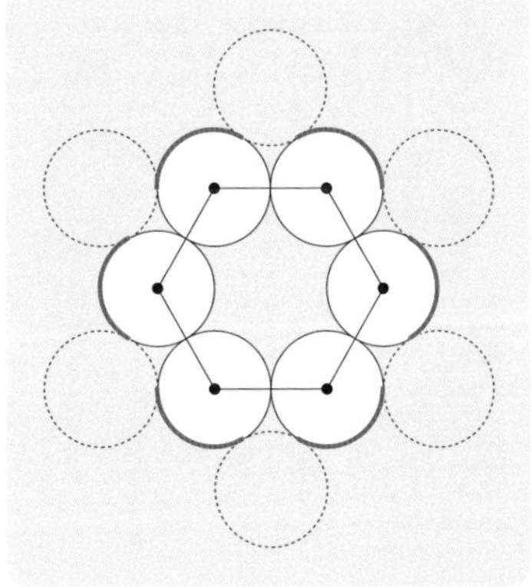

正解 2

□□□

問題 55

難易度 A

次の図は、ある多角形が直線上を滑ることなく1回転したときに、多角形上の点Pが描いた軌跡である。この軌跡を描く多角形と点Pの位置として、妥当なのはどれか。

警視庁Ⅰ類 2012

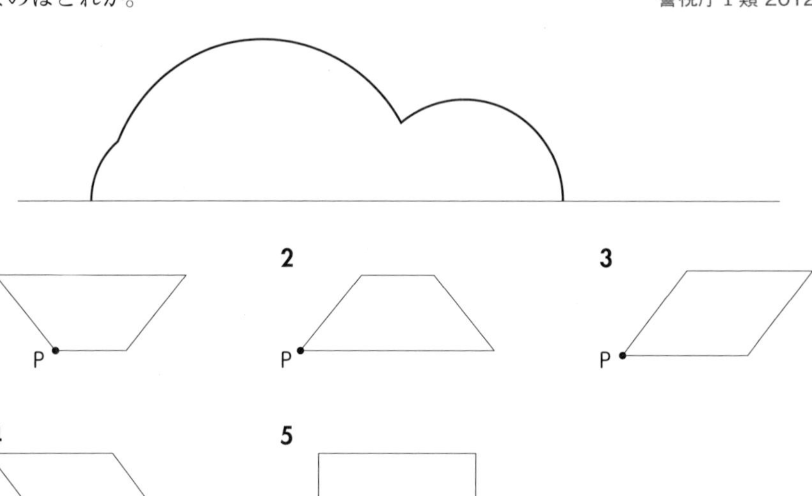

HINT 軌跡のチェックポイント

扇形の個数　：回転する多角形の点P以外の頂点の個数
扇形の中心角：各辺を延長したときに、多角形と延長線に挟まれた角度
扇形の半径　：多角形の頂点と点Pを結んだ長さ

解　説

正　解　1

点Pはすべて四角形の頂点にあるため扇形は3個となり、扇形の個数では正解を絞れないため中心角を確認します。

軌跡の弧の両端を結んだ線の垂直二等分線を引き、直線と交わったところが扇型の中心になります。

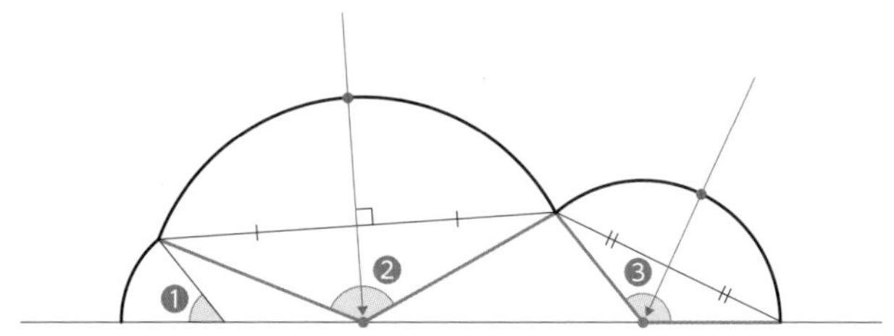

扇形の中心角は、**1つ目が90°よりも小さく、2つ目と3つ目は90°よりも大きい**ことがわかります。

各選択肢の四角形について、各辺を延長し、四角形と延長線に挟まれた角度を調べると次のようになります。

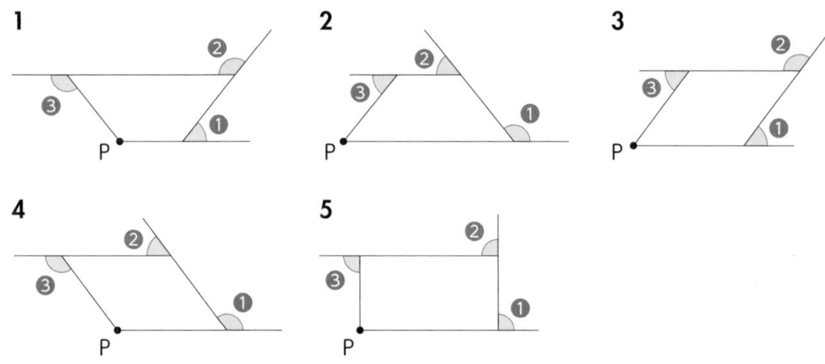

2、**4**、**5**は1つ目の中心角が90°より小さくなっておらず、**3**は3つ目の中心角が90°より大きくなっていないため誤りです。

よって、消去法により正解は**1**です。

□□□

問題 56

難易度 B

次の図のように、1辺の長さがaの正方形がL－L′線上を矢印の方向に滑ることなく2回転したとき、正方形の頂点Pが描く軌跡として最も妥当なのはどれか。

特別区Ⅰ類 2015

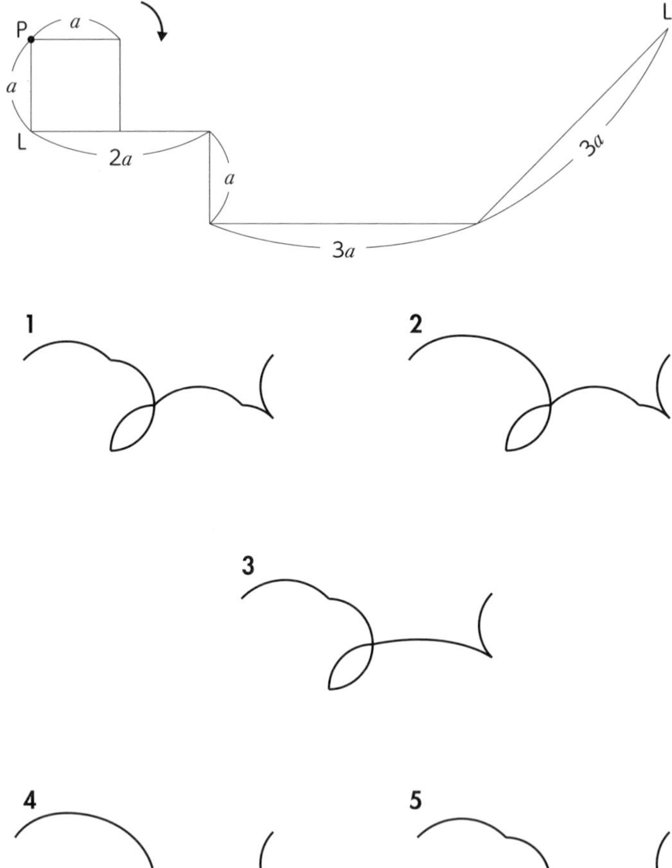

解説　　　　正解　1

正方形が転がっていくときの点Pの位置を書き込んでいきます。

点Pの位置は、90°回転するたびに「左上→右上→右下→左下…」と、**時計回りに移動**していきます。このとき、直線に接していない位置（下図で着色のない位置）にも正方形を描いておくと、点Pの位置を考えやすいでしょう。

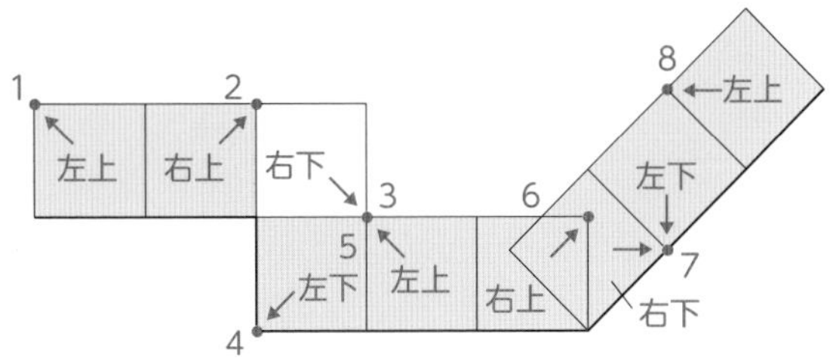

点Pを円弧で順に結んでいくと以下のようになり、正解は**1**です。

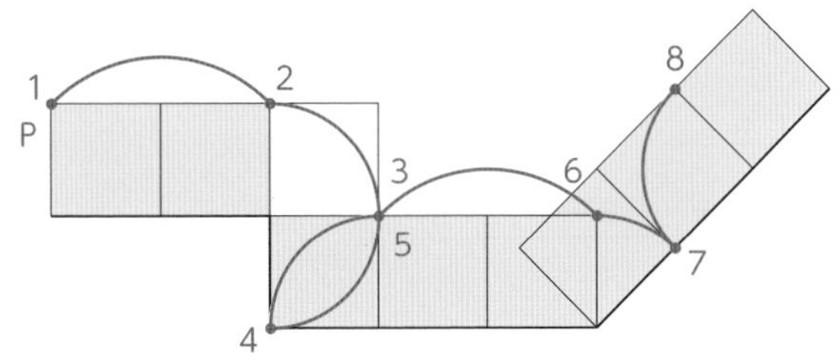

□□□

問題 57

難易度 A

次の図のような、正方形と長方形を直角に組み合わせた形がある。今、この形の内側を、一部が着色された一辺の長さ a の正三角形が、矢印の方向に滑ることなく回転して1周するとき、A及びBのそれぞれの位置において、正三角形の状態を描いた図の組合せはどれか。

特別区Ⅰ類 2020

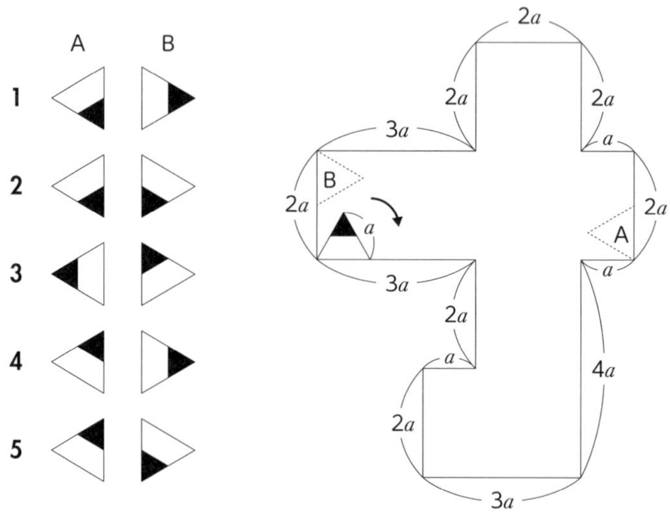

解説　　正解 5

回転する正三角形の頂点に、直線に接する順に右のように番号をつけておきます。さらに、正方形と長方形を組み合わせた形の内側にも、正三角形の１辺の長さに合わせて❶から❸の順に番号をつけておきます。

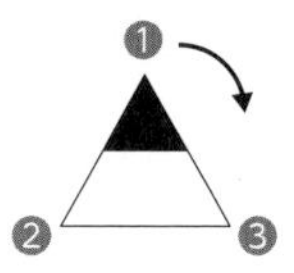

この番号が**各地点における正三角形の頂点の接し方**を表しているので、「A」の位置では黒い模様がある❶は右上に、「B」の位置では黒い模様がある❶は左下となります。よって、正解は **5** です。

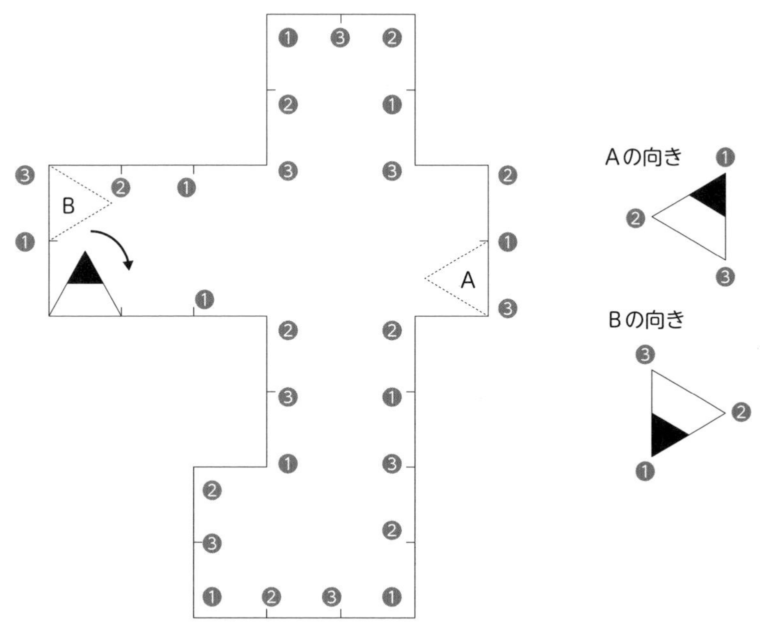

□□□

問題 58

難易度 A

次の図のように、大円の半径を直径とする円Aと大円の半径の$\frac{1}{2}$を直径とする円Bがあり、大円と円Aが内接する点をP、大円と円Bが内接する点をQとする。今、円Aと円Bが大円の内側を円周に沿って滑ることなく矢印の方向に回転したとき、元の位置に戻るまでに点Pと点Qが描く軌跡はどれか。

特別区Ⅰ類 2017

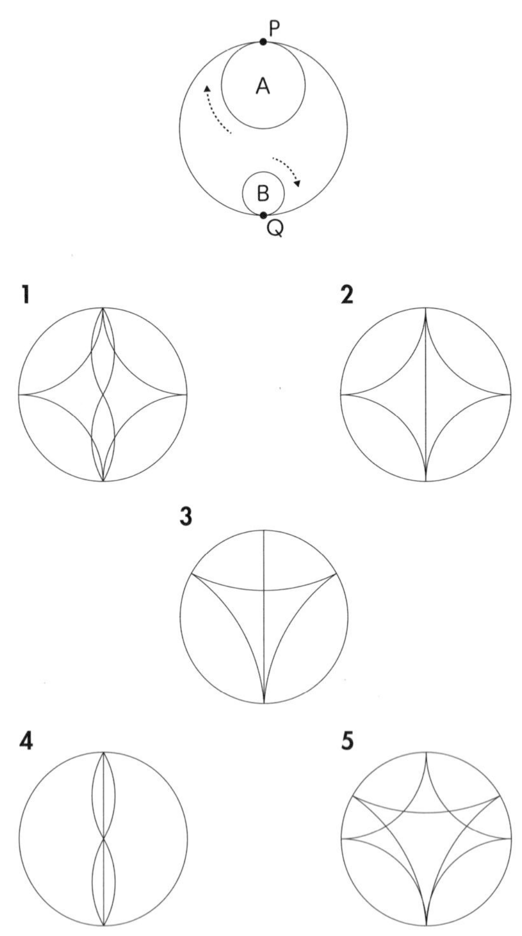

解説　　　　　　　正解 2

小円を大円の内周上で滑らせずに回転させたとき、小円の円周上の点Pの軌跡は、**大円の半径が小円の半径の何倍か**によって、以下のようになります。

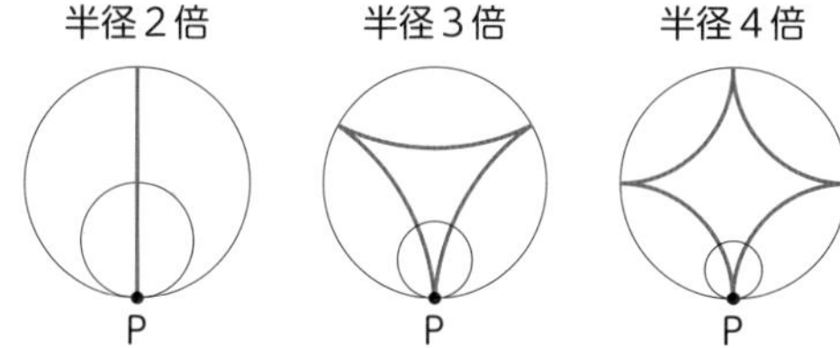

「大円の半径を直径とする円A」とあるので、**大円の半径は円Aの半径の2倍**、「大円の半径の$\frac{1}{2}$を直径とする円B」とあるので、**大円の半径は円Bの半径の4倍**とわかります。よって、円Aと円Bが大円に内接しながら回転すると、円Aの円周上の点Pは直線を描き、円Bの円周上の点Qは大円と4回接するような曲線を描きます。

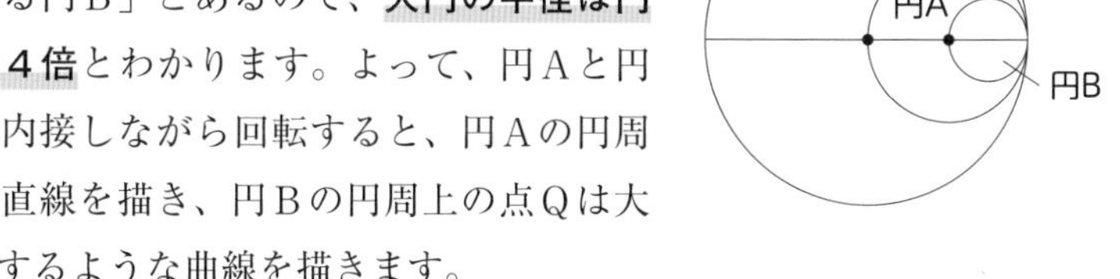

よって、正解は**2**です。

□□□

問題 59

難易度 A

下図のように、同一平面上で、直径4Rの円Ｚに、半分が着色された直径Rの円Ｘ及び直径$\frac{3}{2}R$の円Ｙが、アの位置で接している。円Ｘ及び円Ｙが、それぞれ矢印の方向に円Ｚの円周に接しながら滑ることなく回転し、円Ｘは円Ｚを半周してイの位置で停止し、円Ｙは円Ｚを$\frac{3}{4}$周してウの位置で停止したとき、円Ｘ及び円Ｙの状態を描いた図の組合せとして、正しいのはどれか。

東京都Ⅰ類 2014

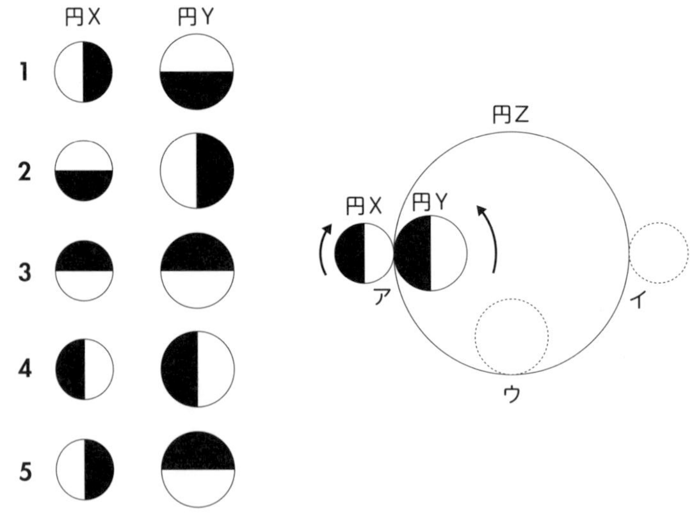

HINT 円の回転数

大円の半径（または直径、円周）が小円の半径（または直径、円周）のn倍であり、小円が大円に沿って１周するときの回転数は次のとおりです。

外側１周の場合：$(n+1)$［回転］
内側１周の場合：$(n-1)$［回転］

解　説　　　正　解　1

円Zの直径は$4R$、円Xの直径はRなので、円Zの直径は円Xの直径の$4R \div R = 4$[倍]です。同様に、円Yの直径は$\frac{3}{2}R$なので、円Zの直径は円Yの直径の$4R \div \frac{3}{2}R = \frac{8}{3}$[倍]です。

円Xは外接して円Zの周りを$\frac{1}{2}$周、円Yは内接して円Zの周りを$\frac{3}{4}$周しているので、それぞれの回転数は以下のように計算できます。

円Xの回転数：$(4+1) \times \frac{1}{2} = \frac{5}{2} = 2 + \frac{1}{2}$[回転]

円Yの回転数：$\left(\frac{8}{3} - 1\right) \times \frac{3}{4} = \frac{5}{4} = 1 + \frac{1}{4}$[回転]

回転後の円Xは2回転してもとの向きに戻った後で$\frac{1}{2}$回転して**180°向きを変えます**。また、円Yは1回転してもとの向きに戻った後で反時計回りに$\frac{1}{4}$回転して**90°向きを変えます**。

よって、それぞれの向きは以下のようになるので、正解は**1**です。

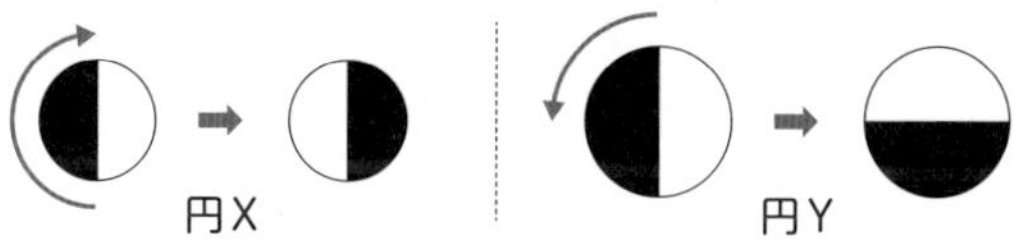

□□□

問題 60

難易度 B

下図のように矢印の描かれた円が、固定された２つの円に接している。矢印の描かれた円が固定された円の周に沿って時計まわりに滑らずに回転し、１周してもとの位置に戻った時の矢印の向きとして、最も妥当なのはどれか。ただし、この３つの円の半径は等しいものとする。

警視庁Ｉ類 2017

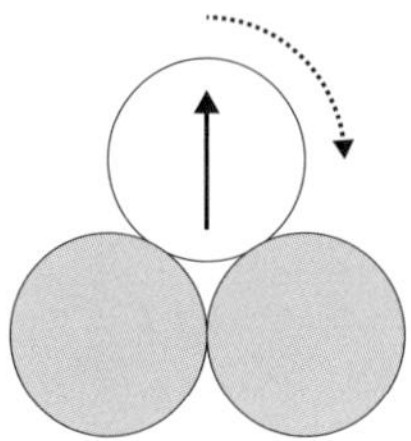

1

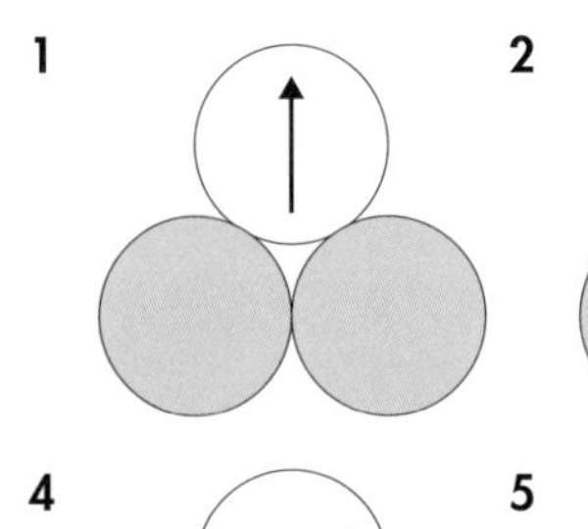

2

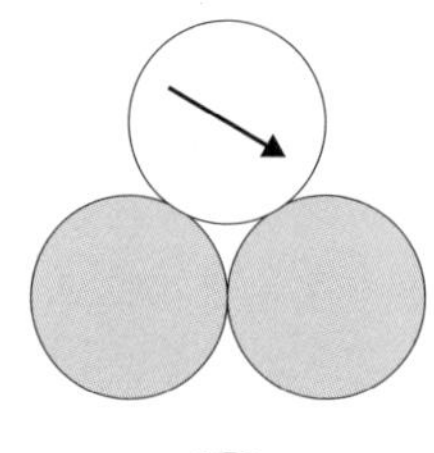

3

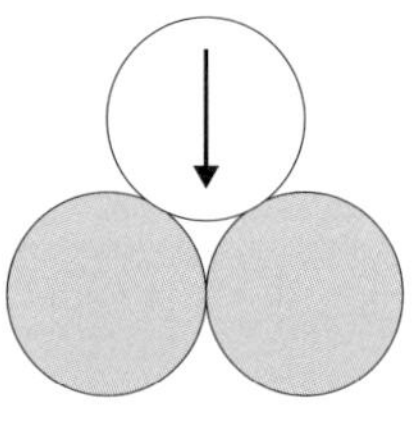

4

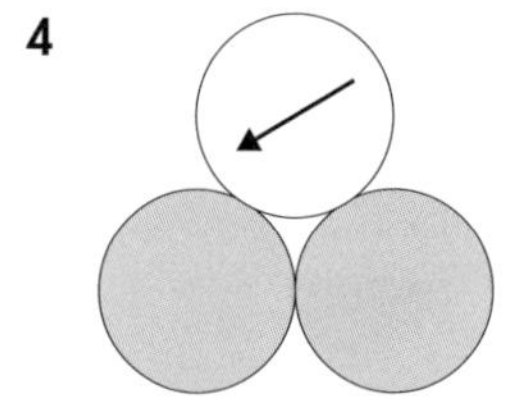

5

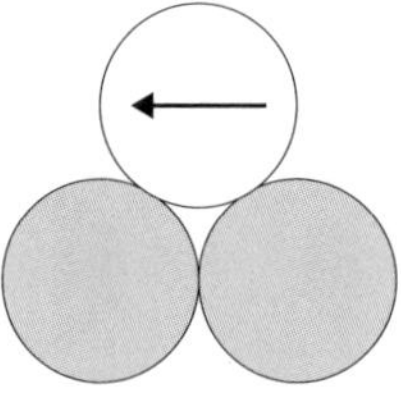

解説　　　　　　　　　　　　　　　　　　　　　　　　　　　　　正解 4

説明のため、矢印のある円をA、固定された２つの円をB、Cとします。

まず、円Aが円BとCの間のくぼみに挟まった状態を考えます。円BとCの間のくぼみに挟まる位置は上下に２か所あるので、上側に挟まった円AをA_1、下側に挟まった円AをA_2とします。

次に、**４つの円の中心を線で結びます**。円の半径はすべて同じ長さなので、**中心を結んで上下にできた２つの三角形は正三角形**とわかります。

正三角形の１つの角度は60°なので、下図より円A_1は円Cの周りを240°回転してA_2の位置に移動し、円A_2は円Bの周りを240°回転してもとの位置に戻ったことになります。つまり、もとの位置に戻るために240＋240＝480［°］回転しているため、$\frac{480}{360}=\frac{4}{3}$［周］したことがわかります。

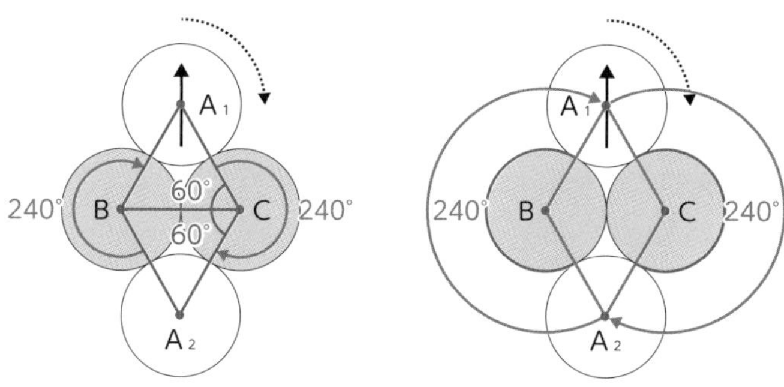

同じ大きさの円の外側を１周するときは（1＋1）＝**２回転**なので、$\frac{4}{3}$周では$2\times\frac{4}{3}=\frac{8}{3}=2+\frac{2}{3}$［回転］したことになります。

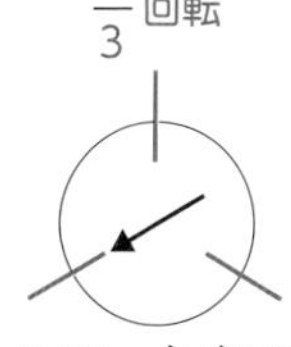

円Aは２回転してもとの向きになった後、さらに$\frac{2}{3}$回転したので、矢印の向きは**時計の８時方向**を指します。よって正解は**4**です。

索引

著　者

夏苅 美貴子

10年以上TAC公務員講座の講師を務め、数的処理をを中心とした文系の学生にもわかりやすい講義で、数多くの受験生の指導に当たっている。

『だからカコモンで克服！ 判断推理』、『ゼロから合格基本過去問題集 判断推理』（ともにTAC出版）を執筆。

編集協力／佐藤 英貴（TAC公務員講座）
カバーデザイン／黒瀬 章夫（ナカグログラフ）

みんなが欲しかった！ 公務員 判断推理の教科書&問題集

2024年3月25日　初　版　第1刷発行

著　者　夏　苅　美　貴　子

発行者　多　田　敏　男

発行所　TAC株式会社　出版事業部（TAC出版）

〒101-8383
東京都千代田区神田三崎町3-2-18
電話　03(5276)9492(営業)
FAX　03(5276)9674
https://shuppan.tac-school.co.jp

組　版　株式会社　明　昌　堂
印　刷　株式会社　光　邦
製　本　東京美術紙工協業組合

ISBN 978-4-300-11086-7
N.D.C. 317

公務員講座のご案内

大卒レベルの公務員試験に強い！

2022年度 公務員試験

公務員講座生[※1]
最終合格者延べ人数[※2]

5,314名

国家公務員（大卒程度）		計2,797名
地方公務員（大卒程度）		計2,414名
国立大学法人等	大卒レベル試験	61名
独立行政法人	大卒レベル試験	10名
その他公務員		32名

※1 公務員講座生とは公務員試験対策講座において、目標年度に合格するために必要と考えられる、講義、演習、論文対策、面接対策等をパッケージ化したカリキュラムの受講生です。単科講座や公開模試のみの受講生は含まれておりません。
※2 同一の方が複数の試験種に合格している場合は、それぞれの試験種に最終合格者としてカウントしています。（実合格者数は2,843名です。）
＊2023年1月31日時点で、調査にご協力いただいた方の人数です。

1位 全国の公務員試験で合格者を輩出！

詳細は公務員講座（地方上級・国家一般職）パンフレットをご覧ください。

2022年度 国家総合職試験

公務員講座生[※1]

最終合格者数 **217名**

法律区分	41名	経済区分	19名
政治・国際区分	76名	教養区分[※2]	49名
院卒/行政区分	24名	その他区分	8名

※1 公務員講座生とは公務員試験対策講座において、目標年度に合格するために必要と考えられる、講義、演習、論文対策、面接対策等をパッケージ化したカリキュラムの受講生です。単科講座や公開模試のみの受講生は含まれておりません。
※2 上記は2022年度目標の公務員講座最終合格者のほか、2023年度目標公務員講座生の最終合格者40名が含まれています。
＊ 上記は2023年1月31日時点で調査にご協力いただいた方の人数です。

2022年度 外務省専門職試験

最終合格者総数55名のうち
54名がWセミナー講座生[※1]です。

合格者占有率[※2] **98.2%**

外交官を目指すなら、実績のWセミナー

※1 Wセミナー講座生とは、公務員試験対策講座において、目標年度に合格するために必要と考えられる、講義、演習、論文対策、面接対策等をパッケージ化したカリキュラムの受講生です。各種オプション講座や公開模試など、単科講座のみの受講生は含まれておりません。また、Wセミナー講座生はそのボリュームから他校の講座生と掛け持ちすることは困難です。
※2 合格者占有率は「Wセミナー講座生（※1）最終合格者数」を、「外務省専門職採用試験の最終合格者総数」で除して算出しています。また、算出した数字の小数点第二位以下を四捨五入して表記しています。
＊ 上記は2022年10月10日時点で調査にご協力いただいた方の人数です。

Wセミナーは TACのブランドです

公務員講座のご案内

無料体験入学のご案内

3つの方法でTACの講義が体験できる!

教室で体験　迫力の生講義に出席

予約不要!　**最大3回連続出席OK!**

1. 校舎と日時を決めて、当日TACの校舎へ

TACでは各校舎で毎月体験入学の日程を設けています。

2. オリエンテーションに参加（体験入学1回目）

初回講義「オリエンテーション」にご参加ください。体験入学ご参加の際に個別にご相談をお受けいたします。

3. 講義に出席（体験入学2・3回目）

引き続き、各科目の講義をご受講いただけます。参加者には体験用テキストをプレゼントいたします。

- 最大3回連続無料体験講義の日程はTACホームページと公務員講座パンフレットでご覧いただけます。
- 体験入学はお申込み予定の校舎に限らず、お好きな校舎でご利用いただけます。
- 4回目の講義前までにご入会手続きをしていただければ、カリキュラム通りに受講することができます。

※地方上級・国家一般職、理系（技術職）、警察・消防以外の講座では、最大2回連続体験入学を実施しています。また、心理職・福祉職はTAC動画チャンネルで体験講義を配信しています。
※体験入学1回目や2回目の後でもご入会手続きは可能です。「TACで受講しよう！」と思われたお好きなタイミングで、ご入会いただけます。

ビデオで体験　校舎のビデオブースで体験視聴

TAC各校のビデオブースで、講義を無料でご視聴いただけます。（要予約）

各校のビデオブースでお好きな講義を視聴できます。視聴前日までに視聴する校舎受付までお電話にてご予約をお願い致します。

ビデオブース利用時間 ※日曜日は④の時間帯はありません。

① 9：30 ～ 12：30　② 12：30 ～ 15：30
③ 15：30 ～ 18：30　④ 18：30 ～ 21：30

※受講可能な曜日・時間帯は一部校舎により異なります。
※年末年始・夏期休業・その他特別な休業以外は、通常平日・土日祝祭日にご覧いただけます。
※予約時にご希望日とご希望時間帯を合わせてお申込みください。
※基本講義の中からお好きな科目をご視聴いただけます。（視聴できる科目は時期により異なります）
※TAC提携校での体験視聴につきましては、提携校各校へお問合せください。

Webで体験　スマートフォン・パソコンで講義を体験視聴

TACホームページの「TAC動画チャンネル」で無料体験講義を配信しています。時期に応じて多彩な講義がご覧いただけます。

TAC ホームページ	https://www.tac-school.co.jp/

※体験講義は教室講義の一部を抜粋したものになります。

(2024年2月現在)

書籍のご購入は

1 全国の書店、大学生協、ネット書店で

2 TAC各校の書籍コーナーで

資格の学校TACの校舎は全国に展開!
校舎のご確認はホームページにて

資格の学校TAC ホームページ
https://www.tac-school.co.jp

3 TAC出版書籍販売サイトで

CYBER BOOK STORE TAC出版書籍販売サイト

TAC 出版 で 検索

24時間
ご注文
受付中

https://bookstore.tac-school.co.jp/

新刊情報を
いち早くチェック!

たっぷり読める
立ち読み機能

学習お役立ちの
特設ページも充実!

TAC出版書籍販売サイト「サイバーブックストア」では、TAC出版および早稲田経営出版から刊行されている、すべての最新書籍をお取り扱いしています。
また、会員登録(無料)をしていただくことで、会員様限定キャンペーンのほか、送料無料サービス、メールマガジン配信サービス、マイページのご利用など、うれしい特典がたくさん受けられます。

サイバーブックストア会員は、特典がいっぱい!(一部抜粋)

通常、1万円(税込)未満のご注文につきましては、送料・手数料として500円(全国一律・税込)頂戴しておりますが、1冊から無料となります。

専用の「マイページ」は、「購入履歴・配送状況の確認」のほか、「ほしいものリスト」や「マイフォルダ」など、便利な機能が満載です。

メールマガジンでは、キャンペーンやおすすめ書籍、新刊情報のほか、「電子ブック版TACNEWS(ダイジェスト版)」をお届けします。

書籍の発売を、販売開始当日にメールにてお知らせします。これなら買い忘れの心配もありません。

地方上級・国家一般職（大卒程度）・国税専門官 等 対応　TAC出版

過去問学習

『ゼロから合格 基本過去問題集』
A5判
TAC公務員講座
●「解ける」だから「つづく」／充実の知識まとめでこの1冊で知識「ゼロ」から過去問が解けるようになる、独学で学習を始めて完成させたい人のための問題集です。

全12点
・判断推理　・数的推理　・空間把握・資料解釈
・憲法　・民法Ⅰ　・民法Ⅱ
・行政法　・ミクロ経済学　・マクロ経済学
・政治学　・行政学　・社会学

『一問一答で論点総チェック』
B6判
TAC公務員講座講師 山本 誠
●過去 20 年の出題論点の 95%以上を網羅
●学習初期の確認用にも直前期のスピードチェックにも

全4点
・憲法　・民法Ⅰ
・民法Ⅱ　・行政法

『出るとこ過去問』 A5判
TAC出版編集部
●本試験の難問、奇問、レア問を省いた効率的なこの1冊で、合格ラインをゲット！ 速習に最適

全16点
・憲法　・民法Ⅰ　・民法Ⅱ
・行政法　・ミクロ経済学　・マクロ経済学
・政治学　・行政学　・社会学
・国際関係　・経営学　・数的処理（上・下）
・自然科学　・社会科学　・人文科学

直前対策

『小論文の秘伝』
A5判
年度版
TAC公務員講座講師 山下 純一
●頻出 25 テーマを先生と生徒のブレストで噛み砕くから、解答のツボがバッチリ！
●誌上「小論文道場」で答案改善のコツがわかる！
●合格者のアドバイスも掲載！

『面接の秘伝』
A5判
年度版
TAC公務員講座講師 山下 純一
●面接で使えるコア（自分の強み）を見つけられる「面接相談室」で自己分析が進む！
●集団討論のシミュレーション、官庁訪問のレポートも掲載！

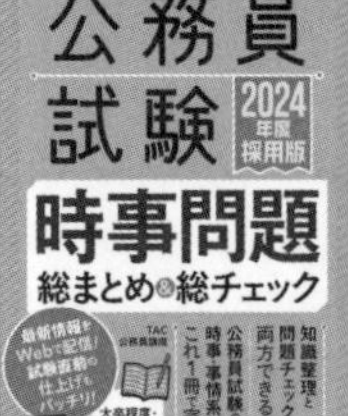

『時事問題総まとめ&総チェック』
A5判
年度版
TAC公務員講座
●知識整理と問題チェックが両方できる！
●試験種別の頻出テーマが一発でわかる！

『科目別・テーマ別過去問題集』
B5判　年度版
TAC出版編集部
●試験ごとの出題傾向の把握と対策に最適
●科目別、学習テーマ別の問題掲載なので、学習のどの段階からも使えます

・東京都Ⅰ類B（行政／一般方式）
・特別区Ⅰ類（事務）
・裁判所（大卒程度／一般職）
・国税専門官（国税専門A）
・国家一般職（大卒程度／行政）

TAC出版の書籍はこちらの方法でご購入いただけます

1 全国の書店・大学生協
2 TAC各校 書籍コーナー
3 インターネット　CYBER BOOK STORE TAC出版書籍販売サイト　アドレス https://bookstore.tac-school.co.jp/

（2023年3月現在・刊行内容、刊行月、表紙等は変更になることがあります／年度版 マークのある書籍は、毎年、新年度版が発行される予定です）

書籍の正誤に関するご確認とお問合せについて

書籍の記載内容に誤りではないかと思われる箇所がございましたら、以下の手順にてご確認とお問合せをしてくださいますよう、お願い申し上げます。
なお、正誤のお問合せ以外の**書籍内容に関する解説および受験指導などは、一切行っておりません。**
そのようなお問合せにつきましては、お答えいたしかねますので、あらかじめご了承ください。

1 「Cyber Book Store」にて正誤表を確認する

TAC出版書籍販売サイト「Cyber Book Store」のトップページ内「正誤表」コーナーにて、正誤表をご確認ください。

CYBER BOOK STORE TAC出版書籍販売サイト

URL:https://bookstore.tac-school.co.jp/

2 1の正誤表がない、あるいは正誤表に該当箇所の記載がない ⇒ 下記①、②のどちらかの方法で文書にて問合せをする

★ご注意ください★

お電話でのお問合せは、お受けいたしません。
①、②のどちらの方法でも、お問合せの際には、「お名前」とともに、
「対象の書籍名(○級・第○回対策も含む)およびその版数(第○版・○○年度版など)」
「お問合せ該当箇所の頁数と行数」
「誤りと思われる記載」
「正しいとお考えになる記載とその根拠」
を明記してください。
なお、回答までに1週間前後を要する場合もございます。あらかじめご了承ください。

① ウェブページ「Cyber Book Store」内の「お問合せフォーム」より問合せをする

【お問合せフォームアドレス】

https://bookstore.tac-school.co.jp/inquiry/

② メールにより問合せをする

【メール宛先 TAC出版】

syuppan-h@tac-school.co.jp

※土日祝日はお問合せ対応をおこなっておりません。
※正誤のお問合せ対応は、該当書籍の改訂版刊行月末日までといたします。

乱丁・落丁による交換は、該当書籍の改訂版刊行月末日までといたします。なお、書籍の在庫状況等により、お受けできない場合もございます。
また、各種本試験の実施の延期、中止を理由とした本書の返品はお受けいたしません。返金もいたしかねますので、あらかじめご了承くださいますようお願い申し上げます。

(2022年7月現在)